LOTHAR NIETSCH

DER
VERFALL
DER
EISERNEN
MÄNNER

DIE WAHRE GESCHICHTE HINTER DER LEGENDE VON
STRAUCHRITTER EKKELIN

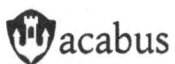

Impressum:

Nietsch, Lothar: Der Verfall der eisernen Männer –
Die wahre Geschichte hinter der Legende von Strauchritter Ekkelin

Hamburg, acabus Verlag 2024
1. Auflage 2024

ISBN 978-3-86282-875-3

Dieses Buch ist auch als eBook erhältlich und kann über den Handel
oder den Verlag bezogen werden.
ePub-eBook: 978-3-86282-876-0

Lektorat/Korrektorat: Andrea Simon
Umschlaggestaltung, Buchsatz,
Karte & Innengestaltung: Phantasmal Image

Der Verlag behält sich das Text- and Data-Mining nach § 44b UrhG
vor, was hiermit Dritten ohne Zustimmung des Verlages untersagt ist.

Bibliografische Information der Deutschen Nationalbibliothek:
Die Deutsche Nationalbibliothek verzeichnet diese Publikation
in der Deutschen Nationalbibliografie; detaillierte bibliografische
Daten sind im Internet über https://dnb.de abrufbar.

Der acabus Verlag ist ein Imprint der Bedey & Thoms Media GmbH,
Hermannstal 119k, 22119 Hamburg, acabus Verlag (bedey-thoms.de)

LOTHAR NIETSCH

Der Verfall der Eisernen Männer

DIE WAHRE GESCHICHTE HINTER DER LEGENDE VON STRAUCHRITTER EKKELIN

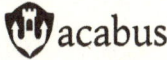

Strut

Heilichblant

Zeland
Dia

Brugge

FLANDRIA

HANNONIA

GELDRIA

HASSIA

LUXRI

Hasfurt   **Staffelstein**   Jochims tal.

Culmbach   Eger   Eleipogen

Bamberg   Deutschen Reid

● **PLANKENFELS**
● **WAISCHENFELD**
○ **BURG DRAMAUS**
◉ **HEROLDSBERG**,
WIRTSHAUS "ROTES ROSS"

Forchaim

Nurenberg

NIA.   Amberg   Neuburg

Neumarck   Lengenfelt

Kelheim   Straubinge

Regensburg

HELVETI

Burg Plankenfels, Januar 1348

Es ging auf Mitternacht zu. Laut hallte der Hufschlag eines Pferdes auf den Holzbohlen der Zugbrücke von den steinernen Burgmauern wider. Schlaftrunken torkelte der zur Wache eingeteilte Knecht herbei, rieb sich die Augen und musterte den Ankömmling. Im nächtlichen Schatten des Torbogens hob sich die Silhouette von Pferd und Reiter gegen den Nachthimmel ab. Erst der flackernde Lichtkreis der Fackel, die neben dem hochgezogenen Fallgitter in ihrer Wandhalterung steckte, verwandelte sie in Wesen aus Fleisch und Blut. Der Rappe war ein herrliches Tier, das erkannte der Knecht auf Anhieb, doch der in einen dunklen Überwurf gehüllte Reiter ließ sich nicht so einfach zuordnen. Freund oder Feind? Das Ende einer Schwertscheide ragte unter dem Saum des Stoffes hervor. Der Knecht senkte den Spieß, sodass dessen Spitze auf die Brust des Reiters zeigte. »Halt!«, rief er, darum bemüht, das Zittern in seiner Stimme zu unterdrücken. »Was ist Euer Begehr?«

Der Reiter zügelte sein Pferd und schob gemächlich die Kapuze seines Umhangs nach hinten. Ein kantiges, bartloses Gesicht, eingerahmt von schulterlangem schwarzem Haar, zeigte sich im Fackelschein. Das Antlitz kam dem Knecht bekannt vor, aber ihm wollte kein Name dazu einfallen und so blieb er misstrauisch.

»Melde deinen Herren die Ankunft des Ekkelin Gayling!«, erwiderte der Reiter mit barschem Ton.

Nun erkannte der Knecht den Ritter, trotzdem zögerte er. Wo war des Gaylings Knecht? Nicht einmal ein Packpferd führte er mit sich.

»Worauf wartest du, Bursche? Soll ich dir erst deine krummen Hammelbeine langziehen?«, herrschte ihn der Ritter an und augenblicklich kam Bewegung in den Knecht. »Wartet, Herr. Ich rufe den Pferdeknecht und melde den Herren Eure Ankunft.« Damit wirbelte er herum und rannte zum Stall.

Ekkelin stieg aus dem Sattel, streckte seine Glieder, bevor er langsamen Schrittes dem Knecht folgte. Bei der Stallung angekommen, übergab er dem Pferdeknecht sein Ross und ließ sich in die Burghalle führen.

Rußende Fackeln an den Wänden erhellten spärlich die fensterlose Halle. Vor den grob gezimmerten Bänken aus Eichenholz, die links und rechts an der Tafel standen, deutete ihm der Knecht, zu warten.

Lange musste sich der Ritter nicht gedulden, dann erschienen Hermann und Konrad von Plankenfels. Beide trugen einen ärmellosen Surcot, ein einteiliges bequemes Kleid, das bis zu den Knöcheln reichte und durch einen Gürtel um die Taille fixiert war.

»Meiner Treu«, sagte Hermann der Ältere, mit einem Blick zu seinem Bruder, »er ist es tatsächlich.«

»In der Tat«, gab Konrad schmunzelnd zurück, wobei sich die hell leuchtende Narbe, die von der rechten Stirnseite ausgehend quer über sein Gesicht verlief, verzog. »Obwohl er auf den ersten Blick gar nicht wie er selbst aussieht«, fügte er hinzu und trat Ekkelin mit einem breiten Grinsen entgegen. »Sei uns willkommen – trotz der späten Stunde. Was verschlägt dich in diesem Aufzug hierher?«

Nicht weniger herzlich entgegnete Ekkelin: »Bischof Friedrich von Hohenlohe schickte nach mir. Mein Weg führte mich nahe an eurer Burg vorbei. Seit der Schlacht um Neideck haben wir uns nicht mehr gesehen, darum dachte ich, dass ich auf einen Trunk vorbeischaue. Gegen ein kleines Mahl hätte ich auch nichts einzuwenden.«

»Immer noch der Alte«, lachte Hermann, Ekkelin die Hand entgegenstreckend. Dann rief er nach dem Gesinde und befahl, Brot, kalten Braten und Wein zu bringen. Zum Schluss setzte er sich mit seinem Bruder an den Tisch und lud Ekkelin ein, ebenfalls Platz zu nehmen.

Kaum hatte sich der Ritter seines Überwurfs und des Schwertgehänges entledigt, trugen schon zwei Mägde die Speisen auf.

Nachdem die drei ihr spätes Mahl beendet und die letzten Bissen mit Wein hinuntergespült hatten, lehnten sie sich zurück und fuhren mit ihrem Gespräch fort.

»Habt Dank für die Gastlichkeit«, sagte Ekkelin.

Hermann von Plankenfels winkte ab und entgegnete: »Nicht der Rede wert, Gayling. Das ist das Mindeste, was wir einem alten Streitgefährten schulden.«

Auf Seiten Konrads von Schlüsselberg hatten sie einst Seite an Seite gegen die Nürnberger Burggrafen und die Bischöfe Würzburgs und Bambergs gestanden. Doch nach dem Tod des Schlüsselbergers, der in der Schlacht um Neideck fiel, waren Burg Plankenfels und die dazugehörigen Ländereien an das Bistum Bamberg gefallen.

»Ganz recht«, stimmte sein Bruder Konrad mit deutlich schwerer Stimme zu. »Was aber soll dieser Mummenschanz? Hast du vor, dem Bischof einen Streich zu spielen? Noch dazu ohne Begleitung.«

Ekkelin, der sich im Gegensatz zu den Brüdern beim Trinken zurückgehalten hatte, kratzte sich über die Bartstoppeln, als er antwortete: »Die Nürnberger, besonders die Burggrafen, sind im Glauben, ich reise mit Weib, Kind und Gesinde von Illesheim zu meiner Burg Dramaus. Der getreue Pankraz führt an meiner statt den Zug an. Er trägt meinen Waffenrock. Ein einzelner Reiter, wie ich, dürfte ihre Spitzel also kaum interessieren, noch dazu, wenn dieser auf den ersten Blick nicht als Ritter zu erkennen ist.«

»Und ich dachte schon, sie hätten dich für vogelfrei erklärt«, griente Hermann. »Sieht dir Pankraz immer noch so ähnlich? Ha, ich wünschte wir hätten auch so einen Knecht, was Konrad?«

Lachend nickte Konrad. »In der Tat. Es machte schon die Runde, dass der Gayling an zwei Orten zur gleichen Zeit erschienen ist.«

Ekkelin lächelte verschmitzt. Es stimmte. Pankraz, obwohl einige Jahre älter, sah ihm zum Verwechseln ähnlich, zumindest aus einigen Schritten Entfernung. Schon häufig war der Waffenknecht in die Rolle seines Herrn geschlüpft.

»Diese Burg liegt ziemlich weit ab vom Weg, wenn du von Schloss Röllinghausen kommst«, wechselte Hermann das Thema.

»Ihr wisst, wie verstreut meine Ländereien liegen. Ich musste noch verschiedenes in die Wege leiten und nach dem Rechten sehen. Ihr wisst nicht zufällig, weswegen mich der Bischof zu sehen wünscht?«

Konrad zuckte die Schultern: »Vielleicht wegen Markgraf Ludwig von Brandenburg, der seit vorgestern Gast des Bischofs ist. Sein Heer, etwa zweihundert Mann stark, lagert vor den Mauern Bambergs. Ich war gestern in der Stadt und konnte mich mit eigenen Augen davon überzeugen.«

»Markgraf Ludwig«, murmelte Ekkelin und senkte den Blick. Nun kannte er den Grund, weswegen der Bischof nach ihm geschickt hatte. Blieb die Frage, warum ihn der Markgraf zu sprechen wünschte. Ausgerechnet jetzt. In den Wintermonaten mit großem Gefolge zu reisen, war äußerst ungewöhnlich. Hatte er vor, von ihrem Abkommen zurückzutreten?

Bedächtig schüttelte er den Kopf. »Mir gilt seine Aufwartung sicher nicht. Ich hatte allerdings gehofft, dass ihr von eurem Bruder Eberhard etwas über die Gründe erfahren hättet, weshalb der Bischof mich jetzt zu sehen wünscht. Eberhard ist doch noch Domherr zu Bamberg, oder nicht?«

»Schon«, Hermann zuckte mit den Schultern. »Aber deswegen erläutert ihm der Bischof noch lange nicht seine Pläne. Was hast du eigentlich mit dem Bischof zu schaffen?«

Ekkelin lächelte. »Du spielst auf dessen Rolle bei Neideck an. Würdest ihn am liebsten ans Kreuz nageln, habe ich recht?«

»Ans Kreuz nageln«, schnaufte Konrad, »rädern würd' ich ihn und du müsstest das gleiche empfinden.«

»Würde keinen Falschen treffen«, nickte Ekkelin zustimmend. »Aber mir sind die Hände gebunden. Wie ihr wisst, ist der Bruder des Bischofs mein Lehnsherr. Zudem gelten des Bischofs Interessen in der Hauptsache seiner Person. Von mir erfährt er Neuigkeiten über seine Brüder und ich erhalte oft wertvolle Hinweise, was die Burggrafen und ihre Pläne anbetrifft. Auch von Kaufmannszügen mit lohnender Ware ist die Rede«, Ekkelin grinste verschmitzt, »insbesondere, wann diese auf welchen Wegen unterwegs sind.«

»Hm«, machte Hermann. Seine Miene nahm einen versöhnlichen Ausdruck an. »Wohl wahr. Aber verschweige nicht, dass er den Zehnten des Erlöses gerne einstreicht, den ihm diese Gefälligkeiten einbringen. Wie auch immer, sag Bescheid, wenn dem Bischof plötzlich das Gewissen plagt und er uns keinen Nutzen mehr bringt.«

»Verlass dich drauf«, lachte Ekkelin. »Da der Markgraf in Bamberg weilt, könnte ich mir vorstellen, dass der Bischof dessen Ambitionen auf die Kaiserkrone unterstützt. In meinem Sinne wäre das zumindest.«

»Auch in unserem, auch in unserem«, beteuerte Konrad und sein Bruder nickte zustimmend. »Gleichwohl ich dem Markgrafen nicht zutraue, Karl bis zum Letzten die Stirn zu bieten.«

Ekkelin horchte auf. »Du kennst den Markgrafen?«

»Nicht besonders gut«, räumte Konrad ein. »Doch gut genug, um zu wissen, dass er seine derzeitige Stellung im Reich unter keinen Umständen gefährden würde.«

»Was ihm auch nicht zu verdenken ist«, warf Hermann ein.

»In der Tat«, pflichtete Ekkelin bei. Dennoch hatte sein Gesicht einen nachdenklichen Ausdruck angenommen. »Nun«, sagte er, »ich werde morgen ohnehin erfahren, weswegen mich der Bischof zu sehen wünscht. Wenn ihr erlaubt, begebe ich mich nun zur Ruhe. Ich will zeitig aufbrechen.«

Die Burgherren erhoben sich. Hermann sagte: »Natürlich, mein Freund. Die Halle ist dein, such dir eine gemütliche Ecke aus.«

Nachdem die Brüder den Saal verlassen hatten, schichtete Ekkelin am Boden verstreutes Stroh zu einem Lager, wickelte sich in seinen Mantel und kurze Zeit später war er eingeschlafen.

Vor dem ersten Hahnenschrei war Ekkelin auf den Beinen. Darauf, die Burggrafen zu wecken, verzichtete er. Er begab sich in den

Stall, sattelte seinen Rappen und führte das Tier zum Tor. Der wachhabende Knecht sah auf, nickte ihm zu und lehnte sich wieder müde an die Mauer.

In der Nacht hatte es ein wenig geschneit, doch im Laufe des Vormittags verzogen sich die restlichen Wolken.

Gegen Mittag tauchten die vier Glockentürme des Bamberger Doms am Horizont auf. Als sich Ekkelin dem Rand der Hochebene näherte, kamen die Häuser der Stadt in sein Blickfeld. Das weitläufige Zeltlager des Markgrafen, das sich östlich der Stadtmauern bis zum Ufer des Mains hin ausbreitete, war ebenfalls deutlich zu erkennen. Er zählte etwas über dreißig Zelte.

Sanft drückte er seinem Pferd die Fersen in die Flanken und lenkte es die Straße hinab, die sich von der Hochfläche ins Tal wand. Unten angekommen, ließ er sein Tier ausgreifen und näherte sich rasch dem Heerlager. Angesichts der Zahl an Zelten sah er verhältnismäßig wenige Pferde auf einer Koppel, nahe dem Fluss. Ekkelin vermutete, dass nur die Adligen über ein Reittier verfügten, denn für ein berittenes Heer war es in den Wintermonaten ausgesprochen schwierig, genügend Futter für die Tiere zu beschaffen. Auf einer zweiten Koppel standen zwei Dutzend Ochsen dicht beieinander, die Zugtiere für Karren und Kutschen.

Die Wachtposten vor dem Lager hatten sein Näherkommen beobachtet, doch sobald ihnen klar wurde, dass er der Stadt zustrebte, beachteten sie ihn nicht weiter. Kurz nach dem Heerlager tauchte er in den Strom der Händler, Handwerker, Bürger, Bettler, Beutelschneider, Huren und ihrer Karren ein, die zwischen Stadt und Zeltlager hin und her pendelten. Das Gefolge des Markgrafen bescherte ihnen in den ansonsten ertragsarmen Wintermonaten einträgliche Geschäfte.

Die beiden Torwächter sahen argwöhnisch zu Ekkelin auf, als er sein Pferd vor ihnen zügelte. Er öffnete seinen Überwurf, sodass der Blick auf das handtellergroße Wappen sichtbar wurde, das auf seinem Steppwams aufgenäht war.

»Ekkelin Gayling«, brummte einer der Torwächter. »Der Bischof erwartet Euch. Ihr reist allein?«

Ekkelin nickte und sah dem Wachmann mit unbewegter Miene ins Gesicht.

Da eine Antwort ausblieb, sagte er schließlich: »Äh … nun gut. Erlaubt, dass ich Euch zu ihm führe. Er verlangte, keine Zeit zu verlieren.«

Ekkelin hatte nichts anderes erwartet. Wortlos folgte er dem Wachmann durch die verwinkelten mit Unrat übersäten Gassen, bis sie die Erhebung mit dem Kaiserdom erreichten. Gegenüber lagen die bischöfliche Residenz und die Stallungen.

Dort überließen sie Ekkelins Pferd der Obhut eines Knechtes, dem der Ritter eine Münze zusteckte. Anschließend geleitete ihn der Wachmann über einen vor Blicken geschützten Zugang der Residenz in die kleine Schreibstube, die er von früheren Treffen kannte. Der Bischof empfing Männer wie den Gayling nur äußerst selten in seiner Kanzlei oder der Bibliothek.

Als Einrichtung dienten ein verstaubtes Schreibpult, zwei Truhen vor der rechten Wand und vier lederbezogene Stühle mit hohen Lehnen.

»Wartet hier«, beschied der Wachmann und ließ Ekkelin in der Stube zurück.

Aus einer der Truhen holte er einen Krug mit gewürztem Wein, sowie mehrere Becher heraus, ganz so wie er es gewohnt war.

Sein Becher war nicht einmal zur Hälfte geleert, als Friedrich von Hohenlohe seine füllige Gestalt in die Stube schob.

»Schön, dass Ihr so rasch kommen konntet«, begrüßte der Bischof seinen Gast und streckte ihm die Hand entgegen. Offensichtlich war er geeilt, denn sein Gesicht war rot angelaufen und er rang mit tiefen Atemzügen nach Luft. Ekkelin erhob sich, ergriff die dargebotene Hand mit dem Siegelring und führte sie an seine Lippen.

»Eure Nachricht erreichte mich bei Weib und Kind. Ich hatte es also nicht weit«, sagte er.

Der Bischof winkte schnaufend ab: »Ihr kommt wie gewohnt zur rechten Zeit. Eine Eigenschaft, die Euch bisweilen unheimlich erscheinen lässt. Euch ist bekannt, wer mich derzeit mit seiner Anwesenheit beehrt?«

»Ist schwerlich zu übersehen. Ich nehme an, Markgraf Ludwig ist der Grund, weswegen Ihr nach mir rufen ließet.«

»Ganz recht«, bestätigte Bischof Friedrich der II., wobei er sich auf einen Stuhl sinken ließ. »Ludwig bat mich, nach Euch zu schicken. Fragt nicht nach dem Grund. Den wollte er mir nicht nennen und ehrlich gesagt, will ich ihn auch gar nicht wissen.«

Ekkelin lächelte, sagte aber nichts, holte stattdessen einen weiteren Becher aus der Truhe und schenkte ein. »Ein vorzüglicher Tropfen«, sagte er, während er dem Bischof den Becher reichte.

»Das ist mir durchaus bekannt«, entgegnete Friedrich verdrießlich. »Schließlich habe ich persönlich dafür gesorgt, dass uns hier ein guter Trunk zur Verfügung steht«, fügte er an und wechselte das Thema. »Sagt, wie geht es in Nürnberg voran? Von den Burggrafen erfuhr ich, dass die Verschworenen einen zweiten Anführer haben und außerdem stetigen Zulauf aus der Bevölkerung verzeichnen.«

»Ja, auch ich hörte davon«, gab der Ritter zurück. »Ein gewisser Hans Pfauentritt rüttelt die Unterdrückten auf. Es heißt, er sei der wohlhabende Spross einer vom Rat verschmähten Patrizierfamilie.«

Lachend klopfte sich der Bischof auf den dicken Schenkel. »Hans Pfauentritt … Bei allen Heiligen, mein werter Gayling, dies ist wahrlich Euer tollstes Stück.«

»Sagt, wann beliebt es dem Markgrafen, mich zu treffen?«, wich Ekkelin aus. Ihm lag wenig daran, dem Bischof weitere Einzelheiten zu offenbaren.

Vor zwei Monaten waren Ekkelin und Markgraf Ludwig zum ersten Mal zusammengetroffen. Ekkelin war der dreiunddreißigjährige Fürst nicht unsympathisch und während eines längeren Gesprächs hatten sie viele Gemeinsamkeiten in ihren politischen Ansichten entdeckt. Im Laufe der folgenden Stunden verfielen sie auf die tollkühne Idee, die damals kaum ernst zu nehmende Gruppe unzufriedener Handwerker und Bürger in Nürnberg zu unterstützen und die Ratsherren aus ihren Ämtern zu vertreiben.

Nürnberg besaß neben vielen anderen Privilegien das des Münzrechts, außerdem war die Nürnberger Burg ein bedeutsamer kaiserlicher Stützpunkt im Reich. Mit dieser Stadt im Rücken, vermochte man die Kaiserfrage durchaus günstig zu beeinflussen.

Ekkelin hatte daraufhin Kontakt zu den Verschworenen aufgenommen. Er hatte damals keine Ahnung davon, dass Nürnberg erst der Anfang war. Inzwischen gärte es ebenfalls in Regensburg, Rothenburg, München und Augsburg.

»Ich habe nach Markgraf Ludwig schicken lassen und rechne jeden Moment mit seinem Erscheinen«, erwiderte Friedrich. »Habt Ihr über meinen Vorschlag nachgedacht, den ich Euch letztes Mal unterbreitet habe?«

Ekkelin runzelte die Stirn. »Ihr habt mir einige Vorschläge gemacht. Welchen meint Ihr?«

»Ich meine den, Euch in den Dienst des Markgrafen zu stellen, und zwar unabhängig davon, wie die Kaiserfrage letztendlich entschieden wird.«

»Das hieße, den Verpflichtungen meiner Stammburg und meinem Lehen nicht länger nachzukommen. Auf die Wegerechte einiger dieser Güter haben die Burggrafen ein Auge geworfen. Dagegen lässt sich nichts machen, doch werde ich es zu verhindern wissen, dass die Hohenzollern diese Güter vereinnahmen. Nein, Markgraf Ludwig mag später meine Rechte bekräftigen, erneuern und mich und meine Verbündeten unter kaiserlichen Schutz stellen.«

Der Bischof zuckte zurück. »Seid Ihr noch zu retten? Unterliegt der Markgraf und kommt zudem heraus, inwieweit Ihr Eure Hände bei dem Aufstand in Nürnberg im Spiel hattet, droht Euch der Verlust Eurer Lehen, womöglich erklärt man Euch sogar für vogelfrei.«

»Bedroht dies Los nicht all meine Wege?«, gab der Ritter zurück. »Ihr kennt mein Ansinnen! Unter Karl als Kaiser werden wir Ritter und Ministeriale noch weiter an den Rand gedrängt. Fügen wir uns nicht, wird über uns die Acht verhängt, während die Pfeffersäcke an Macht und Einfluss gewinnen. Das ist es, wogegen ich kämpfe, und ich frage mich, warum Euch das kümmert. Ihr gewinnt doch in jedem Fall. Allein Eure Stellung macht Euch für die Widersacher meinesgleichen unantastbar. Was also kümmert Euch mein Schicksal?«

Der Bischof presste die Lippen aufeinander, schnaufte hörbar durch, dann sagte er: »Ihr solltet nicht nach der Hand schlagen, die es gut mit Euch meint. Doch treibt, was Euch beliebt. Eines Tages wird Euch Euer mangelnder Respekt den Kopf kosten. Sagt dann nicht, ich hätte Euch nicht gewarnt.«

»Keine Sorge, das werde ich nicht. Aber begreift Ihr nun, dass ich kaum geeignet bin, einem Mann wie dem Markgrafen zu dienen? Wie stellt Ihr Euch das vor? Ich unter diesen Speichel leckenden Höflingen seines Gefolges?«

Friedrich von Hohenlohe hatte durchaus nicht Unrecht damit, wenn er darauf anspielte, dass Ekkelin sich bisweilen sogar seinen Lehnsherrn widersetzte. Was er letzten Sommer eindrucksvoll bewiesen hatte, indem er Konrad von Schlüsselberg bei der Schlacht um Neideck sein Schwert zur Verfügung gestellt hatte.

»Da ist wohl was dran«, stimmte der Bischof resignierend zu. Bevor er weiter darauf eingehen konnte, pochte es an der Tür.

»Tretet ein!«, rief der Bischof.

Knarrend öffnete sich die Tür und Markgraf Ludwig betrat den Raum. Ein breites Lächeln erschien auf seinem Gesicht. Der Fürst trug einen kostbaren mit Hermelin gefütterten und golddurchwirkten Wappenrock. Schwungvoll warf er die Tür hinter sich ins Schloss. Die blitzenden, blauen Augen unterstrichen den offenen Ausdruck im Gesicht des Mannes. Von allen Söhnen des letzten Kaisers sah Ludwig seinem Vater am ähnlichsten.

Ekkelin erhob sich und trat Ludwig entgegen, der seine Hand ergriff und sagte: »Schön, Euch wohlbehalten wiederzusehen. Was ich mit Euch besprechen möchte, lässt sich schwerlich durch eine Botschaft übermitteln.«

»Auch ich freue mich; doch ebenso überrascht es mich, Euch hier anzutreffen«, entgegnete Ekkelin. »Eurer Miene nach zu urteilen, scheinen mir diese dringenden Neuigkeiten zumindest nicht besonders beunruhigend zu sein.«

»Nein, gewiss nicht. Doch lasst uns später davon sprechen. Kommt, setzen wir uns. Wie ich sehe, habt Ihr Wein. Wenn sich auch für mich ein Becher findet, so will ich erstmal mit Euch anstoßen.«

»Daran soll's nicht fehlen«, lachte Ekkelin und griff ein weiteres Mal in die Truhe.

Jetzt erst meldete sich der Bischof zu Wort: »Nachdem Ihr nun beisammen seid, gestattet mir, mich zurückzuziehen. Leidige Amtsgeschäfte warten auf mich. Seid so gut und verlasst später, wenn Ihr aufbrecht, diese Stube getrennt. Ich halte es für klüger, dass niemand von dieser Zusammenkunft erfährt.«

»Verlasst Euch darauf«, erwiderte Ludwig. »Schon dafür, dass Ihr dieses Treffen ermöglicht habt, gebührt Euch mein Dank und es liegt mir fern, Euch weiter zu kompromittieren.«

»Das tut ihr nicht und bislang ist das auch noch niemandem gelungen, gab der Bischof zurück. Dann wuchtete er sich ächzend von seinem Stuhl hoch. Auch der Markgraf und Ekkelin erhoben sich. Bevor er sich zum Gehen wandte, sagte der Bischof zu Ekkelin: »Tut Euch den Gefallen und denkt über meine Worte nach. Der Herr weiß, wie wenig Ihr es verdient, dennoch will ich seinen Segen für Euch erbitten.«

Ekkelin verneigte sich. Er war überrascht. Einen derart salbungsvollen Abschied hatte er vom Bischof nicht erwartet.

Nachdem dieser gegangen war, setzten sich die beiden Männer, füllten ihre Becher, stießen an und leerten sie in einem Zug.

»Herrlich«, meinte der Markgraf zufrieden, »das verlangt nach mehr.« Die aufgesetzte Fröhlichkeit vermochte jedoch nicht, über die kaum unterdrückte Anspannung hinwegzutäuschen.

»Erzählt mir, wie ergeht es Euch in Nürnberg? Das Wenige, was mir der Bischof berichtete, hörte sich ziemlich vielversprechend an«, forderte er Gayling auf.

Entspannt lehnte sich der Ritter zurück: »Bis zum Frühling habe ich die Verschworenen so weit, dass sie das Rathaus stürmen. Dank meines Einflusses scheiterten alle bisherigen Verhandlungen mit den Ratsherren. Derweil ergreifen sogar Mitglieder der ehrbaren

Geschlechter für die Verschworenen Partei, besonders nachdem ich verbreiten ließ, dass Ihr den Verschworenen Euer Wohlwollen schenkt.«

Anerkennend nickte Ludwig: »Ihr übertrefft in der Tat meine kühnsten Erwartungen. Doch mich interessiert zur Stunde, ob Ihr Euch in der Stadt frei bewegen könnt.«

Ekkelin lachte: »Seit Jahren bewege ich mich in den Straßen Nürnbergs so frei, wie es mir beliebt.«

»Ausgezeichnet!« Der Markgraf schlug seine Faust in die andere Handfläche. »So hört, weswegen ich mit Euch sprechen will. König Karl beobachtet die Entwicklung im Reich mit Sorge. Besonders die Zustände in Nürnberg lenken sein Augenmerk auf sich. Er beabsichtigt, der Stadt in Kürze einen Besuch abzustatten, um zwischen den Parteien zu vermitteln.« Ludwig verstummte und sah bedeutungsschwanger zu Ekkelin. »Sofern meinen Informationen zu trauen ist, wird er sein Quartier im Hause des Ratsherrn Konrad Groß beziehen«, fügte er nach einer Weile hinzu.

Ekkelin schürzte die Lippen. »Sagt, worauf wollt Ihr hinaus?«

Ludwig beugte sich näher an Ekkelin heran, bevor er mit gedämpfter Stimme fortfuhr: »Es müsste doch herauszufinden sein, auf welchem Weg man unbemerkt in das betreffende Haus eindringen kann. Denkt Ihr nicht auch?«

»Jaa …«, meinte Ekkelin gedehnt. »Das müsste durchaus zu machen sein.«

»Wie man sieht, verstehen wir uns auch ohne viele Worte!«, lachend breitete der Markgraf die Arme aus. »Wie glaubt Ihr, entscheidet sich die Kaiserfrage, wenn König Karl in Nürnberg auf mysteriöse Weise verschwindet?«, schob er nach.

»Die Wahl wird auf den verbliebenen Kandidaten fallen«, antwortete Ekkelin. »Doch würde Karls Verschwinden nicht früher oder später auf Euch hinweisen, da Ihr der größte Nutznießer in diesem Falle wärt.«

»Das ist richtig«, stimmte Ludwig zu. »Darum darf Karl weder sein Leben verlieren noch für immer verschwinden. Ein Ritter wie Ihr, der sich offen gegen die Krönung Karls ausspricht und der den

König in seine Gewalt bringt, dürfte den Verdacht gegen meine Person entkräften. Noch dazu, wenn dieser Ritter nach einiger Zeit Lösegeld für die Freilassung des Königs fordert.«

Ekkelin schenkte sich den Rest des Weines ein, kippte das Getränk in einem Schluck hinunter, dann sagte er: »Ihr setzt wahrlich großes Vertrauen in meine Fähigkeiten. Ich sehe das doch richtig, dass Ihr mich für den Ritter haltet, der sich in dieses waghalsige Unterfangen stürzt.«

»Ich wüsste keinen besseren als Euch. Dennoch, überlegt es Euch gut. Ich würde es Euch nicht verübeln, wenn Ihr ablehnt. Dabei geht Ihr ein weit größeres Risiko ein als in der Rolle als Pfauentritt. Andererseits winkt als Lohn schnelles und sicheres Erreichen unserer Ziele.«

Ekkelin kniff die Augen zusammen und sah zu Boden. Seinen Teil des Planes hatte er bislang erfüllt, während sich Ludwig im Hintergrund gehalten hatte. Und jetzt verlangte der Markgraf von ihm, König Karl zu entführen. Was, wenn er bei diesem Versuch scheiterte? Konnte er sich dann auf den Markgrafen verlassen? Obwohl er Ludwig mehr Vertrauen entgegenbrachte als den meisten andern Fürsten, die er mit den Jahren kennen gelernt hatte, löste Ludwigs Ansinnen ein mulmiges Gefühl im Innern des Ritters aus. Bis heute hatte es der Markgraf nicht für nötig erachtet, sich als Gegenkönig aufstellen zu lassen. Aber genau das erwarteten seine Anhänger von ihm, wenn er die Ambitionen als Nachfolger seines Vaters auf den Kaiserthron ernst meinte. Solange er diesen Schritt unterließ, vermochte er jederzeit von seinen Ansprüchen zurückzutreten. Und jeder, der ihm die Treue gehalten hatte, hätte dann das Nachsehen. Andererseits verfolgte Ekkelin mit dem Aufstand in Nürnberg auch eigene Ziele.

Darum sagte er, als er den Kopf hob und Ludwig in die Augen schaute: »Mit einer Ausnahme.«

Verdutzt zog der Markgraf eine Augenbraue hoch. »Was meint Ihr?«, fragte er.

»Die Verschworenen. Sie sind dann für die Kaiserfrage nicht mehr entscheidend.«

Fragend blickte der Markgraf dem Ritter ins Gesicht. »Euch geht es bei dem Umsturz in Nürnberg um mehr … habe ich Recht?«

Für einige Augenblicke erwiderte Ekkelin den Blick Ludwigs, dann huschte der Anflug eines Lächelns um seine Mundwinkel und er entgegnete: »In der Tat!«

Ludwig schien amüsiert: »Ich verstehe. Also ich an Eurer Stelle, hätte es auf die Losungsgelder der Stadt abgesehen.«

»Hm«, brummte Ekkelin grinsend. »Eine vorzügliche Idee.« Dann verfinsterte sich sein Blick und er gestand: »Ich wäre ein Narr, würde ich diese Gelegenheit nicht nutzen. Doch in der Hauptsache gilt es, eine Schuld zu begleichen.«

»Eine Schuld?«

»Erlaubt, dass ich darüber nicht weiter spreche. Seid jedoch versichert, dass dies Anliegen unsere Pläne nicht gefährdet. Doch meine ich, dass wir die Verschworenen nicht sich selbst überlassen dürfen. Sie vertrauen mir mehr als mir gefällt. Wenigstens bis zum Tag des Umsturzes muss ich ihnen zur Seite stehen, will ich meinem Namen keine Schande bereiten. Sagt darum geradeheraus, wie Ihr zu unserem Plan in Nürnberg steht, sollte es mir gelingen, König Karl in meine Gewalt zu bekommen.«

Ludwig schmunzelte, stellte seinen Becher vor sich zu Boden und erwiderte: »Ihr hättet meine Erwartungen enttäuscht, wenn Ihr mir diese Frage nicht gestellt hättet. Und ich sehe, wie ernst Euch diese Angelegenheit ist. Darum will ich Eure Zweifel auf der Stelle zerstreuen, indem ich schwöre, unserer Sache bis zum Schluss beizustehen. Erwartet mich und mein Gefolge zu gegebener Zeit in Nürnberg. Vorausgesetzt Ihr bezahlt bis dahin Euren Wagemut nicht mit Eurem Leben.«

»Der Tod lauert überall«, entgegnete Ekkelin. Dann streckte er Ludwig seine Rechte entgegen und meinte: »So sei es! Ich hole mir Euren König.«

Nürnberg, Februar 1348

Der fortdauernde Streit um die Kaiserfrage hatte die Bürgerschaft zu Nürnberg ebenso gespalten wie in anderen Städten des Reiches. Dabei waren die Ratsherren im November des zurückliegenden Jahres ihrem neuen König, Karl dem Luxemburger, nach dem plötzlichen Tode Kaiser Ludwigs mit nur wenig enthusiastischen Gefühlen begegnet. Vom Freund des Papstes, dem Pfaffenkönig, wie Karl im Volksmund gerufen wurde, erwartete man nichts Gutes, als er sich Nürnberg näherte.

Da ihm die Burggrafen indessen huldigten und zum Entgelt dafür freigiebig mit Privilegien ausgestattet wurden, öffnete die Stadt dem neuen König seine Tore. Karl zeigte sich über die Maßen gnädig und bestätigte nicht nur alle früher erlangten Freiheiten Nürnbergs, sondern verlieh ihr zudem völlig neue Privilegien.

Die mittlerweile zu Geld und Ansehen gelangten Zünfte der Handwerker und viele unter den Handel treibenden Bürgern Nürnbergs hingegen hingen den Söhnen ihres ehemaligen Kaisers an. Ludwig der Bayer war dem einfachen Volk zugetan gewesen und viele der ihnen zugestandenen Rechte waren ihm zu verdanken. Man fürchtete unter dem Luxemburger, weiterhin von der geforderten Mitbestimmung der Ratsgeschäfte ausgeschlossen zu bleiben, und führte offen das Wort gegen Karls Krönung zum Kaiser.

Dazu klagte man über den Übermut und die Hoffart der Geschlechter, insbesondere der jungen Patriziersöhne und dass der Arme dem Reichen gegenüber kein Recht erhielte.

Trotz verhärteter Fronten zwischen den Anhängern der unterschiedlichen Parteien legten beide Seiten ihren Zwist für die Dauer kurzweiliger Abwechslung nur allzu gern beiseite. So wie an jenem eisigkalten Morgen des dritten Februar, als sich eine stattliche Anzahl Schaulustiger zum Richtplatz am Ufer der Pegnitz einfand, um dem für diesen Tag anberaumten Schupfen des Bäckermeisters Friedhelm beizuwohnen.

Selbst für diese Jahreszeit war es ungewöhnlich kalt. Den Alten bereitete es Mühe, sich auf einen ähnlich eisigen Winter zu besinnen. Das Wasser des Flusses bedeckte an Stellen geringer Strömung eine zur Flussmitte hin fingernde Eisschicht.

Vor dem Eintreffen erster Zuschauer hatten die Knechte des Scharfrichters das Eis der Pegnitz unterhalb des Richtplatzes mit einer Stange aufgebrochen. Anschließend hatten sie den für den Verurteilten bestimmten Eisenkorb an der über den Fluss schwenkbaren Hebelstange befestigt.

Unmittelbar darauf strömten erste Bürger, Handwerker und Gemeine auf den Platz. Die eigens für die Patrizier, Ehrbaren und Schöffen der Stadt errichtete Tribüne direkt neben der hölzernen Plattform, füllte sich ebenfalls. Kurz darauf wurde der an den Händen gefesselte Übeltäter von acht Scharwächtern, den zwölf Schöffen und dem Schultheißen, dessen Amt dieser Tage der Kaufmann und Ratsherr Konrad Groß innehatte, durch die Schimpfreden rufenden Menge dem Scharfrichter zugeführt.

Mit gemischten Gefühlen folgte der sechzehnjährige Landolf an der Seite seines Freundes Ismar dem Schauspiel. Ohne Ismars Zureden wäre er mit Sicherheit zu Hause geblieben. Entgegen der Mehrzahl seiner Altersgenossen fand er nur wenig Freude an dieser Art der Zerstreuung. Dem Freund zuliebe, der sich derartige Spektakel nach Möglichkeit nicht entgehen ließ, hatte er jedoch nachgegeben. Gleichwohl Landolf bewusst war, Zeuge eines gerechten Urteils zu werden, dauerte ihn der Delinquent, der mit aschfahlem Gesicht, weinerlichen Augen und hängenden Schultern vor dem Scharfrichter stand.

Schultheiß Konrad Groß war inzwischen auf die hölzerne Plattform gestiegen und die Schöffen hatten sich zu ihren Plätzen auf der Tribüne begeben. Groß wechselte einige Worte mit dem Scharfrichter, währenddessen seine Büttel den Verurteilten ebenfalls auf die Plattform führten und ihn auf das Kommando des Schultheißen warten ließen.

Mittlerweile drängten sich alle Bevölkerungsschichten auf dem Platz. Bettler und Beutelschneider schoben sich unauffällig durch die Reihen der Bürgerlichen. Huren boten wohlhabend scheinenden Herren ohne Begleitung ungeniert ihre Dienste an. Es wurden heiße Kastanien sowie gewürzter Wein, Met, Bier und Gebäck feilgeboten. Und über all dies hinweg tönten lauthals gerufene Spottverse und Beschimpfungen gegen den Verurteilten.

»Geschieht dir recht, Betrüger!«, brüllte Ismar und riss Landolf aus seinen Gedanken. Beide waren sie frühzeitig eingetroffen und standen Schulter an Schulter eingeklemmt in der zweiten Reihe der grölenden Menge. Von hinten geschoben, von vorne gestoßen, blieb ihnen nichts anderes übrig, als dem Schupfen bis zum Schluss beizuwohnen.

Ismar bemerkte den beklommenen Blick des Freundes, stieß seinen Ellbogen in Landolfs Rippen, grinste ihm ins Gesicht und lachte: »Sei kein Hasenfuß. Soll der Hundsfott doch ersaufen. Zu kleines Brot backen, um größeren Profit zu erzielen – pfui Deibel.«

»Er könnte bei der heutigen Kälte sterben«, entgegnete Landolf, der die Begeisterung Ismars nicht nachvollziehen konnte.

»Na und?«, fragte Ismar, dem es mit Landolfs unbegreiflichem Mitgefühl keineswegs anders erging. »Er wusste was ihm blüht, wenn er sich erwischen ließe.«

Wenigstens darin pflichtete Landolf dem Freund bei. Seit Alters her waren Größe, Gewicht und Preis von Backwaren sowie vielerlei andere Erzeugnisse der Stadt durch den Beschluss der Ratsherren festgelegt. Ebenso das Strafmaß bei Missachtung dieser Regelung.

So gab es Strafen für Bäcker, welche die Bürger nicht täglich mit Brot versorgten, den Markt nicht belieferten oder im Backofen kein Brot hatten, bei denen der Scharfrichter jedoch Mehl in der Vorratskammer fand. Wegen zu klein gebackenen Brotes konnte einem Bäcker die Bürgerrechte aberkannt und er aus der Stadt verbannt werden. Dagegen erschien das Schupfen eine durchaus milde Form der Bestrafung.

Außerdem hatte der Verurteilte die Möglichkeit, sich von dieser diffamierenden Strafe freizukaufen. Doch Landolf hatte gehört, dass Meister Friedhelm seine gesamten Münzen ins Hurenhaus getragen, weswegen ihn sein Weib bei den Schöffen angezeigt haben soll. Zumindest munkelte man dies hinter vorgehaltener Hand.

Nun wandte sich der Schultheiß der Menge und dem Verurteilten zu, richtete seinen Blick zu den Ehrbaren und Patriziern auf der Tribüne, hob die Arme, woraufhin Ruhe unter die Versammelten einkehrte.

Mit lauter, klarer Stimme sprach er: »Bürger Nürnbergs. Wir sind heute, am Morgen des dritten Februar im Jahre des Herrn 1348 zusammengekommen, um das nach Fug und Recht gefällte Urteil über den Bäckermeister Friedhelm im Angesicht Gottes und seiner ergebenen Diener zu vollstrecken. Dem Beschuldigten wurde im vollen Umfang nachgewiesen, das vorgeschriebene Maß an Mehl, um eine halbe Unze je Laib unterschritten zu haben.«

»Pfui!«, rief es aus der Menge. »Taucht die Sau, bis sie ersäuft!«, kam es von anderer Stelle. Fauliges Gemüse und hartes, altbackenes Brot flogen unter Gejohle über die Köpfe der Versammelten, trafen den Gefesselten oder klatschen neben ihm auf die Bodenbretter der Plattform. Gleich einem geprügelten Hund duckte sich Meister Friedhelm und drückte sich an die ihn flankierenden Scharwächter.

Neuerlich verschafften die erhobenen Arme dem Schultheißen Gehör. »Haltet ein!«, donnerte er. »Weiter bezichtigt das Eheweib des Beschuldigten ihren Gatten der Unzucht und des Bruchs des Ehegelübdes. Auch dieser Vergehen überführte das Gericht den Beschuldigten.

So hört denn, Bürger Nürnbergs, das über Bäckermeister Friedhelm gesprochene Urteil, welches wir zur Vollstreckung dem Scharfrichter übereignen: Demnach hat sich der Verurteilte in den Schöpfkorb zu begeben, in dem er dann ein Dutzend Mal bis über das Haupt in die Wasser der Pegnitz zu tauchen ist. Um seines durch den Bruch der vor Gott geheiligten Ehe gefährdeten Seelenheils willen, hat er von diesem Tage an für die Dauer eines Jahres die Hälfte seiner Einnahmen dem Spital zum Heiligen Geiste zu stiften.«

Konrad Groß verstummte, bedachte den vor Scham gebeugten Verurteilten mit einem vernichtenden Blick und wandte sich unter der erwartungsvollen Stille der Menge dem Scharfrichter zu.

»Scharfrichter«, hob er an, »hiermit übergebe ich dir und deinem Amt den vor Gott dem Herrn verurteilten Bäckermeister Friedhelm. Walte deines Amtes und führe den Verfehlten seiner gerechten Strafe zu.«

Kaum verstummte der Schultheiß, brandete tosender Beifall aus der Menge auf. Neuerliche Wurfgeschosse fanden ihr Ziel, denn diesmal sträubte sich Meister Friedhelm gegen den harten Griff des Scharfrichters, der ihn am Arm packte und gnadenlos in den geöffneten schwankenden Korb bugsierte. Daraufhin wurde der Korb verriegelt und unter dem begeisterten Jubel der Versammelten schwenkte der Scharfrichter die Hebelstange über den Fluss.

Ismar lachte im Einklang mit der Menge. Landolf hingegen dauerte der Delinquent, vergegenwärtigte er sich die Härte des Urteils. Selbst in den warmen Sommermonaten war die »Bäckertaufe« wie das Volk das Schupfen nannte für die Betroffenen keine harmlose Angelegenheit. Bei der vorherrschenden Witterung war zwölfmaliges Untertauchen in das eiskalte Wasser fast ein Todesurteil. Sah er sich um, wurde Landolf ein weiteres Mal schmerzlich bewusst, dass niemand unter den Anwesenden derartige Gedanken verfolgte. Was unterschied ihn von den anderen?

Im Grunde pflegte er wenig Umgang mit seinen Altersgenossen. Ausgenommen Ismar, dem ältesten Sohn Rudolf Haubenschmidts, genannt Geißbart, hielt er sich in Anwesenheit anderer auffällig zurück und bisher hatte er den Richtplatz all die Jahre über erfolgreich gemieden. Er wusste selbst nicht, warum es Ismar ausgerechnet diesmal gelungen war, ihn zu überreden mitzugehen. Dabei war selbst Landolfs Vater und Lehrmeister, Schwertmacher Johann von Sulzbach, kein Freund solcher Darbietungen. In diesem Punkt unterschied er sich nicht von Landolfs Mutter.

Aber sosehr ihn das grausige Prozedere missfiel, so wenig vermochte er jetzt seinen Blick abzuwenden. Langsam senkten die Knechte des Scharfrichters den über ein Seil mit der Hebelstange verbundenen Korb in den Fluss ab. Nach und nach versank der Käfig in den Fluten, bis er im trüben Wasser verschwunden war. Nur das Seil ragte straff gespannt aus der Wasseroberfläche. Quälend zäh verrann die Zeit, niemand unter den Anwesenden gab einen Laut von sich. Endlich wies der Scharfrichter seine Knechte an, den Korb hochzuziehen. Prustend und hustend schnappte der Bäckermeister nach Luft, was von der Menge mit einem erlösenden Jubel quittiert wurde. Dann wiederholte sich die Prozedur ein ums andere Mal.

Verschwand der Korb in der Pegnitz, hielten die Schaulustigen gemeinsam mit dem Delinquenten den Atem an. Totenstille herrschte, bis Meister Friedhelm wieder emporgezogen wurde.

Umklammerte er dann mit zitternden Händen die Stäbe seines Käfigs und japste nach Luft, brachen sie umso lauter mit Spottversen und höhnischen Rufen über ihn herein.

Meister Friedhelm erfüllte die Erwartung der versammelten Menge ganze acht Mal. Als der Korb zum neunten Mal aus dem Wasser gezogen wurde, lag er wie leblos auf den Bodenstangen des Korbes, Beine und ein Arm hingen schlaff zwischen den Gitterstäben hindurch. Dessen ungeachtet fuhren der Scharfrichter und seine Knechte mit ihrem Handwerk fort; ungerührt vollstreckten sie das Urteil bis zu seinem Ende.

Fortan verfolgte das Volk das weitere Schupfen in völligem Schweigen. Da sich das Ziel ihrer Anfeindung nicht mehr rührte, unterließen sie spöttische Bemerkungen. Ohne dass dies jemand ausgesprochen hätte, schien jedem klar, dass der Verurteilte seine Strafe nicht überlebt und somit Gott der Herr selbst in das Urteil eingegriffen hatte. Über ein Gottesurteil riss niemand seine Witze.

Landolf suchte nach dem Weib des Bäckers. Ismar hatte zuvor gemeint, dass sie dem Schupfen beiwohne, doch vermochte er sie nicht unter den unzähligen Frauen herauszufinden. Dabei hätte er dieser Frau gerne ins Gesicht geschaut.

Man munkelte, dass Friedhelms Weib der eigentliche Herr in des Bäckermeisters Haus war. Ein Weib mit Haaren auf den Zähnen, das seinem Gatten nicht erlaubte, die Schänke aufzusuchen. Sich darüber lustig machend, erzählten die Leute weiter, dass Friedhelms Weib außer für die Zeugung der drei Kinder ihrem Gatten kein einziges Mal gestattet hatte, die Hand an ihren Körper zu legen. Liebesfreuden jeglicher Art bezeichnete sie als Teufelswerk, ebenso den Genuss berauschender Getränke. Da sei es beileibe nicht verwunderlich, wenn Bäckermeister Friedhelm seinem männlichen Drang im Hurenhaus nachgegeben habe.

Seit Landolf diese und andere Geschichten über Meister Friedhelm zu Ohren gekommen waren, hatte er sich gefragt, wie so eine Frau aussah, die ihren eignen Gemahl vor den Schöffen führte? Aber keine der Frauen, die er unter den Schaulustigen entdeckte, schien ihm infrage zu kommen.

Nachdem das Urteil vollstreckt war, schwenkten der Scharfrichter und seine Gehilfen den eisernen Korb auf die hölzerne Plattform und öffneten das Gitter. Noch immer verfolgte die Menge schweigend das Geschehen.

Plötzlich durchschnitt ein Schrei die erwartungsvolle Stille: »Seht! Er bewegt sich!«

Der Scharfrichter und seine Gehilfen sprangen zurück. Ihre Gesichter wirkten, als seien sie dem Leibhaftigen begegnet. Jetzt, da der Korb von ihnen nicht mehr verdeckt war, vermochte jeder zu sehen, dass sich Bäckermeister Friedhelm regte. Dann schnellte sein Oberkörper empor, sackte der Kopf vornüber und würgend erbrach er schleimige Flüssigkeit.

»Der Teufel will ihn nicht haben!«, rief jemand. Vereinzeltes Gelächter folgte. Weitere Spottrufe ertönten, wurden aufgegriffen und wie eine Welle der Erleichterung brandete ein um sich greifendes Gefühl von Ausgelassenheit über die Schaulustigen hinweg. Schimpfwörter und schmähende Beleidigungen flogen dem Verurteilten von allen Seiten zu. Im Gegensatz zu vorhin klangen die Rufe jetzt fröhlich und gelöst. Versöhnlich bemerkte Landolf, dass eine gewisse Befreiung in den meisten Gesichtern der Umstehenden zu erkennen war.

Nachdem der Delinquent aus dem Korb gezerrt und auf wackligen Beinen von den Helfern des Scharfrichters fortgeführt worden war, löste sich die Versammlung auf. Stumm schlenderten Landolf und Ismar zwischen den sich zerstreuenden Bürgern zum Haus des Schwertmachers Johann von Sulzbach. Ismars Vater Rudolf Haubenschmidt beredete dort, wie so häufig in den zurückliegenden Wochen, wichtige Angelegenheiten für die Sache der Verschworenen. Landolf wünschte sich in diesem Augenblick nichts sehnlicher, als von alldem verschont zu bleiben.

Nürnberg, zwei Wochen später

Still harrte die schlafende Stadt unter den dahinjagenden Wolken. Eisiger Wind strich durch die nächtlichen Gassen, nahm hier und dort Schneestaub von den Dächern auf, trieb ihn wie Nebelschwaden vor sich her, um ihn dann an anderer Stelle scheinbar achtlos abzulegen. Mit schwerfälligen Schritten bewegte sich der Scharwächter über die rutschige Neigung vor dem Dominikanerkloster. Im schwarzen Schatten eines Torbogens verborgen, den Rücken an das harte Holz der Tür gepresst, bemühte sich Landolf darum, sein Zähneklappern zu unterdrücken bis der Scharwächter um die nächste Ecke gebogen war. Trotz der Kälte standen ihm Schweißperlen auf der Stirn. Der Gedanke daran, was geschehen würde, wenn man ihn auf seinem Posten erwischte, vertrieb den nächtlichen Frost schneller aus seinen Gliedmaßen, als es die Hitze der Schmiede je vermocht hätte. Da König Karl in der Stadt weilte, galt nach Anbruch der Nacht eine allgemeine Ausgangssperre. Wer von den Scharwächtern oder Türmern ohne Sondergenehmigung auf der Straße aufgegriffen wurde, dem drohte Siechtum und Tod in den nasskalten Steinmauern des Kerkers. So jedenfalls raunte man es sich hinter vorgehaltener Hand zu. Landolf hatte nicht vor, dieses Gerücht auf seine Richtigkeit hin zu überprüfen.

Der gärende Unmut in den Gemütern einfacher Leute gewann stetig an Zustimmung und war mittlerweile zum unverhohlenen Ruf nach Aufruhr gediehen. Längst zogen sich die Patrizier bei Einbruch der Dunkelheit in den Schutz ihrer burgähnlichen Häuser zurück.

Die Burggrafen hielten sich aus den Auseinandersetzungen heraus, soweit dies vor König Karl, dem möglichen zukünftigen Kaiser, zu vertreten war. Sie beobachteten und warteten ab, ob sich etwas Nutzbringendes aus der Angelegenheit für sie ergab. Es war kein Geheimnis, wie wenig die Burggrafen auf die durch Handel reich gewordenen Kaufleute und Ratsherren gaben, zugleich verbot ihnen der Stand des Adels aber auch, Partei für die Handwerker und Bürger zu ergreifen. Zur Stunde hatten sie die Sicherheit ihres Königs zu gewährleisten und so schickten sie ihre Büttel aus, um in den Straßen für Ordnung zu sorgen.

Für die Verschworenen war es derzeit wenig ratsam, Aufmerksamkeit zu erregen. Trotz ihrer zahlenmäßigen Überlegenheit hätten die Handwerker und Bürgerlichen den offenen Kampf gegen die kriegserprobten Streiter der Burggrafen nicht überstanden, da deren Reihen zudem eine stattliche Anzahl Waffengänger aus dem Gefolge Karls verstärkten.

Landolfs Herzschlag beruhigte sich, dafür drängte sich ihm die beißendende Kälte wieder ins Bewusstsein zurück. Frierend trat er von einem Bein aufs andere. Die Zusammenkunft zog sich. Lange hielt er es auf seinem ungemütlichen Posten nicht mehr aus.

Warum musste König Karl ausgerechnet während dieser lausigen Kälte die Stadt mit seiner Anwesenheit beehren? Nur deswegen war Landolf gezwungen, hier draußen Wache zu halten und nicht, wie üblich, der wöchentlichen Versammlung der Verschworenen beizuwohnen. Seine Zähne schlugen aufeinander.

Endlich machte er eine Bewegung am Tor des Klosters aus und das zitternde Licht einer Kerze flammte auf: Die Versammlung war beendet.

Er sah sich um, lauschte angestrengt. Nichts regte sich, nur der eisige Wind heulte nach wie vor um die verwinkelten Häuser. Es war abgesprochen, dass er zur Entwarnung einen Pfiff ertönen lassen sollte. Seine mittlerweile völlig gefühllos gewordenen Lippen waren jedoch außerstande, den gewünschten Laut hervorzubringen. So lief er kurzerhand über die Straße zum Kloster. »Alles ruhig«, zischte er, sobald er das Tor erreicht hatte. Die Kerze erlosch. Mehrere Gestalten lösten sich aus dem Schwarz des Eingangs, die sie in der bewölkten Nacht nur schwer voneinander zu unterscheiden waren. Erst aus nächster Nähe, vermochte Landolf die langen Bärte der Handwerker zu erkennen, was diese von den Bürgern unterschied. Den Anfang bildeten sein Vater, dessen Freund der Harnischmacher Rudolf Haubenschmidt, der so genannte Geißbart, gefolgt von seinem Sohn Ismar und der stolz einherschreitenden Gestalt des Pfauentritts. Danach drängte der Rest der verschworenen Gemeinschaft geräuschlos auf die Straße. Stumm reichten sie einander die Hände, nickten sich mit feierlicher Miene zu, strömten dann in unterschiedliche Richtungen auseinander und verschwanden in der Finsternis.

Geißbart, Ismar, Landolf, Johann von Sulzbach und der Pfauentritt warteten schweigend vor dem Kloster, bis der letzte ihrer Anhänger außer Sicht war. Wie gewöhnlich gelang es Landolf nicht, die Augen von der geheimnisumwitterten Figur des Pfauentritts abzuwenden. Niemand anderes verstand es so eindrucksvoll, die Leute hinter sich zu scharen. Den Gerüchten zufolge entstammte er einer wohlhabenden und einflussreichen Patrizierfamilie. Ihm folgten die Bürgerlichen in blindem Vertrauen und bildete zusammen mit dem Harnischmacher Haubenschmidt den Kopf der Aufrührer.

Das Auftreten des Pfauentritts hatte etwas Würdevolles, Aristokratisches an sich, was ihn von den anderen Verschwörern unterschied. Seinen Gang, weswegen er Pfauentritt genannt wurde, imitierten seine Anhänger unter den Bürgerlichen. Die Handwerksmeister hingegen ließen sich lange Spitzbärte wachsen, dass sie dem Aussehen Haubenschmidts glichen.

Nichteingeweihte wussten kaum mehr , ob Geißbart und Pfauentritt leibhaftige Personen waren oder nur als Bezeichnungen der verschiedenen Gruppen unter den Aufrührern zu verstehen waren.

»Ihr habt wohl gesprochen, Meister Haubenschmidt«, wandte sich der Pfauentritt nun an den Harnischmacher. »Es wird nicht einfach sein, die Leute bis zum rechten Zeitpunkt im Zaum zu halten. Ich kann ihren Drang fühlen, sie wollen die Köpfe des Rates rollen sehen.«

»Woran Ihr nicht ganz unschuldig seid«, brummte Haubenschmidt. Viel war in der Dunkelheit von ihren Gesichtern nicht zu erkennen, trotzdem glaubte Landolf, Zorn in Geißbarts Zügen auszumachen.

Entweder bemerkte er es nicht oder es focht den Pfauentritt nicht an. Spöttisch, die Mundwinkel nach oben gezogen, erwiderte er: »Ihr müsst Euch schon im Klaren darüber sein, was Ihr erreichen wollt. Mit Worten werden sich die Ratsherren nicht von ihrer Position vertreiben lassen. Ist die Kaiserfrage erst einmal geklärt, könnte es sich für einen Erfolg unserer Pläne als zu spät erweisen.«

»Ihr sprecht, als hätte Markgraf Ludwig bereits verloren. Wartet erst einmal ab. Und dass wir uns besser ruhig verhalten, solange Karl in der Stadt weilt, wisst Ihr genauso gut wie ich.«

Der Pfauentritt nickte, legte seine kräftige Hand, die so gar nicht zu einem Patrizier passte, auf die Schulter des Handwerkers und sagte im versöhnlichen Tonfall: »Erörtern wir dies nicht zu dieser Stunde und an diesem zugigen Ort. Glaubt mir, ich teile Eure Sorgen. aber Ihr solltet einsehen, dass die Zeit des Wartens bald vorüber ist. Wie Ihr wisst, breche ich noch zur Stunde nach Bamberg auf. Bischof Friedrich von Hohenlohe könnte sich als unverhoffter Beistand in unserer Sache erweisen. Lasst uns also nächste Woche weiter darüber sprechen. Jetzt entschuldigt mich. Der Scharwächter wird hier bald wieder vorbeikommen und ich habe wenig Lust, dann noch hier zu stehen.«

Galant verbeugte sich der Pfauentritt, zwinkerte Landolf und Ismar verschmitzt zu, wandte sich um und tauchte mit ausholenden Schritten in die Nacht ein.

»Er hat recht, lasst uns von hier verschwinden«, raunte Geißbart, reichte Johann die Hand, klopfte Landolf auf die Schulter

und stiefelte los. Ismar lächelte seinem Freund zu und folgte dem
Vater, Landolf und Meister Johann wandten sich in Richtung Burg.

Der Pfauentritt bewegte sich, wann immer sich die Gelegenheit bot,
im Schatten der Häuser. Sein aufrechter, pfauenartiger Gang war
geschmeidigen Bewegungen gewichen. Sein Auftreten wirkte nun
keineswegs erhaben oder herrschaftlich, vielmehr auf gewisse Art
gefährlich, strahlte Kraft und Kampferfahrung aus. Nach wenigen
Minuten erreichte er das Gassenlabyrinth des Judenviertels.

Einst hatte man den Juden den wenig geschätzten Platz der
Flussniederung am Rande der Stadt zugewiesen. Mit den Generationen war die Stadt gewachsen und so hatten im Laufe der Jahre
die Häuser der Christen die der Juden eingeschlossen.

Wie stets, wenn er das Judenviertel aufsuchte, fühlte er sich
in eine andere Welt versetzt. Spuren des fast jährlich zur Schneeschmelze wiederkehrenden Hochwassers fanden sich an den Mauern
der Häuser. Dennoch vermochten die Schäden und der hartnäckig
in den Häuserschluchten hängende Geruch von Moder und Fäule,
nicht über den bescheidenen Reichtum hinwegzutäuschen, den sich
die Juden mit Heilkunst, Viehhandel und in erster Linie dem Geld-
verleih erwarben. Trotz des Verfalls der Gebäude, der Enge der Gassen, dem Fehlen von Pflastersteinen, fand sich bedeutend weniger
Unrat am Boden als in anderen Teilen der Stadt. Zudem brauchte
man zur nächtlichen Stunde keinen Scharwächter oder Türmer im
Viertel der Juden zu fürchten. Lediglich das Kriegsvolk unter dem
Gefolge des Königs scheute nicht davor zurück, das Judenviertel in
ihren Rundgang mit einzubeziehen. Aber das Scheppern ihrer Rüstungen und das Klirren der Waffen verrieten sie schon von weitem,
sodass ihre Patrouillen den Pfauentritt nicht schreckten.

Zielstrebig schritt er aus, bis er einen freien Platz erreichte,
in dessen Zentrum sich die Synagoge in den Himmel erhob, die
auch die Schule der Juden beherbergte. Zweimal stieß er den Ruf
eines Käuzchens aus, wartete einen Augenblick, und wiederholte

das Zeichen. Eine schmale Seitentür öffnete sich in der Wand der Synagoge. Das warme Licht einer Laterne fiel auf den festgetretenen Schnee des Platzes und erhellte die Umrisse eines Mannes, der in Größe und Umriss, dem des Pfauentritts ähnelte. Mit weiten Sätzen setzte der über die Freiung und kaum war er durch die Tür getreten, warf der andere diese hinter ihm ins Schloss.

»Ihr wart lange fort, Herr. Ich war bereits in Sorge«, sagte der mit der Laterne, während er neben dem Pfauentritt zum hinteren Teil der Synagoge schritt, wo sie vor einer eisenbeschlagenen Tür verharrten.

Lächelnd blickte der Pfauentritt in das ihm nicht unähnliche Gesicht des Sprechers und sagte: »Keine Sorge.« Dann griff er sich mit einer raschen Bewegung in den Mund und brachte zwei kleine Ledersäckchen aus seinen Wangentaschen zum Vorschein. Sogleich verschwand der feiste Ausdruck aus dem Gesicht des angeblichen Kaufmanns und hohe Wangenknochen traten hervor. Mit einem Ruck befreite er sich von dem angeklebten Schnauzbart, nahm die Kopfbedeckung ab, woraufhin langes Haar auf seine Schultern fiel. Niemand hätte in dem Ritter, der nun zum Vorschein kam, den Pfauentritt wiedererkannt, der die Kopfbedeckung, eine gefütterte Gugel, Bart und Backenpolster dem anderen überreichte und sich dann des langen Mantels entledigte. Ein meisterlich gearbeitetes Kettenhemd kam zum Vorschein. Darüber trug er einen Lederharnisch, dessen häufiger Gebrauch sofort ins Auge stach. Er strich sich das Haar nach hinten und setzte eine lederne Gugel auf, ein kapuzenähnlicher Überwurf, der über Nacken und Schultern reichte.

Anschließend öffnete er die Tür und stapfte die dahinter befindlichen Stufen in die Tiefe. Sein Begleiter, der ihm nun noch mehr ähnelte, folgte ihm. Am Ende der Stufen führte sie ein niederer Gang zu einem weiten, von schlanken Säulen gestützten Gewölbe, das bis unter die Decke Vorräte und Handelsware jeglicher Art und in großer Menge beherbergte.

»Ist alles vorbereitet?«, fragte Ekkelin.

»Genauso, wie Ihr es gewünscht habt!«, erschallte die Stimme eines Dritten, aus dem im Dunkeln liegenden Teil des Gewölbes. Eine mittelgroße Gestalt, die auf den Namen Migkenmockel hörte, trat hinter einem Stapel Kisten hervor, gefolgt von den hünenhaften Zwillingen Veit und Thomas.

Während Migkenmockel die Lust auf Abenteuer und Wagemut schier ins Gesicht geschrieben stand, wirkten die Mienen der Zwillinge düster und bedrohlich.

Während sich die drei unterschiedlichen Gesellen Ekkelin und seinem Begleiter näherten, legte der Ritter sein Schwertgehänge um. Dies trug er nicht wie üblich an der linken Seite, sondern auf dem Rücken, was die Bewegungsfreiheit erhöhte.

Mit grimmigem Lächeln sah er den drei Männern entgegen. »Migkenmockel, mir scheint, dir entgeht wie immer der Ernst unseres Unternehmens.«

»Mitnichten, Herr. Mir ist durchaus bewusst, dass dies ein prächtiger Spaß wird. Fürchte nur, unsere beiden Miesepeter vergällen uns die Freude daran.« Mit diesen Worten wandte er sich zu den Zwillingen um. Lachend fuhr er fort: »Mit diesen Mienen könnt ihr Leichen erschrecken.«

»Irgendwann wird dir jemand dein loses Mundwerk stopfen«, brummte Veit und schob sich brüsk an Migkenmockel vorbei. »Alles ist vorbereitet«, sagte er zu Ekkelin. »Wir können sofort aufbrechen.«

Der Ritter nickte, sah sich im Gewölbe um und sagte: »Wo ist der Rabbi? Ich nahm an, er würde uns zu den Kellern des Plobenhofs führen.«

»Er zeigte mir den Zugang und beschrieb den Weg. Weiter möchte er nicht in diese Angelegenheit verwickelt werden, wie er es ausdrückte«, griente Migkenmockel.

Ekkelin zog eine Augenbraue hoch: »Kann's ihm nicht verdenken. Im Gegensatz zu dir ist ihm die Tragweite unseres Vorhabens durchaus bewusst. Scheitern wir, ist unser Schicksal besiegelt. Noch könnt ihr umkehren, keinem würde ich es später vorwerfen.«

Streng und abwartend blickte er ihnen ins Gesicht, doch jeder hielt den forschenden Blicken ihres Anführers stand. »Nun gut«, nickte er. »Pankraz wird uns den Rücken freihalten. Migkenmockel, geh voran, du kennst den Weg.«

Der Angesprochene nahm eine Laterne, in der eine Kerze brannte und schritt zur westlichen Mauer des Gewölbes. Die anderen folgten ihm. Sie umrundeten einen Stapel mit Tuchballen und gelangten an eine niedere Tür, die bis vor kurzem, wie die Spuren im Staub des Bodens erzählten, mit allerlei Waren verstellt gewesen war. Hinter der Tür verbarg sich ein enger feuchter Gang, der vor vielen Jahren in den Sandstein gehauen worden war und den die Lebenden, bis auf wenige Ausnahmen, längst wieder vergessen hatten.

Nach etwa zwei Dutzend Schritten schien der Gang an einer massiven Sandsteinwand zu enden. Migkenmockel drehte den Kopf, warf ein schelmisches Grinsen über die Schulter, bückte sich dann, griff in eine leicht zu übersehende Nische zu ihren Füßen und drückte auf etwas.

Ein knirschender Laut ertönte, die Wand schwang ächzend zur Seite und gab den Blick auf einen dunklen Schlund frei, der sich rechts und links der Öffnung in der Finsternis verlor. »Von der anderen Seite ist die Tür genauso wenig zu erkennen«, sagte Migkenmockel und deutete auf ein in den Stein gemeißeltes Kreuz. »Damit der Eingeweihte den Zugang von außen nicht übersieht.«

»Ausgezeichnet«, nickte Ekkelin. »Pankraz! Schließ' die Tür hinter uns. Öffne erst, wenn du das verabredete Zeichen hörst.«

»Verlasst Euch auf mich.«

»Gut. Migkenmockel! Den Gang rechts oder links hinunter?«

»Nach links.«

»Nun denn«, mit diesen Worten tauchte Ekkelin in den Gang ein, gefolgt von Migkenmockel und den Zwillingen. Leise knirschend schloss sich der Zugang hinter ihnen. Der Gang beschrieb eine leichte Krümmung. Nachdem sie die hinter sich gelassen hatten, flüsterte Migkenmockel: »Wir sind fast da. Seht ihr den dunklen Schatten links in der Wand? Das ist der Zugang zum Weinkeller des Plobenhofs. Hätte davon gerne etwas weggetragen, später wird dies nicht mehr möglich sein.« Ehrliches Bedauern schwang in der Stimme des Rotschopfes mit.

»Es gibt Wichtigeres, als die Gelüste deines Fleisches«, schmunzelte Ekkelin.

»Das behauptet Ihr ständig, doch davon habt Ihr mich noch immer nicht überzeugt. Mir jedenfalls waren bisher Wein und Weiber stets das Liebste gewesen.«

»Darum wirst du auch in der Hölle schmoren«, höhnte Veit.

»Na und? Meinst du, nur weil du und dein Bruder nicht wisst, wie sich zu amüsieren, bliebet ihr vor der Hölle verschont?«, entgegnete Migkenmockel.

Eine Handbewegung des Ritters und die Streithähne verstummten. Sie hatten die schwere Eichentür erreicht, die Migkenmockel rasch mit einer seiner beiden Sax, einschneidige Kurzschwerter, die er am Gürtel trug, aus den Scharnieren hebelte.

»Lasst die Laternen hier zurück«, gebot Ekkelin. »Wir benötigen sie für den Rückweg. Habt ihr in Erfahrung gebracht, wie viele Gewappnete sich derweil im Plobenhof aufhalten?«

»Nicht genau«, gestand Migkenmockel. »Schätzungsweise zwei Dutzend. Sieben davon sind rund um das Anwesen postiert, einige auf dem Dach. Sicher ist jedenfalls, dass vor des Königs Schlafgemach ebenfalls eine Wache zu finden ist.«

»Und wo hat der König sein Schlafgemach?«

Schelmisch grinste Migkenmockel: »Eine Küchenmagd war so frei und erzählte mir glaubhaft, dass der König im ersten Stock logiert.«

»Na denn«, lachte Ekkelin. »Haltet euch hinter mir und achtet auf meine Zeichen. Auch wenn kaum jemand von dem Plan weiß, so ist eine Falle nicht auszuschließen. Sollte es brenzlig werden, bevor wir Karl in unserer Gewalt haben, ziehen wir uns zurück. Ist das klar?« Streng sah er der Gefährten ins Gesicht. Nachdem alle genickt hatten, betrat er den Wein- und Vorratskeller des Patriziers.

Der amtierende Schultheiß, Kaufmann und Ratsherr Konrad Groß zählte zweifelsohne zu den wohlhabendsten Männern des Reiches. Kaiser Ludwig hatte sich häufig große Summen von ihm geborgt. Neben zahlreichen anderen Privilegien hatte Konrad Groß für Gefälligkeiten dieser Art eben auch das Amt des Schultheißen erhalten.

Am Ende des Kellers gelangten die vier Männer an eine nach oben führende Treppe. Leise zogen sie die Klingen. Die Tür am

Ende der Treppe mündete in die Empfangshalle, die sie verlassen vorfanden. Keine Wachen, was angesichts der drei schweren Balken, welche den Eingang sicherten, nicht verwunderte. Die massive Tür würde dem Aufprall eines Rammbocks geraume Zeit standhalten können. Einige in Wandhaltern steckende Fackeln erhellten die Halle. An ihrem Ende führte eine breite Treppe zu einer Galerie empor, welche den gesamten ersten Stock umschloss und von der vielerlei Türen zu den Gemächern abgingen.

Ekkelin schickte sich an, die Deckung der Kellertür zu verlassen, als ihn eine Bewegung im hinteren Teil der Halle innehalten ließ. Eine lautlose Gestalt, der weitere folgten und die mit raschen Schritten zur Treppe eilten, kam zum Vorschein. Die Unbekannten bewegten sich zu behutsam, als dass sie zu den Personen des Haushaltes gehören könnten. Ekkelin gab seinen Männern ein warnendes Zeichen und stieß im Stillen deftige Flüche aus. Was immer diese Männer vorhatten, sie durchkreuzten seine Pläne.

Die erste Gestalt löste sich aus den Schatten und trat vor der Treppe in den vom Fackelschein erhellten Teil der Halle. Sie war in einen dunklen Mantel gehüllt, in der Rechten war der blankgezogene Stahl eines Schwertes zu sehen. Schon folgte die nächste, während die erste die Stufen hinaufschlich. Insgesamt zählte Ekkelin fünf bewaffnete Männer. Der letzte sicherte den Trupp nach hinten und zwang so den Ritter und seine Gefährten dazu, sich tiefer in den Schatten der Kellertür zu pressen.

»Was nun?«, zischte Migkenmockel. Ekkelin legte einen Finger an die Lippen. Es wäre besser, sich zurückzuziehen, das war ihm klar. Aber etwas hielt ihn davon ab. Er sah nach Veit, der bereits einen Bolzen in die Armbrust eingelegt hatte, gab ihm einen Wink und deutete auf die Gestalt an der Treppe. Der Hüne schob sich an seinen Gefährten vorbei und legte an. Sein Opfer hatte die Bewegung anscheinend bemerkt, denn sein Kopf zuckte herum. In diesem Moment ertönte von oben ein Ruf: »Halt! Wer da?«

Über den Holzboden der Galerie eilende Schritte durchbrachen die Stille des Hauses. Die Männer auf der Treppe ließen alle Vorsicht fahren und warfen sich dem Bewaffneten entgegen. Von ihnen unbemerkt sackte ihr Gefährte mit einem Bolzen in der Brust vor den Stufen zusammen. Ekkelin, Migkenmockel, Veit und Thomas rannten los.

Die Unbekannten bemerkten weiterhin nichts von den Ereignissen hinter ihrem Rücken; der Vorderste erreichte den Wachmann und streckte ihn mit einem Stich nieder. Der Tumult rief weitere Bewaffnete auf den Plan, die von irgendwoher auf die Galerie strömten. Das Klirren gekreuzter Klingen schallte durch den hohen Raum. Drei der Eindringlinge stellten sich den Männern des Königs, der Vierte riss die Tür auf, vor der die Wache gestanden hatte.

In diesem Augenblick erreichten Ekkelin und seine Gefährten die Galerie. Mit einem Blick registrierte er die Situation. Linker Hand drangen die Wachen gegen die Eindringlinge vor. Auf der beengten Galerie vermochten die Königlichen ihre Überzahl jedoch nicht auszuspielen. Der vierte Mann der Eindringlinge verharrte für einen kurzen Augenblick vor der offenen Tür, dann hob er sein Schwert und setzte in den Raum.

»Sichert die Treppe!«, befahl Ekkelin und hastete dem Mann hinterher. Er sah, wie sich Migkenmockel mit kreisenden Klingen in den Rücken der Eindringlinge warf. Das Geschrei der Überrumpelten hallte durch die Halle. Die Zwillinge sicherten die Galerie zur anderen Seite hin, wo sie weitere Königliche erwarteten, dann war er durch die Tür.

Obwohl im Schlaf überrascht und nur mit Nachtgewand gekleidet, stand der König vor dem zerwühlten Bett im hinteren Teil des großzügigen Raumes. In der einen Hand hielt er die schimmernde Klinge eines Dolches, den zweiten Arm hatte er zur Abwehr erhoben. Mit entschlossenem Blick erwartete er den Angriff. Wenn er in diesem Augenblick Furcht empfand, so verriet sein Gesicht nichts davon.

Sein Gegner näherte sich dem König mit erhobenem Schwert. Er kümmerte sich nicht im Geringsten um das Geschehen hinter sich, hatte nur Augen für sein Opfer.

Ausgerechnet König Karl selbst warnte den Angreifer mit einem Blick, den er Ekkelin zuwarf. Die Bewegung war nicht im Ansatz zu erkennen und nur mit Mühe parierte Ekkelin dem nach hinten geführten Hieb des Mörders. Zugleich packte er mit der Linken die schwertführende Hand des Gegners und ließ seine Waffe in derselben fließenden Bewegung unter der Klinge hindurchgleiten. Dabei sah ihm der Angreifer ins Gesicht. Erkenntnis und Bestürzung traten in dessen Blick, als er den Ritter erkannte. »Du!«, stieß er hervor, bevor ihm Ekkelins Schwert den Schädel bis zum Kinn spaltete.

Von draußen drangen das Klirren der Waffen und das Geschrei der Verwundeten herein. König Karl und sein Retter starrten sich über die Leiche des Mörders hinweg an.

»Wer seid Ihr?«, fragte Karl, dessen Nachtgewand mit Blut besprizt worden war.

Ein Blick über die Schulter verriet Ekkelin, dass an ein Gelingen ihres Unternehmens nicht zu denken war. Selbst wenn er Karl überwältigen und ihn als Schild gegen seine Männer einsetzen würde, war es fraglich, ob es ihm gelang, die Stadt mit seiner Geisel zu verlassen.

Mit einer angedeuteten Verbeugung erwiderte er: »Kein Freund, aber auch kein Mörder. Gestattet nun, dass ich mich mit meinen Leuten zurückziehe.«

Mit einem Satz war er auf der Galerie. Die Fremden waren inzwischen von den Wachen und seinen Gefährten gänzlich niedergemacht worden.

»Los, raus hier, rasch!«, rief Ekkelin, woraufhin seine Gefährten von ihren Gegnern abließen und sich mit ihrem Herrn die breite Treppe hinunterstürzten. Das Trampeln schwerer Stiefel in ihrem Rücken verriet, dass die Wachen die Verfolgung aufnahmen.

»Lasst diese Männer ziehen! Sie haben das Leben eures Königs bewahrt!«, tönte es über den Tumult hinweg und augenblicklich verhielten die Schritte.

»Los, eilt euch, vielleicht überlegt er sich's noch anders«, raunte Ekkelin, schob seine Leute vor sich her, bis sie durch die Kellertür hindurch waren, dann gestattete er sich einen Blick zurück.

König Karl, flankiert von seinen Soldaten, stützte sich mit den Händen auf die Balustrade der Galerie und sah zu ihm herunter.

»Ihr kanntet diese Männer«, sagte er und deutete zu seinen Füßen, wo die Meuchler in ihrem Blut lagen. »Sagt, wer trachtete mir nach dem Leben?«

»Was sind schon Namen, Majestät. Doch so viel will ich Euch sagen. Den ich vor Euren Augen erschlug, war ein Ritter alten Geschlechts, der seine Ehre verlor und das Gesicht seiner Ahnen vergaß.«

Karl nickte, Humor blitzte in seinen Augen. Offenbar belustigt über eine solche Antwort, sagte er: »Und Ihr? Wollt Ihr mir nicht wenigstens Euren Namen verraten?«

Kurz überlegte Ekkelin. Mit der blutigen Klinge in der Hand trat er einen Schritt vor, hob den Kopf und sah Karl in die Augen: »Wohlan denn. Ich sagte schon, dass ich nicht Euer Freund sei, aber auch kein Mörder. So hört meinen Namen: Ekkelin Gayling. Mehr vermögt Ihr von Eurem Gastgeber zu erfahren. Erlaubt mir nun, mich zurückzuziehen.«

Ohne eine Antwort abzuwarten, wirbelte er herum und stürmte durch die Tür, seinen Gefährten hinterher. »Seid Ihr des Wahnsinns?«, empfing ihn Migkenmockel. Die Zwillinge schwiegen, Blut sickerte unter Veits Wams hervor, dennoch sicherte er mit gespannter Armbrust die Treppe. »Wie könnt Ihr Euch eine derartige Blöße geben?«

»Sei still. Du weißt ebenso wie ich, dass mich niemand erkennt, es sei denn, ich will es so. Und jetzt kommt. Karls Großmut währt möglicherweise nicht lange.« Dann stützte er den Verletzten und führte ihn mit sich auf den Gang hinaus.

»Warum haben wir uns eingemischt?«, bemerkte Migkenmockel. »Hätten die Karl erschlagen, wäre uns ,ne Menge Arbeit erspart geblieben.«

Heftig packte Ekkelin seinen Knecht an der Schulter und presste ihn mit ganzer Kraft an die felsige Wand. Die Zwillinge verhielten, starrten zu ihrem Herrn, dann wieder zu Migkenmockel und warteten schweigend ab.

»Ehre und Recht!«, donnerte der Ritter. »Diese Meuchler sind wie die Krämerseelen, die sich Kaufleute schimpfen. Profit rechtfertigt jedes Mittel. Lieber sterbe ich aufrecht, als dass ich dem tatenlos zusehe. Wenn du mir weiter folgen möchtest, vergiss dies niemals! Hast du das nun gefressen?«

Eiligst nickte der Rotschopf und stieß hastig hervor: »Ja, Herr. Schon gut, Herr. Ihr wisst doch, dass ich's mit dem Denken nicht so habe. Nie würde ich Eure Entscheidung infrage stellen.«

Zufrieden brummend ließ Ekkelin von ihm ab und sagte: »Dann kommt jetzt. Mag König Karl auch von einer Suche nach uns absehen, so werden die Burggrafen jeden Stein nach uns umdrehen, erfahren sie, was soeben geschehen ist. Los Veit, stütz dich auf meine Schulter.«

Veit presste mit schmerzverzerrtem Gesicht eine Hand in die Seite, grunzte etwas Unverständliches, nahm aber die angebotene Hilfe an. Mit Sorge spürte Ekkelin, wie des Hünen Kräfte schwanden. In den Augen des Bruders erkannte er die gleiche Angst. Die geheime Tür war rasch erreicht und nach dem vereinbarten Klopfzeichen öffnete ihnen Pankraz. Es bedurfte keiner Erklärung. Wortlos übernahm er die Stütze des Verletzten. Kalter Schweiß rann dem übers farblos gewordene Gesicht.

»Migkenmockel! Sieh zu, dass keine Blutspuren vor dem Eingang zurückbleiben.« An Pankraz gewandt sagte Ekkelin: »Gibt es hier eine Möglichkeit sich zu verbergen?«

»Die Kammer, in der wir auf Euch warteten, ist angeblich nur dem Rabbi bekannt.«

»Gut. Schafft Veit dorthin und sieh nach seiner Wunde. Wenn du der Meinung bist, er benötige einen Medicus, geh und bitte Isaak von Scheßlitz einen zu besorgen.«

Trotz der vorgerückten Stunde herrschte rege Betriebsamkeit in den Räumen des Plobenhofs. König Karls Ritter, Schildknappen und Knechte hatten das Gebäude umstellt. In seinem Innern beseitigten die Bediensteten die Spuren des Kampfes. Der Hauptmann der Wache war damit beschäftigt herauszufinden, auf welchem Weg die gedungenen Mörder eingedrungen waren. Drei Soldaten fanden seine Leute mit durchschnittenen Kehlen neben dem Brunnen im Hof. Nach weiteren Nachforschungen entdeckten sie den Zugang zu einem Tunnel im Brunnenschacht.

Der Kaufmann hatte getobt, seine Bediensteten und des Königs Wachen als unfähiges Pack beschimpft und ihnen mit dem Pranger gedroht. Erst nachdem Karl ihn bat, er möge sich beruhigen, ließ der Hausherr von seiner Raserei ab.

Bald knisterte im Schlafgemach des Königs das frisch entfachte Feuer im Kamin. In bequemen Sesseln saßen sich er und sein Gastgeber bei einem Becher Gewürzwein gegenüber und so erfuhr Konrad Groß aus erster Hand, wer das Leben Karls vor der Klinge des Meuchlers bewahrt hatte.

Fassungslos den Kopf schüttelnd, lauschte er den Worten des Königs. »Ekkelin Gayling«, schnaubte er, nachdem König Karl seinen Bericht beendet hatte. »Nicht zu fassen, dass dieser Placker einen Weg in mein Haus, in Euer Gemach, gefunden hat.« Das spärlich gewordene Haar umrahmte in wirren Strähnen seinen hageren Schädel. Deutlich zeichnete sich die Aufregung in den geweiteten Pupillen ab.

Gelassen nippte der König an seinem Becher. »Nicht nur er«, meinte er. »Ich empfehle Euch, jede Wand abklopfen zu lassen. Wer weiß, wie viele geheime Türen in diesem Gebäude noch verborgen sind.«

Als der Hauptmann der Wache durch die Tür gestürmt kam, wäre er beinahe über eine Magd gestürzt, die gerade in demütiger Haltung das Zimmer verließ, nachdem die Blutlache vor dem Bett des Königs beseitigt hatte. »Verdammtes Weib!«, knurrte er. »Pass gefälligst auf!«

Der König wandte ihm seinen Blick zu: »Lass die Frau. Immerhin verrichtet sie ihre Arbeit besser als du die deine in dieser Nacht.«

Betroffen blickte der Hauptmann zu Boden: »Verzeiht, Eure Majestät. Aber wir haben herausgefunden, auf welchem Weg dieses Pack ins Gebäude gelangte.«

»Schon gut«, König Karl winkte ungeduldig ab. »Sorgt dafür, dass dies in Zukunft nicht mehr möglich ist, und lasst uns jetzt allein.«

»Sehr wohl.« Nachdem sich die Tür hinter dem Hauptmann geschlossen hatte, richtete der König erneut das Wort an den Kaufmann: »Kanntet Ihr den Burschen, dem ich um ein Haar zum Opfer gefallen wäre?«

»Von seinem Gesicht ist nicht viel übrig und die Kleidung lässt keinen Schluss auf seine Identität zu. Kein Wappen, nichts außer gewöhnlichem, abgetragenem Stoff. Selbst die Waffen können von überallher stammen. Gleiches gilt für seine Spießgesellen.«

»Dieser Ekkelin kannte ihn, nannte ihn einen Ritter, der seine Ehre vergaß.«

»Ehre!«, rief Konrad aus. »Ausgerechnet! Als wenn dieser Strauchdieb etwas davon verstünde!«

»Spannt mich nicht länger auf die Folter. Klärt mich auf, was es mit diesem Ekkelin auf sich hat. Ich jedenfalls, habe noch nie vom Geschlecht der Gayling reden hören.«

»Wie solltet Ihr auch. Ekkelin Gayling ist die Geisel unserer Stadt. Er ist der älteste Sohn Arnold Gaylings vom Walde, genannt der schwarze Arnold. Die Gaylings besitzen eine erkleckliche Anzahl kleinerer Güter, Ansitze, Gehöfte und Weinberge zwischen Rothenburg und Gunzenhausen gelegen. Die Familie bewohnt die meiste Zeit Schloss Röllinghausen bei Illesheim, die Sommermonate verbringen sie auf Burg Dramaus. Dieses Jahr sind sie jedoch schon vor einigen Wochen nach Dramaus gezogen. Einst verband das Haus Gayling tiefe Freundschaft mit Herrn Jörg Tetzel, eines unserer Ratsmitglieder, doch liegt dies lange zurück. Der schwarze Arnold lehnte das Angebot ab, sich dem Stadtadel Nürnbergs anzuschließen. Nach dessen Tod bot man Ekkelin gleiches an, auch er verzichtete. Zum endgültigen Bruch kam es, als Ekkelins Werben um die Hand Agnes Tetzels abgelehnt wurde. Ein paar Wochen später erklärte er der Stadt die Fehde. Seit nunmehr fünfzehn Jahren lässt er keine Gelegenheit aus, unserem Stand zu schädigen und den gewinnbringenden Handel zu stören. Er gründete einen Bund verarmter Ritter, die den Handelszügen auflauerten, wo immer sie diese aufspürten. Wenigstens scheint sich dieser Bund aufgelöst oder zerstreut zu haben. Vor einem Jahr, nach dem Fall der Burg Neideck durch die Burggrafen und dem Tod Konrad von Schlüsselbergs, einem Freund des Gayling, wurde es ruhig um den Placker und seine Gefolgsleute. Sein letztes Schurkenstückchen liegt beinahe zwei Jahre zurück. Damals raubte er ein goldenes Vogelhaus, das ein Goldschmied im Auftrag des Rates gefertigt hatte. Noch jetzt treibt es mir die Schamesröte ins Gesicht, wenn ich mir vergegenwärtige, mit welchem plumpen Trick er die Büttel überlistete und es ihm gelang, mit seiner wertvollen Beute die Stadt zu verlassen. Bis heute ist uns nichts über den Verbleib des Vogelhauses zugetragen worden. Allein die Erinnerung daran macht mich rasend. Glaubt indes meinen Worten, wenn ich sage, dass der Gayling niemandem Respekt zollt. Mag er auch von sich behaupten, ein treuer Gefolgsmann Kaiser Ludwigs gewesen zu sein.«

»Sieh an«, meinte der König bedächtig. »Was glaubt Ihr, bezweckte er mit dem Eindringen in Euer Haus? Er wird kaum vorgehabt haben, Euch einen Freundschaftsbesuch abzustatten.«

»Mitnichten«, Konrad schnaubte. Die Vorstellung, der Gayling statte ihm einen freundschaftlichen Besuch ab, ließ ihn seine schmalen Lippen zu einem dürftigen Lächeln verziehen. »Töten wollte er Euch sicher nicht, und ich begehe nicht den Fehler, diesen Mann zu unterschätzen. Für mich kommt nur eine Entführung in Betracht und wenn ich mir den Zeitpunkt vor Augen führe, den er gewählt hat, dann denke ich, dass Ihr sein Ziel gewesen wart. In der Stadt ist bekannt, dass Ihr in meinem Hause weilt. Hätte er es auf mich abgesehen, würde er eine günstigere Gelegenheit abgewartet haben.«

Der König nickte: »Um Lösegeld wird es ihm auch nicht zwingend gegangen sein. Da hätte er mit Euch einen lohnenderen Fang machen können.«

»Malt den Teufel nicht an die Wand. In diesen Zeiten ist man seines Lebens ohnehin nicht sicher. Selbst in der Stadt nicht. Ein Großteil der Bürger und Handwerker steht kurz vor einem offenen

Aufruhr gegen die Ratsherren. Sie alle hoffen, dass die Kaiserwahl zugunsten Ludwigs von Brandenburg ausfällt. Damit verrate ich Euch sicherlich nichts Neues. Wenn Ihr aber tatsächlich das Ziel des Ekkelin gewesen seid, hieße dies ja …«, Konrad sprach den Gedanken nicht zu Ende, doch lächelnd bestätigte Karl dessen Vermutung.

»Bin ich aus dem Weg, dürfte sich die Kaiserfrage erübrigen. Diese gedungenen Mörder hatten im Prinzip dasselbe Ziel, aber offenbar waren ihre Mittel nicht die gleichen wie die Ekkelins.«

Kopfschüttelnd setzte sich Konrad wieder hin. »Ich gestehe, dass ich daraus nicht schlau werde. Nach allem, was an Geschichten über den Gayling im Umlauf sind, schreckt der auch vor Bluttaten nicht zurück.«

»Das tue ich auch nicht«, gab Karl zurück. »Doch stellt sich mir die Frage, zu welchem Zweck und mit welchem Recht. Möglicherweise ist der Gayling nicht so ehrlos, wie Ihr glaubt.«

Darauf gab der Kaufmann keine Antwort und nachdem sie ihre Becher geleert hatten, sagte der König, dass er entschieden habe, die Stadt am folgenden Tag zu verlassen. Die Situation erlaube es ihm zur Stunde nicht, für die Ratsherren und Kaufleute Nürnbergs offen Partei zu ergreifen.

äh, fast schon widerwillig, wich die Nacht einem weiteren eisigen, grauen Februartag. Die schmalen Gassen des Judenviertels belebten sich mit ihren Bewohnern. Krämer öffneten ihre Läden, füllten die Auslagen vor den Türen mit den unterschiedlichsten Waren. Kleidung wurde feilgeboten, geflickte Schuhe in allen Formen und Farben, denn neue herzustellen war einem Juden untersagt, zudem gab es jeden erdenklichen Gegenstand des alltäglichen Gebrauchs sowie allerlei nutzlosem Tand. Schneider, Schuster und Kesselflicker traten vor ihre engen, bis unter die niedere Decke mit Handwerkszeug vollgestopften Werkstätten und priesen lauthals jedem Vorübergehenden ihre Dienste an. Einige Knaben bewarfen sich mit Schneebällen, brachten zu ihrem Vergnügen mit gezielten Würfen die Auslagen eines Töpfers durcheinander. Irgendwo bellte ein Hund, aus einem Hinterhof krähte ein Hahn zur Antwort und ihr gemeinsamer Gesang hallte durch die Winkel der Gassen.

In dem schmucklosen, dennoch großzügig angelegten Haus, nahe den jüdischen Badestuben am Rotenberg gelegen, saßen sich in seiner Schreibstube der Hauptrabbiner Isaak von Scheßlitz und sein Gast Ekkelin Gayling gegenüber.

»Übersteht Euer Gefährte die kommende Nacht, ist er übern Berg«, meinte Isaak.

Ekkelin wirkte erleichtert: »Ihr nehmt viele Gefahren auf Euch und dafür gebührt Euch mein Dank. Trotzdem muss ich Euch bitten, Euch meines Gefährten noch einige Tage anzunehmen.«

Isaak hob die Schultern und entließ seufzend die angehaltene Luft: »Ihr wisst, was Ihr da von mir verlangt. Die Gefahr einer Entdeckung ist gering, nicht aber auszuschließen. Mag König Karl von einer Verfolgung absehen, die Ratsherren und Burggrafen mit

Sicherheit nicht. Sie werden nichts unversucht lassen, Euch und Eure Helfershelfer aufzuspüren.«

»Sie suchen bereits nach uns«, räumte Ekkelin ein. »Von den Königlichen droht jedoch keine Gefahr, denn nach der letzten Nacht wird Karl baldigst die Stadt verlassen.«

»Was macht Euch dessen so sicher?«

»Solange die Kaiserfrage nicht geklärt ist, sind Karl die Hände gebunden, da er keine offene Auseinandersetzung mit Markgraf Ludwig riskieren will. Ein Krieg dient keiner seiner Interessen, gleichwohl er in einem solchen Fall der Überlegene wäre. Aber das Reich wäre gespalten, jede Partei würde nur verlieren. Dass in Nürnberg Kräfte walten, die ihm nach dem Leben trachten, weiß er nun. Also wird er die Stadt verlassen, um keinen weiteren Anlass für Unruhen zu liefern. Was die Ratsherren und Burggrafen angeht, habt Ihr natürlich recht. Aber überdenkt ihre Lage. Die einzige größere Partei in der Stadt, bei der die Ratsherren davon ausgehen, dass sie keinerlei Gefahr darstellt, seid ihr: Die Juden. Sie mögen zwar die Torwachen verstärken und jeden, der diese passieren möchte, kontrollieren, ansonsten werden sie jedoch alles tun, um die aufgebrachten Gemüter zu beruhigen. Im Augenblick stellt Euer Viertel wahrlich den sichersten Ort in Nürnberg dar. Nicht einmal im Haus des Deutschen Ritterordens wären meine Männer solcherart geschützt.«

Ekkelin verstummte und Isaak von Scheßlitz verfiel in grübelndes Schweigen. Schließlich entgegnete er: »Im Augenblick mögt Ihr recht haben. Aber meine Befürchtungen sind nicht unbegründet. Wie Euch bekannt sein dürfte, verbietet der Klerus seinen Mönchen, Geld von uns Juden zu leihen. Nichtsdestotrotz borgten sich die Dominikanermönche beträchtliche Summen zur Erweiterung ihrer Kirche. Als Pfand dafür, erhielten wir ihre wertvollsten Reliquien. Da sie diese aber für ihre Zeremonien an den euch heiligen Tagen benötigen, leihen sich die Dominikanermönche die Reliquien von den Mönchen des Klosters zu St. Ägidien. Mir kam zu Ohren, dass deswegen schon Beschwerde beim Bischof eingelegt worden sei. Bleibt abzuwarten, wann er die Burggrafen damit betraut, diesen, für die Kirche unhaltbaren, Zustand zu berichtigen. Selbstverständlich werden sich alle diesbezüglichen Maßnahmen ausschließlich gegen uns Juden richten. Ich fürchte, wenn die Ratsherren die verpfändeten Reliquien in den Lagerräumen aufspüren, beschlagnahmen sie die, ohne uns auf andere Art und Weise zu entschädigen. An das Maß der zu erwartenden Strafe mag ich gar nicht denken. Nach allem, was Ihr mir mitgeteilt habt, frage ich mich, warum Ihr den Rat nicht sogleich nach der Abreise König Karls stürzt.«

Ekkelin schüttelte den Kopf: »Ein durchaus überlegenswerter Gedanke, doch sind sich die Aufständischen da viel zu uneins. Zudem bedürfen sie Hilfe, um die Ratsgeschäfte übernehmen zu können. Schließlich wissen sie darüber nicht das Geringste.«

Abrupt hielt der Ritter inne, musterte sein Gegenüber mit eindringlichem Blick, den der Rabbi unerschrocken erwiderte. Endlich nickte er, als ob er sich in seiner Entscheidung selbst zustimmte und fuhr fort: »Da ich ohnehin Eurer Hilfe und somit Eures Vertrauens bedarf, ist es gerechtfertigt, Euch Einzelheiten anzuvertrauen. Aber die Wahl überlasse ich Euch. Bedenkt, dass dieses Wissen in den falschen Ohren unsere Pläne gefährden, wenn nicht gar zum Scheitern verurteilen könnte. Womöglich rollen sogar unsere Köpfe. Wollt Ihr dennoch an diesem Wissen teilhaben?«

»Was brächte mir dieses Wissen denn?«, hakte Isaak vorsichtig nach.

Ekkelin grinste: »Ihr wärt in der Lage, meine Handlungsweisen nachzuvollziehen. Und vielleicht hilft es, Eure Zweifel zu zerstreuen. Nicht mehr, aber auch nicht weniger.«

»So gesehen, lasst Ihr mir keine Wahl.«

»Zwei der ehrwürdigen Ratsherren konnte ich für die Verschworenen gewinnen. Sie stehen nach dem Umsturz dem neu zu bildenden Rat zur Seite. Die Namen brauchen Euch nicht zu interessieren. Aber die hohen Ratsherren wären keine, wenn sie sich ihre Dienste nicht mit Münze und Rechten bezahlen lassen wollten. Fragen dieserart sind noch nicht zu aller Zufriedenheit geklärt. Sie spielen um einen hohen Einsatz und befürchten, die rechte Zeit für eine klare Entscheidung zu verpassen. Sollen sie ruhig noch einige Tage schmoren, bevor ich mich an sie wende. Jede Stunde, die für die Herren im Ungewissen verstreicht, wird ihre übertriebenen Forderungen sinken lassen. Geduld ist das Gebot der Stunde, was mir die Gelegenheit verschafft, mich für einige Tage um dringliche Belange meiner Familie zu kümmern.«

Den letzten Satz sprach er leiser werdend aus, dabei senkte er den Blick. Isaak kannte den Ritter seit Jahren. Lange genug, um mit dessen Lebensumständen vertraut zu sein. Jetzt ahnte er die Last, die dessen Herz beschwerte. »Hat sich der Zustand Eures Weibes nicht gebessert?«

Überrascht hob Ekkelin den Blick, dann entgegnete er: »Euch bleibt nichts verborgen. Wozu mache ich mir die Mühe, Euch etwas zu erzählen, wo Ihr doch schon alles wisst?«

»Die Kräuter, welche Ihr vor einiger Zeit im Viertel für Euer Weib besorgen ließet, sprachen für sich. Hört auf meinen Rat, werter Ritter, denn sollte sich meine Vermutung über die Art des Leidens Eurer Frau bestätigen, dann bedürft Ihr der Kenntnisse eines heilkundigen Mannes.«

»Hört mir auf mit diesen Quacksalbern!«, grollte Ekkelin. »Versagt ihr den so viel gepriesener Aderlass, sind diese Kurpfuscher mit ihrem Latein am Ende. Der letzte Medicus, den ich zu Kunigunte rufen ließ, hätte sie um ein Haar auf dem Gewissen gehabt.«

»Haltet ein!«, unterbrach Isaak den Zornausbruch seines Gastes. »Ich rede nicht von den brutalen und uneinsichtigen Menschen, die Christen so fälschlich als Ärzte betiteln. Ich dachte vielmehr an einen wirklichen Medicus, einen jüdischen Heiler. Jeremias ist mir einen Gefallen schuldig und für seine Künste verbürge ich mich. Wenn es Euer Wunsch ist, lasse ich ihn rufen und bitte ihn, Euch zu begleiten. Sofern er dies Wagnis bereit ist einzugehen. Mit Kräutern und Eurer Anwesenheit allein fürchte ich, ist Eurem Weib nicht zu helfen.«

Ekkelins Züge erhellten sich: »Das Angebot nehme ich gerne an. Schickt sogleich nach ihm. Wenn er einwilligt, gilt es noch einiges zu besorgen. Wir werden bei dieser Witterung vermutlich zwei Tage bis Dramaus benötigen. Ihr müsst Eurem Jeremias also wenigstens für diese Zeit einen Vorrat an koscherem Proviant mitgeben. Erreichen wir Dramaus, kann mein Weib dafür Sorge tragen, dass sich Euer Heiler nicht gegen das Kaschruth versündigt.«

»Sowie ich mit Jeremias gesprochen habe, lasse ich Euch eine Nachricht über seine Entscheidung zukommen«, versicherte Isaak von Scheßlitz.

»Thomas, der Bruder des Verwundeten, und mein getreuer Pankraz begleiten mich. Migkenmockel bleibt bis zu meiner Rückkehr bei Veit und vertritt mich bei den Zusammenkünften. Er bleibt mit Euch in Verbindung, doch soll er wenigstens zwei Tage warten, bis er die Kammer verlässt. Er benötigt also für diese Zeit zusätzliche Lebensmittel.«

»Seid unbesorgt, auch hierfür veranlasse ich das Nötige.«

»Außerdem«, sagte Ekkelin, wobei er sich erhob, »empfehle ich Euch und Euren Leuten dringend, nach dem Auszug Karls in den Häusern zu bleiben. Ich traf gewisse Vorbereitungen und fürchte, dass es zu einem Tumult kommt. Die Stadtwache und Männer des Burggrafen sollen mit anderen Dingen beschäftigt sein, als nach meinem Verbleib zu suchen.«

Zur gleichen Stunde saßen Rudolf Haubenschmidt und Johann von Sulzbach bei einem Krug Dünnbier vor der Wärme verströmenden Esse in der Schmiede.

»Ich kann dir nicht zustimmen«, sagte Johann. »Karls Tod, gemeuchelt in dieser Stadt, wäre unserer Sache nicht dienlich. Einen derartigen Frevel müssten selbst Karls ärgste Gegner mit harter Hand vergelten. Niemand von uns könnte sich dann ungezwungen auf den Straßen bewegen. Allein der gottlob gescheiterte Versuch einer solchen Tat wirft ein denkbar schlechtes Bild auf uns. Bisher galt unsere Gemeinde stets treu dem Kaiser ergeben. Zukünftige Regenten werden es sich nun zweimal überlegen, ob und für wie lange sie Nürnberg mit ihrem Aufenthalt beehren. Denk doch nur an die vielen Aufträge und die immense Kaufkraft, die das kaiserliche Gefolge jedes Mal mit sich bringt.«

Haubenschmidt nickte. Sein Gesicht hatte dessen ungeachtet, einen verdrießlichen Ausdruck. »Möglich, dass du recht damit hast. Dennoch glaube ich, dass wir einen erfolgreichen Anschlag für unsere Zwecke hätten nutzen können. Wäre dies doch der eindeutige Beleg für die Unfähigkeit des derzeitigen Rates.«

Das Argument war berechtigt, was aber nichts an Johanns Erleichterung darüber änderte, dass das Attentat fehlgeschlagen war.

»Wie dem auch sei«, fuhr Haubenschmidt fort, »Die Bemühungen Karls, die Stimmung in der Stadt zu besänftigen und zwischen den Parteien zu vermitteln, ist somit gescheitert. Er wird sein Interesse erst wieder auf Nürnberg richten, wenn der Streit um die Kaiserwahl beigelegt ist. Markgraf Ludwig wird es ebenso halten. Hilfe dürfen wir uns von dieser Seite also nicht erhoffen, genauso wenig wie die Ratsherren und Burggrafen von ihrem Pfaffenkönig.«

Meister Johann nickte. Der Mangel an gesundem Schlaf steckte ihm in den Knochen, sodass ihm selbst das verdünnte Bier heute unangenehm zu Kopf stieg.

Haubenschmidt schürte seit Jahren das wachsende Begehren nach Einfluss und Rechten der Zünfte in der Stadtverwaltung. Der Reichtum Nürnbergs begründete sich nicht zuletzt auf dem weithin gerühmten Geschick seiner Handwerker. Und jene waren es zunehmend leid, in allen Rechtsfragen und Belangen ihres Gewerbes von den Ratsherren abhängig zu sein. Ebenso erging es einer wachsenden Zahl zu Wohlstand gelangter Kaufleute, welche nicht das Privileg besaßen, einem ratsfähigen Geschlecht zu entstammen.

So war aus dem ersten, kaum wahrnehmbaren Murren einer zunächst kleinen Gruppe eine weithin zu hörende Stimme erwachsen. Aber es galt diese Stimme am kurzen Zügel zu führen und zu diesem Zwecke baute Meister Haubenschmidt auf leiser auftretende, aber dennoch charakterstarke Männer wie seinen Freund Johann von Sulzbach. Auf solchen Schultern beabsichtigte er, ein Fundament für den von Zünften und einflussreichen Bürgern neu zu wählenden Rat zu errichten.

»Ich weiß, warum du dich sorgst«, wechselte er das Thema. »Nicht wenige aus Habgier und Eigennutz angetriebene Gemeine mischen sich unter unsere Anhänger. Ich gebe zu, dass ich bei der immensen Anzahl die redlichen Streiter kaum noch von den faulen Früchten zu unterscheiden vermag. Manche erhoffen sich, nach dem Umsturz unliebsamer Verpflichtungen zu entgehen.«

Bei jedem Satz hatte Johann genickt, die Worte trafen seine Befürchtungen genau. Wenn sie am Tage des Umsturzes die Kontrolle über die Gefolgsleute verlören, drohte der vom Pöbel angerichtete Schaden das Unterfangen vom ersten Augenblick an zum Scheitern zu verurteilen.

Nach einem weiteren Schluck Dünnbier fuhr Haubenschmidt fort: »Ich werde dies zu verhindern wissen. Die Ratsherren werden zunächst ein Gespräch mit uns suchen. Du siehst ja selbst die schlechte Stimmung unter den Leuten. Fäuste und Messer sind nur allzu schnell bereit, offener Aufruhr liegt in der Luft. Ohne ihren mächtigen Schutzherrn bleibt ihnen gar nichts anderes übrig, als in irgendeiner Form einzulenken. Wir werden uns weiteren Gesprächen nicht verweigern, gleichwohl wir unsere Reihen für den großen Augenblick verstärken.«

»Du sprichst mir aus der Seele«, hörbar erleichtert stieß Johann die Worte hervor. »Nach der gestrigen Versammlung hatte ich bereits alle Hoffnungen fallen lassen. Die Mehrzahl will nicht länger warten. Und in zu vielen Augen sah ich Gier und reine Mordlust.«

Schnaufend unterbrach er sich, nahm, dem berauschten Kopf zum Trotz, einen weiteren tiefen Zug von seinem Krug.

»Das entging auch mir nicht. Bei meiner Ehr gelobe ich dir, dass es nicht zum Schlimmsten kommt. Hab Vertrauen. Solange der Pfauentritt und ich es sagen, werden sie stillhalten. Lass sie Sprüche klopfen, soviel sie mögen. Geschehen wird nur, was und zu welchem Zeitpunkt ich bestimme.«

Trotz der Zuversicht in seiner Stimme halfen diese Worte nicht, Johanns Sorgen gänzlich zu zerstreuen. Aber das behielt er für sich.

4

Nur widerstrebend gaben Johann und Adele ihre Einwilligung. Aber sie kannten ihren Sohn. Er würde keine Ruhe geben. Um nichts in der Welt hätte er den Auszug des königlichen Trosses versäumen wollen. Das galt nicht nur für ihn, wie er feststellte, kaum dass er das Haus verlassen hatte. Alles Volk der Stadt schien sich auf den Straßen versammelt zu haben und er hatte Mühe, sich durch die Menschenmassen bis zum Laufer Tor durchzukämpfen. Das beträchtliche Aufgebot an Soldaten verdeutlichte, dass des Königs Aufbruch kein bloßes Gerücht war. Mit quer vor dem Bauch gehaltenen Hellebarden drängten Scharwächter die Leute von der Straße zurück an die Mauern der Häuser, schafften Platz für den königlichen Tross.

Landolf hatte beabsichtigt, sich nahe dem Rathaus zu postieren, doch dann fiel ihm der Wehrgang über dem Torzwinger ein. Wenn er Glück hatte, ließen ihn die Wachen von dort oben dem Schauspiel beiwohnen.

Er hatte sich nicht verrechnet. Sowie die Torwache Meister Johanns Sohn in ihm erkannte, verschwand der missmutige Ausdruck in seinem Gesicht und er lächelte wohlwollend: »Ach du bist's. Bei dir mach ich gern 'ne Ausnahme. Den König sieht man ja net alle Tag'. Aber versprich, dass dich keiner sieht. Nicht zum Wehrdienst berufene Bürger haben auf der Mauer nichts verloren. Also los, Bursche, rein mit dir, bevor ich's mir anders überlege.«

Der Torwächter legte Landolf eine Hand auf die Schulter und schob ihn vor sich her zum Treppenaufgang, seitlich des Zwingers. Dann öffnete er die schmale Tür und begab sich zurück auf seinen Posten.

Flugs die Treppe empor eilend, dankte Landolf im Stillen der weisen Voraussicht seiner Mutter. Ihrem nie schlafenden Sinn für das Praktische folgend, hatte Adele mit den Jahren unzählige Male die Wächter des Laufer Tores mit schmackhaftem Essen aus ihrer Küche bedacht und den einen oder anderen Krug Bier spendiert.

»Ist dir der Torwächter gewogen«, hatte sie seinerzeit erklärt, »bleibt dir das Stadttor nie verschlossen.«

Der Schnee fiel jetzt so dicht, dass er selbst von seinem erhöhten Ausguck aus kaum weiter als fünfzehn Schritte sehen konnte. Dahinter verschwammen die Einzelheiten hinter einem weißen Vorhang.

Wie das Rauschen eines Wasserlaufs drangen die hundertfachen Stimmen der Menschen an seine Ohren. Unverhofft erschallten Trompetensignale. Kaum waren diese verklungen, ertönte das Geläut sämtlicher Kirchenglocken der Stadt. Der Zug des königlichen Gefolges setzte sich in Bewegung. Gespannt wartete Landolf auf das Erscheinen der ersten Reiter. Auf der Straße erging es den Bürgern nicht anders. In ungeduldiger Erwartung schoben sich ihre Reihen gegen die Linie der Stadtwächter, die mit wütenden Hieben und Stößen auf die widerspenstige Menge eindroschen. Dann zogen entfernt klingende Jubelrufe Landolfs Aufmerksamkeit auf sich.

Reiter sprengten heran, brüllten: »Platz für den König! Macht Platz für den König!«

Dahinter waren erste Umrisse von der Spitze des Zuges auszumachen. Mit jedem weiteren Schritt traten die Konturen Berittener deutlicher aus dem Schneetreiben hervor, bis sie direkt unterhalb Landolfs im steinernen Torbogen verschwanden. Ihnen folgte eine nicht enden wollende Kolonne Fußvolk, die mit unbeweglichen Mienen den prächtigen Kutschen der Edelleute voran marschierte. Dahinter rückte abermals eine stattliche Anzahl Reiter nach und erst als die schwer beladenen Ochsenkarren unter Landolfs Standort hinweg rumpelten, wurde er sich bewusst, dass er König Karl selbst gar nicht erkannt hatte.

Sich innerlich verfluchend, hielt er seinen Blick auf die letzten Karren und ihre Lenker gerichtet, die den Schluss des Trosses bildeten. Der Jubel und die Hochrufe aus den Reihen des Volkes waren verebbt. Unvermittelt blieb sein Blick auf den Gesichtszügen des Fuhrmannes haften. Neben ihm auf dem Bock kauerte ein älterer

Mann, dessen spitzer Hut ihn als Jude auswies und der seinen Mantel fest um sich geschlungen hatte. Die zierliche Gestalt des Juden hob die hochgewachsene, kräftige Statur des Lenkers eindrucksvoll hervor. Landolf fragte sich woher ihm das Gesicht dieses Mannes, vertraut erschien. Diese Nase, die dunklen Augen, die hohe Stirn.

Das ist doch nicht ..., dachte er. *Nein, unmöglich, du machst dir etwas vor.*

Dann verschwand der Karren unter ihm durchs Tor. Was nur wenige Augenblicke später folgte, fesselte Landolf solcherart, dass er den Karrenlenker kurz darauf vergaß. Die Bilder, welche er von seinem erhöhten Standpunkt aus mit anzusehen gezwungen war, sollten ihm für Wochen schlaflose Nächte bereiten.

Nachdem sich die Flügel des Laufer Stadttores hinter dem letzten Karren geschlossen hatten, verschwanden Frauen und Kinder wie auf ein Signal hin von den Straßen. Die Männer blieben zurück. Wie aus dem Nichts hervorgeholt, hielten sie Waffen aller Art in den Händen und drangen gegen Scharwächter, Türmer und sogar gegen die Soldaten der Burggrafen vor. Mit Stöcken, Hacken, Schaufeln, Hämmern, Dolchen und Steinen haute und stach der Mob auf die verhassten Gewaltdiener ein. Der offenbar kopflose Aufruhr sprang wie ein Lauffeuer auf die gesamte Stadt über.

Nahe der Burg verriegelte Meister Johann die Schmiede und mit Bangen warteten er und Adele auf Landolfs Rückkehr.

Adele vermochte kaum ihre Furcht zu bezwingen. Selbst nach Landolfs Heimkehr, spät am Abend, fiel es ihr schwer, sich zu beruhigen. Meister Johanns Erleichterung währte nur kurz, er gab sich bald schon ungewöhnlich mürrisch und zog sich mit einem Krug Bier zurück.

Landolf nahm dies kaum wahr. In seinem Inneren wirbelten noch Schrecken und Aufregung über das Erlebte durcheinander. Deutlich drängten sich die Bilder von Beilen, die behelmte Köpfe spalteten, oder ins Fleisch schneidende Dolche vor seine Augen. Wutverzerrte, wahnsinnige, von Tod, Blut und Schmerz berauschte Fratzen. Angsterfüllte, verzweifelte Grimassen der Bedrängten, die sich letztlich mit vernichtenden Hieben ihrer Schwerter und Hellebarden einen grausigen Fluchtweg bahnten. Schmutzige Stiefel, die über im zusehends roter werdenden Schneematsch liegende Tote und Verwundete hinweg trampelten. Nicht in seinen schlimmsten Fantasien hätte er vermocht, sich Derartiges vorzustellen. Zugleich aber, und dies erschreckte ihn, hatte ihn der Anblick fliehender Soldaten berauscht. Ein nie gekanntes Gefühl hatte von ihm Besitz ergriffen, doch glänzendes Eisen zerschlug diesen Rausch und verwandelte die Straße in rotes Leid.

Der Gegenschlag erfolgte rasch und vernichtend. Ohne Vorwarnung stoben schwer bewaffnete Reiter auf gepanzerten Rössern zwischen die Menschen, hieben und stießen mit Schwert und Lanze wahllos auf die Überraschten ein. Die Burggrafen hatten ihre Ritter und Waffenknechte in die Stadt gesandt. Binnen kürzester Zeit wandelten die todbringenden Schwerter der Reiter den Blutrausch des Pöbels in nackte Todesangst.

Im Schutz des Schneetreibens ließen sich Ekkelin Gayling und seine Gefährten zurückfallen, vergrößerten beständig den Abstand zum Karren des Vordermanns. Als das schwerfällige Gefährt vor ihnen endgültig hinter den Schneeflocken verschwand, wandte sich Pankraz, der zusammen mit Thomas neben den Ochsen einherschritt, an den Ritter: »Sollen wir jetzt abschwenken?«

»Nein«, beschied der. Als er Pankraz' verwunderten Blick bemerkte, fügte er hinzu: »Sie werden unser Fehlen rasch bemerken und nachsehen kommen. Wir sagen dann, der Karren wäre in ein Loch geraten und dass wir schon noch aufholen. Danach werden sie nicht mehr so rasch nach uns sehen kommen und dann erst schwenken wir nach Norden ab. Übe dich also in Geduld.«

Zufrieden nickte Pankraz und stapfte weiter. Dass die von ihnen überwältigten Fuhrmänner in Nürnberg entdeckt wurden, stand nicht zu befürchten. Dafür sorgte Migkenmockel und das Schneegestöber begünstigte das Unternehmen.

Wie von Pankraz und Thomas nicht anders erwartet, erfüllte sich Ekkelins Vermutung und wenig später tauchten drei Reiter aus dem Schneetreiben auf. Wie Gischt vor dem Bug eines Schiffes stob Schnee unter den Hufen der Tiere empor, als die Königlichen ihre Pferde hart vor den Ochsen stoppten.

Pankraz wich sicherheitshalber einen Schritt zurück. Thomas hingegen bewegte sich keinen Deut. Mit unbewegter Miene starrte er in die Gesichter der Reiter. Ihr Anführer beachtete ihn indes kaum und verlangte im barschen Tonfall eine Erklärung von Ekkelin, weshalb sie zurücklagen.

Die betont unterwürfig gehaltenen Worte des Ritters, schienen ihn zu befriedigen, denn kaum schloss er den Mund, riss der Wortführer sein Pferd herum und bevor er die Sporen einsetzte, gebot er: »Nun denn, beeilt euch. Vor den Toren Laufs will ich, dass ihr den Anschluss wieder hergestellt habt.« Ohne eine Antwort abzuwarten, trieb er seinen Gaul vorwärts. Seine Begleiter folgten auf der Stelle.

Amüsiert blinzelnd sah Ekkelin ihnen nach. Die Zügel ließ er hängen, während sie die eintretende Stille und die wirbelnden Schneeflocken umschlossen. Fast hätte man meinen können, es gäbe nur die vier Männer, den Ochsenkarren und quirlendes Weiß.

»Schwenken wir ab. Es ist noch nicht lange her, dass wir an der Abzweigung nach Heroldsberg vorbeigekommen sind«, sagte Ekkelin und schnalzte mit den Zügeln. Pankraz und Thomas griffen den Ochsen ins Geschirr und führten sie in Richtung Norden.

»Hoffentlich geraten wir nicht in dichtes Unterholz«, meinte Pankraz, »Man sieht kaum die Hand vor Augen.«

»Wäre es nicht besser, auf der Straße bis zu dieser Abzweigung zurückzugehen?«, fragte Jeremias, offenbar verwundert darüber, dass seine Begleiter bei dieser Witterung querfeldein nach Heroldsberg abkürzten.

Pankraz und Thomas lachten. Ekkelin schüttelte schmunzelnd den Kopf und erwiderte: »Den Ratsherren könnte noch etwas eingefallen sein, dass sie König Karl ausrichten oder übergeben wollen und dem Tross einige Reiter hinterherschicken. Begegnungen dieser Art wollen wir vermeiden.«

»Und was ist mit unseren Spuren?«, gab Jeremias zu bedenken.

Ekkelin zuckte nur mit den Schultern. Pankraz, der sich umwandte und den ratlosen Blick des Juden erkannte, sagte anstelle seines Herrn: »Der Schnee fällt so dicht, da dauert's nicht lang und unsere Spur ist verschwunden. Und wenn nicht, so kann's uns egal sein. Reiter, die dem Tross mit einer Nachricht folgen, werden nicht einer einzelnen Karrenspur nachstellen, soviel steht fest.«

Dies leuchtete dem Heiler ein und offenbar beruhigt verfiel er wieder in das gewohnte Schweigen. Im Stillen fragte er sich, welchen Plan Isaak von Scheßlitz verfolgte. Jeremias hatte die Bitte des Rabbiners nur schwerlich abschlagen können. Ohne dessen Beistand hätte ihn die jüdische Gemeinschaft Nürnbergs nicht aufgenommen und dafür stand der Heiler in Isaaks Schuld. Nochmals vergegenwärtigte er sich die denkwürdige Unterhaltung, die er erst vor wenigen Stunden mit dem Rabbi in dessen Amtsstube geführt hatte. Zunächst hatte der Rabbiner Jeremias mit Ekkelin Gayling bekannt gemacht, hatte von dessen Frau und ihrem Leiden berichtet. Zuletzt hatte er Jeremias gebeten, den Ritter zu begleiten.

Jeremias hatte nicht lange überlegt und zugesagt. Erst als der Ritter das Haus des Rabbiners verlassen hatte, war Isaak auf sein eigentliches Ansinnen zu sprechen gekommen. Jeremias sollte für die Dauer seines Aufenthalts auf Burg Dramaus Augen und Ohren offenhalten und alles, was sich dort ereignete, seinem Rabbi mitteilen. Erneut fragte er sich, was Isaak von Scheßlitz damit bezweckte. Jetzt saß er frierend neben diesem Ritter und allmählich dämmerte ihm, was ihm sein Wohltäter aufgebürdet hatte. Jeremias beschloss, sich die Sache nicht allzu sehr zu Herzen zu nehmen. Er würde sein Bestes geben, um des Ritters Weib zu helfen. Alles andere würde er auf sich zukommen lassen.

Die vier waren in Schweigen verfallen. Pankraz marschierte den Ochsen einige Schritt voraus, um Hindernisse rechtzeitig zu erkennen. Die Bäume des Waldes hatten sich unmerklich um sie geschlossen.

Sie kamen nur quälend langsam voran, irgendwann döste Jeremias ein. Dabei entging ihm, wie die Bäume zurückwichen und sich der Karren bald darauf auf einem befestigten Weg vorwärts bewegte. Im Einzugsbereich der Stadt behinderte weder Unterholz noch Gestrüpp ihr Vorankommen. Seit allen Zeiten sammelten die Menschen dürres Geäst für ihre Feuerstellen in den Häusern und die Streu für ihre Ställe. An einer Wegkreuzung, die eine Martersäule markierte, schreckte er aus seinem Halbschlaf.

»Über die Straße linker Hand gelangt man nach Ziegelstein. Doch wäre es nicht ratsam, dort nach einem Quartier zu fragen«, sagte Ekkelin so leise, dass ihn nur Jeremias verstand. Erst wunderte er sich darüber, dass der Ritter überhaupt das Wort an ihn richtete, doch dann bemerkte er dessen freundlichen Blick.

»Ihr seid das Leben hier draußen nicht gewohnt, Eure Kleidung ist unzureichend und seit unserem Aufbruch zittert Ihr wie ein gerupftes Hühnchen. Mir gefällt, dass Ihr nicht klagt, aber Euer Leid ist offensichtlich. So nahe den Mauern Nürnbergs sind wir jedoch nicht sicher. Die hier lebenden Menschen sind zu abhängig von der Gunst der Ratsherren und der Burggrafen, als dass ihnen zu trauen wäre. Ihr werdet wohl oder übel bis Heroldsberg aushalten müssen.«

Dankbar erwiderte Jeremias: »Keine Sorge, das Zittern sieht schlimmer aus als es ist. Zudem wärmt es mich.«

Zufrieden nickte der Ritter und schnalzte mit den Zügeln. Die Dämmerung senkte sich übers Land und Jeremias fragte sich, ob sie den falschen Abzweig genommen hatten. Doch dann traten endlich die Mauern des Städtchens aus dem anhaltenden Schneefall hervor.

Nachdem Pankraz dem Torwächter einige Münzen in die Hand gedrückt hatte, ließ der den Karren passieren, ohne sich um Ladung oder Karrenlenker zu kümmern. Die Straßen zeigten sich zu dieser Stunde wie leergefegt. Ekkelin lenkte den Karren quer durch den Ort. Jeremias fragte sich, wo sie in dem Ort für die Nacht unterkommen sollten, da stapften Pankraz und Thomas durch den steinernen Torbogen eines Hofes. Aus den Fenstern des Gebäudes drang kein Lichtschein. Im Schatten des Hauses erkannte Jeremias die füllige Kontur eines Mannes. Der Mann trat näher.

»Meiner Treu, ich wähnte Euch schon in den Händen Eurer Häscher. So lange habt Ihr Euch bei mir nicht mehr blicken lassen«, sagte er mit hoher Fistelstimme.

Der Ritter kletterte vom Bock und ließ die folgende Umarmung über sich ergehen. Er sagte etwas, doch so leise, dass Jeremias nichts verstand. Anschließend widerfuhr Pankraz dieselbe ungestüme Begrüßung. Dann stellte Ekkelin seine Begleiter vor und so erfuhr Jeremias, dass der Wirt auf den Namen Gottwin hörte.

»Bringt die Ochsen in den Stall«, wandte er sich an Pankraz und Thomas. Zu Ekkelin sagte er: »Kommt in die Stube und wärmt Eure Glieder.«

»Gegen eine Kleinigkeit zu Essen und etwas Dünnbier hätten wir nichts einzuwenden«, erwiderte Ekkelin. Der Wirt kicherte, hakte sich mit einem Arm bei dem Ritter ein und zog ihn mit sich ins Haus.

Im Kamin glimmendes Holz entfachte Gottwin geschwind zu einem behaglich prasselnden Feuer, welches die nicht allzu große Gaststube erwärmte. Flink wie ein Wiesel, und damit seiner Leibesfülle Lügen strafend, eilte er durch den niederen Raum, brachte einen Krug Bier und vier Becher, stellte die auf einen Tisch, forderte Ekkelin und Jeremias auf, sich zu setzen. Dabei fiel sein Blick auf Jeremias und mit ehrlichem Bedauern in der Stimme sagte er: »Tut mir leid, mit koscheren Speisen kann ich leider nicht dienen.«

Jeremias winkte ab: »Ich habe mir für die Dauer der Reise genügend Vorräte eingepackt«, damit legte er seinen verschnürten Beutel auf den Tisch.

»Dann ist's ja gut«, schmunzelte der Wirt und verschwand in der Küche. Von draußen stapften Pankraz und Thomas herein. Schweigend stellten sie sich vor das knisternde Feuer im Kamin und noch bevor sie sich zu Ekkelin und Jeremias an den Tisch setzten, wurde die Tür zur Küche aufgestoßen und der Wirt kam schnaufend in die

Stube zurück. Auf seinen Händen balancierte er ein riesiges Tablett, das mit gebratenem, aber kaltem Wildbret, einer gewaltigen Schüssel lauwarmem Eintopf und einem Berg altbackenen Brotes beladen war. Obendrauf thronten zwei Ringe geräucherter Schweinswurst.

»Langt zu, meine Freunde«, lachte er, seine unhandliche Last dabei auf den Tisch absetzend.

Jeremias' Misstrauen schwand allmählich. Er hatte manch üble Erfahrung mit überschwänglichen Menschen gesammelt, weshalb ihm der Wirt im ersten Moment nicht geheuer erschienen war. Aber in den Augen Gottwins fand er nichts Falsches. Ebenso deutete Ekkelins Körpersprache nicht auf die mindeste Sorge hin. Mit den aufgewärmten Gliedern und dem sich füllenden Magen senkte sich Müdigkeit wie ein dicker, schwerer Mantel über Jeremias.

»Legt Euch auf eine der Bänke«, wandte sich Gottwin an ihn. Offenbar war ihm die Verfassung des Heilers nicht entgangen.

»Hast du Kleidung, die du entbehren kannst?«, fragte Ekkelin und deutete mit einer Handbewegung auf Jeremias. »Mit den jüdischen Gewändern fallen wir zu sehr auf. Wenigstens der spitze Hut muss weg.«

»Aber sicher«, nickte Gottwin. »Ich hab mich schon gewundert, dachte mir aber, dass Ihr wisst, was Ihr tut.«

»Im Gefolge des Königs fällt ein Jude nicht weiter auf, hier draußen aber, würde sich jeder, der uns begegnet, an drei Männer und einen Juden erinnern.«

»Königliches Gefolge?« Gottwin zog die Augenbrauen in die Höhe. »Daher also der Ochsenkarren.«

»Ganz recht«, erwiderte Ekkelin und biss in die Rehkeule in seiner Hand. »Hoffe nur, du nimmst mir den Karren ab und überlässt mir dafür vier Pferde«, kaute er. »Über den Erlös der Ware reden wir ein andermal.«

»Dann will ich mir die Ochsen einmal näher betrachten«, sagte Gottwin und verließ den Schankraum.

5

Ruhelos warf sich Konrad Groß von einer Seite auf die andere. Die Bilder des Traumes, aus dem er mit klopfendem Herzen aufgeschreckt war, verblassten zusehends. Dennoch kamen seine Gedanken nicht mehr zur Ruhe.

Nie hätte er mit einer derartigen Eskalation gerechnet, hatte den aufgestauten Zorn der Verschworenen bei weitem unterschätzt. Ohne das Eingreifen der Burggrafen hätten sie die Lage schwerlich in den Griff bekommen.

Mehr denn je, rückte dem Ratsherrn sein Alter ins Bewusstsein, traten die zahllosen, dennoch so rasch verstrichenen Jahre seines Schaffens in den Vordergrund, die Bedeutung seiner Macht, seines Reichtums, um den sich hartnäckig hanebüchene Legenden rankten. Aber nun machte sich der nagende Wunsch in seinem Inneren bereit, endlich abzulassen von den Unwägbarkeiten der Ratsgeschäfte. Früher, in den Jahren seiner Jugend, waren zur Lösung eines jeden Problems hunderte Ideen aus den Tiefen seines Geistes hervorgesprudelt. Dieser Tage stocherte er blind in der Luft herum und hoffte darauf, instinktiv das Richtige zu treffen. Aber nicht er allein hatte an Kraft gelassen, der ganze Rat zeichnete sich derzeit durch Ratlosigkeit, denn durch Entschlossenheit aus. Was, wenn er darüber nachdachte, den desolaten Zustand des Reiches widerspiegelte. Nicht nur in Nürnberg erhoben sich die niederen Stände, wie Nachrichten aus Rothenburg, München und anderen Städten belegten.

König Karl waren die Hände gebunden und das nutzten die Aufständischen aus. Vor seinem Aufbruch hatte ihm der König nahegelegt, Ritter Konrad von Heideck als Kommissär in Nürnberg einzusetzen. Der Ritter war Karl treu ergeben sowie der Stadt Nürnberg freundschaftlich verbunden. Zudem wurde Heideck von den Bürgern respektiert und geachtet. Da es ihm selbst an besseren Ideen mangelte, hatte er zugestimmt.

Er verzog das Gesicht. Allein der Gedanke bereitete ihm Magenschmerzen. Was hatte ihn nur dazu bewogen? Dabei war ihm der gesamte Ritterstand zuwider, die kleinen Landadeligen und Ministeriale aber hasste er wie die Pest.

Selbst Heideck griff nach dem Fehderecht, stand ihm danach der Sinn. Kaum ein Adliger, der anders handelte. Die Kaltblütigkeit, die ihre Raubzüge auszeichnete, ließen sie dem Kaufmann als wahre Teufel erscheinen. Es kam durchaus vor, dass einem Handwerker eine Hand abgeschlagen oder er auf andere Art übel zugerichtet wurde, nur um die befeindete Gemeinde um dessen Arbeitskraft zu berauben. Diese unglücklichen Kreaturen endeten nicht selten als verwahrloste Bettler in den Gassen ihrer Heimatstadt. Kein Wunder, wenn selbst den ärmsten Reisenden beim Anblick eines Ritters das Herz in die Hose rutschte.

Nicht so bei Ekkelin Gayling. Der Gedanke an diesen Namen ließ Konrads Backenzähne aufeinander mahlen und er fragte sich zum wiederholten Mal, was diesen Gayling antrieb.

Je länger die Fehde zwischen ihm und Nürnbergs Patriziat andauerte, desto mehr Rätsel gab der den Ratsherren auf. Die Sympathie des Volkes galt dem Ritter. Eltern erzählten ihren Kindern dessen Schandtaten als Gutenachtgeschichten, verklärten sie zu Heldentaten. Worüber sich Groß nicht wunderte, vergegenwärtigte er sich die Wahl seiner Opfer.

Niemals vergriff sich Ekkelin an den einfachen Leuten, zumindest war darüber bis zum heutigen Tage nichts bekannt geworden. Im Gegenteil. Es machten Geschichten die Runde, die den Ritter als Helfer der Bauern und Handwerker darstellten. Dann der Auftritt von letzter Nacht. Wohnte der gottlosen Person mehr Ehre inne, als er das von einem Ritter für möglich gehalten hatte? Eine weitere Frage drängte sich in sein Bewusstsein: Gab es eine Verbindung zwischen dem Gayling und den Verschworenen?

Bislang hatte der keine Gelegenheit ausgelassen, den Patriziern Nürnbergs Schaden zuzufügen, und stets war es ihm dabei gelungen, mit reicher Beute in die zerklüfteten Hänge der fränkischen Wälder zu entkommen. Unvermittelt traten zwei Namen vor sein geistiges Auge: Geißbart und Pfauentritt.

Bei Ersterem, da waren sich die Ratsherren einig, handelte es sich mit großer Wahrscheinlichkeit um den Harnischmacher Rudolf Haubenschmidt, aber die ominöse Figur des Pfauentritts ließ sich nicht ergründen.

Mit einem Mal durchzuckte ihn eine Idee und er klingelte nach der Dienerschaft. Sobald der schlaftrunkene Knecht vor ihm stand, schickte er den mit einer Botschaft zu den zwei Bürgermeistern, mit der Bitte, sich im Rathaus einzufinden.

Die unter seinen Mantel kriechende Kälte und das harte Lager weckten Jeremias. Zunächst fragte er sich erschrocken, wie er an diesem Ort gelangt war. Nach einem Blick durch den Schankraum kehrte die Erinnerung jedoch zurück. Thomas und Pankraz hatten sich ebenfalls schlafen gelegt. Das Feuer im Kamin war bis auf die Glut heruntergebrannt. An einem Tisch in der Mitte des Raums, saßen sich Ekkelin und Gottwin im diffusen Licht einer Kerze gegenüber. Sie unterhielten sich leise, doch in der nächtlichen Stille vermochte der Heiler beinahe jedes Wort zu verstehen.

»Solch einen Fang habt Ihr lange nicht gemacht. Das Tuch und die noblen Kleider bringen ein hübsches Sümmchen. Ihr habt die vier Gäule vorhin in der Scheune gesehen, die könnt Ihr haben. Nur mit Zaumzeug und Sätteln sieht es schlecht aus«, sagte Gottwin.

Ekkelin drehte seinen Becher scheinbar gedankenverloren zwischen den Händen und starrte hinein. Endlich erwiderte er: »Wie viele Sättel kann ich von dir bekommen?«

»Drei.«

»Ich komme ohne Sattel zurecht. Sorge bereitet mir die Frage, ob deine armseligen Gäule bis Dramaus durchhalten. Der Winter ist hart und viel Schnee hat's außerdem.«

»Sie sehen schlechter aus als sie sind«, beschwichtigte der Wirt. »Ihr könnt mir vertrauen. Auch was die Ware auf dem Karren betrifft.«

Heftig setzte der Ritter seinen Becher auf die Tischplatte, fixierte Gottwin für einige Augenblicke, was dem sichtlich Unbehagen bereitete, dann lachte er herzhaft auf. »Vertrau einem Kaufmann, Krämer oder Schankwirt und du bist verloren!«

Gottwin schien seinen Schreck rasch verdaut zu haben und entgegnete mit empörtem Tonfall: »Wie könnt Ihr an mir zweifeln, Herr? Nach all den Jahren. Habe ich Euch jemals übervorteilt? Ich werde Euren Anteil an der Ware zum üblichen Satz aufbewahren, selbst wenn Ihr mich bis zum jüngsten Gericht warten lassen solltet. Keinen Pfennig werde ich Euch unterschlagen.«

»Schon gut, du weißt sehr wohl, wie ich es meine. Außerdem solltest du diesmal einige Wochen warten, bevor du die Ware und die Ochsen versetzt. Die Königlichen werden das Fehlen eines Karrens mittlerweile bemerkt haben und einen Boten zu den Burggrafen entsenden, denn ein derart feiner Stoff in den Händen eines Mannes deines Standes dürfte Aufmerksamkeit erregen.«

»Ich mag in Euren Augen ein ehrloser Krämer sein, ein Narr bin ich nicht«, brummte der Wirt. »Vielleicht warte ich, bis Ihr die Ratsherren aus ihren Ämtern vertrieben habt. Wie steht Eure Sache eigentlich in der Stadt?«

Jeremias hielt den Atem an.

»Wenn es mir und den meinen gelingt, die Kontrolle über die Leute zu behalten, denke ich, dass die Stadt zum Frühling in unserer Gewalt ist. Aber du weißt selbst, dass die Stadt nur Teil des Planes ist und manchmal stellt sich mir die Frage, ob ich nicht einem Traum hinterherjage. Einem Traum, der sich nie erfüllt.«

»In der Tat«, nickte der Wirt. »Uns verbindet der alte Bund, doch geben dieser Tage nicht viele etwas auf dies Bündnis. Mir scheint, jeder kämpft nur für sich und seinen Besitz. Sie bestehlen und beharken sich gegenseitig. Vergessen sind die alten Werte.«

Jeremias vermochte nicht, den Sinn des Gehörten zu begreifen. Von welchem alten Bündnis war da die Rede? Was verband den Ritter mit diesem Wirt?

»Der Bund ist zerfallen«, murmelte Ekkelin und trank aus seinem Becher, bevor er fortfuhr: »Ich erhielt eine Botschaft Konrads von Heideck. Ein alter Kampfgefährte meines Vaters. Seit Generationen verband Freundschaft unsere Häuser, jetzt aber brach er damit. Ritter Konrad schwor König Karl die Treue und forderte mich auf, ihm zu folgen. Andernfalls, so versprach er, erkläre er mir die Fehde.«

»Ritter Konrad von Heideck ist in der Tat ein mächtiger Mann, aber keiner des Bundes.«

»Nein, doch erschlug ich erst letzte Nacht Adam von Crailsheim und der war einer.«

Erschrockenes Schweigen folgte. Jeremias hielt unbewusst den Atem an.

Auf Drängen Gottwins berichtete der Ritter in monotonem Tonfall, was sich vergangene Nacht in den Räumen des Plobenhofs zugetragen hatte.

»Donnerwetter! Ein sonderbarer Mann seid Ihr mir!«, meinte Gottwin. »Tötet einen Ritter des Bundes und bewahrt damit das Leben Eures Widersachers.«

Ekkelins Stimme verschärfte sich, ein bedrohliches Grollen begleitete seine Worte, als er erwiderte: »Dies Morden zum eignen Vorteil währet bereits viel zu lange. Kurfürsten, Herzöge und Grafen, ebenso der Klerus, unterstützen diesen Zustand. Sie wollen einen schwachen Kaiser auf dem Thron. Ludwig der Bayer war zumindest ein Hoffnungsschimmer, jetzt ist er tot. Der Bund wurde berufen, die Ritterschaft zu vereinen und hinter einen starken Kaiser zu stellen. Nur vereint und treu ergeben bilden wir eine Macht, die den Kaiser stützt, erhalten wir die Kraft, das Reich zu alter Größe zu führen und die Händel und Intrigen des Hochadels und Pfaffen zu beenden.

Doch ehrbare Pläne versinken in Habgier und Eigennutz. Ach, spar dir den Atem. Ich kann mir denken, was du sagen willst. Was versteht ein Mann deines Schlages von solchen Dingen? Du warst mir stets ein treuer Freund, aber selbst du bist allzu sehr auf deinen Vorteil bedacht. Geh nun, ich will jetzt ruhen. Sorge dafür, dass die

Pferde bereitstehen und denk an den Proviant. Wir brechen bald schon auf.«

»Gut, Herr«, sagte Gottwin und erhob sich.

Nachdem der Wirt den Schankraum verlassen hatte, legte sich der Ritter auf eine freie Bank, wickelte sich in eine Decke und bald verrieten dessen regelmäßige Atemzüge, dass er eingeschlafen war.

Jeremias selbst fand in dieser Nacht keine Ruhe mehr. Zu sehr beschäftigte ihn das unfreiwillig mitgehörte Gespräch. Ein Zusammenschluss aller Ritter des Reiches. Welch tollkühner Plan. Und zugleich, was für ein sinnloses Unterfangen. Als Jude wusste er von der Uneinigkeit der Stände. War dies einer der Gründe für die Gräuel, die seinem Volk regelmäßig widerfuhren? Aber eben diese Vermessenheit und das unbedingte Streben des Ritters, erweckte ein gewisses Maß an Achtung in seinen Augen. Solch einem Mann war er noch nicht begegnet.

Die Stadt schlief, als Konrad Groß, Ulrich Stromer und Hermann Maurer in der Amtsstube der Bürgermeister zusammentrafen. Eine Ausnahme bildeten die Bäcker, aus deren Backstuben der verlockende Geruch frischen Brotes durch die Straßen zog – dem erst wenige Stunden zurückliegenden Gräuel zum Trotz.

Im regelmäßigen Turnus von vier Wochen wählten die Mitglieder des kleinen Rates je zwei Männer, einen älteren und einen jüngeren, aus ihren Reihen in das Amt der Bürgermeister. Im Verlaufe eines Jahres bekleidete so jeder von ihnen einmal das Amt. Zur Stunde versahen dies Hermann Maurer und Ulrich Stromer.

In der Nacht hatte es aufgehört zu schneien, dafür zogen die Minusgrade an und die Männer waren in fellumsäumte Mäntel gehüllt, die sie selbst in der Stube nicht ablegten.

Groß, der vor den anderen eingetroffen war, hatte ein Feuer im Kamin entzündet, das kaum vermochte, die klirrende Kälte aus dem Gemäuer zu vertreiben. Er nahm seinen gewohnten Platz ein und wartete, bis die Bürgermeister ebenfalls saßen.

»Es freut mich, dass Ihr meinen Ruf so rasch gefolgt seid«, hob er an. »Über die Ereignisse, die König Karl zur Abreise zwangen, muss ich kein Wort verlieren. Zuvor unterbreitete er mir aber einen Vorschlag, den ich nach reichlicher Überlegung für geeignet halte, unsere Lage zu entschärfen. Karl erbot sich, Ritter Konrad von Heideck als Kommissär zu entsenden, um zwischen den Verschworenen und uns zu vermitteln. Der Ritter ist beim Volk bekannt und im Augenblick beliebter als wir. Möglicherweise gelingt ihm, was uns bisher versagt blieb, ohne dass wir um unsere Stellung und unser Ansehen fürchten müssen.« Der Kaufmann verstummte.

Hermann Maurer stieß ein verächtliches Schnauben aus, bevor er das Wort ergriff: »Mit Verlaub, aber was soll ein Ritter bewerkstelligen, was wir nicht selbst vollbrächten? Mag Karl noch so große Stücke auf Heideck halten, so ist der nicht besser als die übrigen Placker. Selbst wenn er Nürnbergs Handelszüge verschont.«

»Meine Rede«, stimmte Ulrich Stromer zu. »Nur weil von Heideck Nürnberg nicht die Fehde erklärt hat, besagt dies nicht, dass er sich nicht mit Überfällen auf Reisende bereichert.«

Groß nickte. Beschwichtigend hob er die Hand und entgegnete: »Ihr sprecht aus, was mir durch den Kopf ging. Allerdings stand mir auch etwas mehr Zeit zur Verfügung, um darüber nachzudenken. Ich weiß sehr wohl von den Gerüchten, die besagen, dass Konrad von Heideck die Kunde von Reisenden für einen gewissen Obolus an befreundete Placker verkauft. Aber wie gesagt: Gerüchte eben. Ich jedenfalls, sehe keinen Schaden, wenn wir auf das Angebot eingehen. Euch untersteht derzeit die Amtswürde der Bürgermeister und Ihr entscheidet. Es liegt mir fern, Euch unter Druck zu setzen, aber bitten möchte ich Euch, die Situation und die Möglichkeiten zu überdenken, die sich uns damit eröffnen.«

Die Worte verfehlten ihre Wirkung nicht, insbesondere nicht bei Ulrich Stromer, wie Groß mit Genugtuung feststellte. Ihn gedachte er mit einer nicht ungefährlichen Aufgabe zu betrauen, die sich seit der ersten Idee in den Morgenstunden zu einem handfesten Plan entwickelt hatte.

Stromer ergriff das Wort: »Zumindest würden uns Verhandlungen, egal wer sie führt, Zeit verschaffen. Zeit, in der die aufgebrachten Gemüter Abstand zu den Ereignissen des letzten Tages gewinnen.«

»Richtig«, stimmte Groß zu. »Zeigen wir Großmut. Nach den gestrigen Unruhen bleibt uns gar nichts anderes übrig, als den Handwerkern kleinere Zugeständnisse einzuräumen, wenigstens vorübergehend. Auch wenn sich gestern die Verschworenen blutige Köpfe eingehandelt haben, so ist ihr Widerstand keineswegs gebrochen. Ihr selbst seid bestimmt nicht ohne bewaffneten Schutz zu solch früher Stunde hier erschienen.«

Die Bürgermeister nickten zustimmend, indes der Kaufmann weitersprach: »Bis gestern Abend fielen Nacht für Nacht Scharwächter und Türmer den Messern irgendwelcher Halsabschneider zum Opfer. Selbst die Soldaten der Burggrafen waren vor Angriffen des Pöbels nicht sicher. Im Augenblick sind wir nicht in der Lage, die Verschworenen an den Verhandlungstisch zu bekommen. Mit Heideck sehe ich wenigstens eine Chance.«

»Wie immer, treffen Eure Worte auch diesmal ins Schwarze«, knirschte Hermann Maurer mit schmalen Lippen. »Soll es meinetwegen Euer Ritter versuchen. Wenn ich mir auch nicht viel davon erhoffe.«

Dem stimmte Ulrich Stromer zu und so war es, bevor der Tag vollends anbrach, beschlossene Sache, des Königs Vorschlag anzunehmen.

Keineswegs entging Groß der unstete Blick Maurers, der seinen Unmut zu verbergen suchte. Es war kein Geheimnis, dass einige Ratsherren mit den Verschworenen paktierten. Zwar fehlten ihm die Beweise, aber Konrad Groß hatte Hermann Maurer schon länger im Verdacht, zu diesen Abtrünnigen zu zählen.

Als er sich von den Bürgermeistern verabschiedete, bat er Stromer darum, ihn ein Stück des Weges zu begleiten. Um kein Misstrauen zu erwecken, gab er an, etwas Geschäftliches mit ihm besprechen zu wollen. Bereitwillig folgte Stromer dem alten Kaufmann.

6

Mit jedem Blick, den Konrad auf das feingeschnittene Gesicht des Jüngeren warf, bestätigte sich ihm, dass er für sein Ansinnen keinen Besseren hätte finden können.

Stromers Augen wohnte ein derart gewinnender Ausdruck inne, dass es dem nicht allzu schwerfallen dürfte, die geheimsten Absprachen zu erfahren. Vor allem, wenn es ihm gelang, das Vertrauen Geißbarts, womöglich sogar das des Pfauentritts zu erlangen.

Und so offenbarte er seinen Plan. Er verlangte keine sofortige Antwort, vielmehr legte er Stromer nahe, den Vorschlag zu überdenken und frühestens morgen eine Entscheidung zu treffen. Hatte er erst einmal zugesagt, gab es kein Zurück mehr.

Veit stieß ein Grunzen aus und biss die Zähne so fest aufeinander, dass sie Migkenmockel knirschen hörte, während der Heiler Veits Wunde versorgte. Ein junger Mann Mitte zwanzig, dem deutlich anzumerken war, wie unbehaglich er sich in Gesellschaft der Waffenknechte fühlte.

Veit hatte in dem Gedränge auf der Galerie im Plobenhof einem Schwertstreich nicht auszuweichen vermocht. Glücklicherweise war der nicht kräftig genug geführt worden, um seine Rippen zu durchschlagen, dennoch zog sich eine klaffende Wunde über die gesamte Länge des Oberkörpers.

Der jüdische Medicus bestrich das offen liegende Fleisch mit einer scharf riechenden Salbe, bevor er sie mit zuvor ausgekochten Leinentüchern verband. »Ihr verfügt über eine gute Konstitution. Die Wunde ist sauber. Verhaltet Euch die nächsten drei Tage ruhig und sie wird gut verheilen«, sagte er nach vollbrachter Arbeit.

Schweißperlen standen auf Veits Stirn, dennoch nickte er dankbar. Dann sank er matt auf sein Lager, schloss die Augen und sein angespanntes Gesicht erschlaffte.

Der Heiler reichte Migkenmockel das Gefäß mit der Salbe und mahnte eindringlich, die Wunde dreimal täglich damit zu bestreichen, dann nahm er seine Sachen und verschwand.

»Der hat leicht reden«, schüttelte Migkenmockel den Kopf. »Wie zum Henker soll ich deine Wunde dreimal am Tag versorgen, wenn ich in diesem Loch Tag von Nacht nicht zu unterscheiden vermag?«

Veit zeigte keine Regung und erst als sich Migkenmockel über ihn beugte bemerkte er, dass er eingeschlafen war.

»Du bist mir ja ein geselliger Bursche!«, murrte er mit aufgesetzter Entrüstung. »Parierst einen Schwerthieb aus lauter Übermut mit den Rippen, sodass wir nun dazu gezwungen sind, uns für wer weiß wie lange zu verkriechen und zum Dank für meine Gesellschaft fällt dir nichts Besseres ein, als ein Schläfchen zu halten. Werd's dir bestimmt nicht vergessen.«

Seufzend setzte er sich in eine Ecke und stierte rastlos von einer Wand der Felsenkammer zur anderen. Dazwischen langte er nach dem Beutel mit Vorräten, den sie vom Rabbi erhalten hatten, holte ein Stück Pökelfleisch hervor und kaute träge darauf herum.

Wenigstens an etwas Wein hätte der Rabbi denken können. Einzig ein Krug mit frischem Wasser stand als Getränk zur Verfügung. Wie sollte ihm unter solchen Voraussetzungen gelingen, die Zeit totzuschlagen?

Zwei Tage, bevor er sich wieder auf den Straßen blicken lassen durfte. So lautete die Anweisung Ekkelins. *Zwei gottverflucht langweilige Tage!* Zum Verzweifeln. Sein Herr hatte leicht reden, er musste ja nicht in diesem finsteren Loch ausharren. Zur Untätigkeit verdammt.

Da erhellte ein Gedanke seine verdrießliche Miene. Was, wenn der Rabbi Ekkelin falsch verstanden hatte? Wäre doch möglich. Wer vermochte schon zu sagen, was im Schädel eines Juden vorging? So sehr er sich zu besinnen bemühte, es fiel ihm niemand ein, der behauptete, einen Juden zu begreifen. Ausgenommen, sein Herr. Aber besagte das, dass die Juden seinen Herrn verstanden? Möglicherweise interpretierte der Rabbi die Worte des Ritters grundverkehrt und er saß völlig sinnlos neben dem mittlerweile schnarchenden Kameraden.

So drehten sich seine Gedanken eine Weile im Kreis. Wer wachte denn darüber, dass der Zugang zu dieser Kammer nicht von den Männern der Burggrafen und Ratsherren entdeckt wurde, wenn nicht er selbst?

Nein, mag ihn der Rabbi auch nicht belogen haben, so hatte er die Anweisung Ekkelins bestimmt missverstanden und damit war es höchste Zeit, draußen nach dem Rechten zu sehen.

Ein letztes Mal sah er nach dem Gefährten, den das Wundfieber bisher verschonte und der den Eindruck erweckte, ihn für eine Weile getrost allein lassen zu können.

Viel Schnee war in der Nacht gefallen, doch die Straßen zeigten sich an diesem tristen Morgen ungewöhnlich still. Wenn er es nicht besser wüsste, dann würde Migkenmockel annehmen, heute wäre ein christlicher Feiertag, an denen die Juden in ihren Häusern zu bleiben hatten. Er war mit Ekkelins Plan vertraut. Davon aber, in welchem Ausmaß dieser künstliche Aufstand sich verselbstständigt hatte, erfuhr er erst von einem alten, zahnlosen Mütterchen, das den hoch aufgetürmten Schnee von der Tür ihres Hauses fegte.

Bei diesem Spektakel nicht mitmachen zu dürfen, hatte ihn schon geärgert, als sie sich voneinander verabschiedet hatten und Pankraz ihm davon erzählt hatte.

Jetzt aber, als die alte Frau gestikulierend von den blutigen Kämpfen, die bis lange nach Einbruch der Nacht angedauert hatten, dem zusehends enttäuschter dreinblickenden Knecht berichtete, steigerte sich sein Ärger in unbändige Wut. Normalerweise bedachte ihn Ekkelin genau mit dieser Art von Aufgaben und nur weil sich Veit in ein Schwert hatte werfen müssen, musste er den Krankenpfleger für diesen schussligen Berg von einem Knecht spielen.

Zähneknirschend wünschte er der Alten einen gesegneten Tag. Sein Weg führte ihn bergan in Richtung Rathaus. Obwohl er innerlich über die verpasste Gelegenheit haderte, die Kehlen einiger Scharwächter oder Knechte der Burggrafen zu durchschneiden, so behielt er seine Umgebung scharf im Auge. Zweimal kreuzten Scharwächter seinen Weg. Beim ersten Mal verbarg sich Migkenmockel hinter dem geschwungenen Rand eines Brunnens, den Blicken des zweiten entkam er, indem er sich in den Schatten eines überdachten Hauseingangs flüchtete.

Sein Ziel war die Schänke zur grölenden Jungfrau, wo er einige Zecher vermutete. Aus dem, was die ihm berichteten, hoffte er, zu erfahren, ob Ekkelin unbescholten die Stadt verlassen hatte. Vordergründig galt sein Interesse aber einem oder zwei Schläuchen Wein.

Trotz der Pferde kamen Ekkelin und seine Begleiter denkbar langsam voran. Eine dicke Schneedecke verbarg die Löcher in der Straße, weswegen die Hufe der Tiere immer wieder ohne Vorwarnung einsackten. Stellenweise zwangen sie Schneeverwehungen dazu abzusteigen, und ihre Pferde hinter sich herzuführen. Gegen Mittag legten sie eine Rast ein. Jeremias war zu ermattet, um Appetit zu verspüren. Allein das Wissen, um die Wichtigkeit bei Kräften zu bleiben, ließ ihn einige Bissen Brot sowie drei Schluck verdünntes Bier hinunterwürgen.

Seine Begleiter hingegen langten kräftig zu und schlangen ihre Rationen gierig in sich hinein, Ekkelin ausgenommen, der jeden Bissen gründlich kaute. Es wurde nicht geredet und so beendeten des Ritters Knechte ihre Mahlzeit schweigend. Keinem schien im Moment der Sinn nach einem Gespräch, bis Pankraz, nachdem er sein Bündel Proviant wieder ordentlich verschnürt hatte, meinte, dass der Schnee etwas Gutes habe. Wer nicht unbedingt raus musste, der blieb zu Hause.

Niemand erwiderte etwas. Dann packten sie zusammen und bald schindeten sie sich weiter voran. Der Tag hüllte sich in tristen Dunst und zu keiner Stunde hätte Jeremias zu sagen vermocht, wo die Sonne stand. Irgendwann erhoben sich vor ihnen die Mauern Gräfenbergs. Auf einem für den Heiler nicht erkennbaren Pfad durch dichten Wald, führte Ekkelin sie um die Ortschaft herum. Auf dem dahinter gelegenen Hochplateau erreichten sie die Fernstraße, die auf der schneebedeckten Fläche als muldenartiges Band auszumachen war.

Von außen war am Haus des Harnischmachers nichts Ungewöhnliches festzustellen, dennoch näherte sich Landolf mit galoppierendem Herzschlag der Tür. Die Aufregung um seinen Vater und Adeles Sorgen hatten ihn beschäftigt, erst nach dem Mittagessen, waren seine Gedanken auf Ismar gekommen und darauf, dass er keine Ahnung hatte, wie die Haubenschmidts den Aufruhr überstanden hatten. Aufgebracht hervorgestoßene Wortfetzen schallten durch die geschlossenen Fensterläden auf die Straße. Die Tonlage der Sprecher trug nicht dazu bei, Landolfs Sorge zu beschwichtigen. Ohne anzuklopfen, riss er die Tür auf und trat ein.

Augenblicklich verstummten die Sprecher und er sah sich den überraschten Gesichtern der Brüder Rudolf, Konrad und Farfried Haubenschmidt gegenüber, sowie, zu seiner unendlichen Erleichterung, dem Ismars. Soweit er in dem dämmrigen Zwielicht zu erkennen imstande war, schien keiner der Anwesenden irgendwelchen Schaden davongetragen zu haben.

»Landolf! Gott sei gelobt!«, polterte Rudolf. »Sind deine Eltern wohlauf, mein Junge?«

»Ja, Meister Haubenschmidt«, nickte Landolf. »Wir waren ebenfalls in Sorge und ich soll fragen, ob alle von den Euren unversehrt geblieben sind.«

»Was diese Familie angeht, so brauchen wir in der Tat niemanden zu beklagen«, entgegnete Rudolf schwermütig. »Und ich danke dem Herrn, dich und deine Eltern gesund zu wissen. Dennoch vermag ich angesichts der Ereignisse nicht viel Freude zu empfinden.«

Landolf senkte den Blick, schloss die Tür, durch die der eisige Wind in die Werkstatt pfiff, und folgte Ismars Wink, sich neben ihn zu setzen.

»Ich krieg nicht in den Schädel, warum wir nicht rausbekommen, wer hinter diesem blödsinnigen Unterfangen steckt«, griff Rudolf den Faden wieder auf. »Habt ihr wirklich genügend Leute befragt? Seid ihr sicher, nichts Wichtiges überhört zu haben?« Beschwörend starrte er seinen Brüdern in die Gesichter.

»Darauf kannst du Gift nehmen«, knurrte Konrad. »Denkst du, uns geht es anders? Wir sprachen mit wenigstens zwei Dutzend

Männern und Frauen. Ich fress' meine Gugel, wenn wir nicht jeden Einzelnen regelrecht in die Mangel genommen haben. Stimmt's nicht, Farfried?«, suchte er Beistand bei seinem Bruder.

»Absolut«, bestätigte der. Obwohl der Jüngste unter ihnen, war Farfried bekannt für seine Besonnenheit. Vorschnelles Handeln oder gar ein rasch gefälltes Urteil brachte niemand mit ihm in Verbindung. Damit verkörperte er das Gegenteil von Konrad, dem ältesten, der eine fruchtlose Diskussion gerne mit den Fäusten zu einem zweifelsfreien Ergebnis brachte.

Rudolf Haubenschmidt, dieser Tage besser unter dem Namen Geißbart bekannt, lag mit seinem Temperament in der Mitte, dem Alter entsprechend, wie ihn sein Weib Margot gerne beschrieb, wenn sie mit Freundinnen über das Wesen ihrer Gatten plauderten.

Von den Brüdern verstand er es am besten, die verschachtelten Zusammenhänge im Wirtschaftsgefüge Nürnbergs zu erkennen und sein Handeln dementsprechend auszurichten. Und aus diesem Grund war er der Kopf der Verschworenen.

»Sie waren von den Kämpfen noch völlig verstört. Liebend gerne hätten sie uns gesagt, was wir hören wollten, wenn sie etwas wüssten. Allein schon, um uns wieder loszuwerden«, schloss Farfried nach einigen Momenten gespannter Stille.

»Also, dann fasse ich euren Bericht mal zusammen«, sagte Rudolf grimmig. »Demnach erfuhren eine gewisse Anzahl Verschworener von Unbekannten, die in den frühen Morgenstunden an ihre Türen klopften, dass der Aufruhr gleich nach dem Abzug König Karls beginnen sollte. Irgendwer verteilte Waffen und schlug tatsächlich los, kaum dass der letzte Königliche die Stadt verlassen hat, und binnen kürzester Zeit erfasste der Tumult die ganze Stadt. Sehe ich das richtig?«

»Völlig richtig. Du hast lediglich vergessen, dass vorher in verschiedenen Schankhäusern massiv Stimmung geschürt wurde. Bier und Wein sollen dabei in Strömen geflossen sein«, erwiderte Farfried gewohnt trocken.

»Verdamm mich!« Rudolf ballte die Fäuste, sprang von seinem Schemel auf, schritt einige Male auf und ab, blieb dann abrupt stehen, sah den Brüdern eindringlich in die Augen und sagte: »Ist euch klar, was eure Worte bedeuten? Nein? Dachte ich mir.« Kopfschüttelnd setzte er sich wieder in Bewegung, lief erneut auf und ab.

Auf einmal wurde Landolf klar, warum sich Rudolf wünschte, sein Freund Johann würde sich weit mehr in der Sache der Verschworenen engagieren und stünde ihm zur Seite. Jetzt zogen die neuerlichen Worte des Harnischmachers seine Aufmerksamkeit auf sich.

»Wie euch bekannt sein dürfte, verließ der Pfauentritt nach unserer letzten Versammlung die Stadt, um sich beim Bischof von Bamberg für unsere Sache einzubringen.«

Erwartungsvoll blickte er in die Gesichter seiner Brüder. Es war ihnen anzusehen, wie sie sich anstrengten, einen Zusammenhang zwischen den Worten ihres Bruders und der momentanen Situation herzustellen und wie wenig ihnen dies gelang.

Sich offenbar geschlagen gebend, seufzte Rudolf und fuhr fort: »Demnach befand sich außer uns und den übrigen Zunftmeistern niemand in der Stadt, der befugt gewesen wäre, eine solche Anordnung zu treffen. Auch wissen wir, dass von den Genannten niemand infrage kommt. Und das, meine lieben, aber kurzsichtigen Brüder, heißt nichts anderes, als dass uns das Heft der Führung aus den Händen gleitet.«

Wieder verstummte er, doch jetzt schien es, als erkannten seine Brüder die Tragweite der jüngsten Geschehnisse. Mit betroffenen Gesichtern starrten sie ihren Bruder an.

»Gott verdammt!«, schimpfte Konrad los. Dabei sprang er auf und machte sich wild gestikulierend Luft: »Was für blinde Hornochsen sind wir doch. Wenn ich diesen Hundsfott zwischen die Finger kriege, der hinter dieser Sauerei steckt, reiße ich ihm mit bloßen Händen jedes Glied einzeln vom Leib.«

»Du hättest meinen Segen dazu«, sagte Rudolf. »Doch wäre uns damit auch nicht geholfen.«

»Trotz der kurzen Zeit muss so etwas gründlich vorbereitet sein«, wandte Farfried ein.

Rudolfs Kopf ruckte herum: »Sieh an, ein Lichtblick. Ja, damit liegst du grad richtig. Folgern wir weiter: Hatten die

Verantwortlichen die nötige Zeit, um einen Aufruhr zu organisieren, handelt es sich wahrscheinlich um Bürger der Stadt. Was aber, wenn es keine Nürnberger Bürger waren?«

»Schön«, meldete sich Konrad mit deutlich verdrossener Miene zu Wort. »Jetzt wissen wir also, dass es für die Verantwortlichen zwei Möglichkeiten gibt. Und? Was bringt uns das ein? Wenn tatsächlich Leute von außerhalb dahinterstecken, wer um Himmels willen soll das sein? Und was bezweckten sie damit? Wir sollten aufhören, Reden zu schwingen und mit der Befragung weitermachen, bis wir etwas erfahren. Irgendwer unter diesen Hohlköpfen muss etwas wissen.«

Rudolf nickte, dann erwiderte er: »Das Warum braucht uns nicht zu kümmern. Im Übrigen gebe ich dir recht. Beauftragt jeden, den ihr für vertrauenswürdig haltet damit, sich nach den Hintermännern umzuhören. Ich werde die anderen Zunftmeister bitten, sich ihre Leute vorzunehmen. Jetzt hört zu! Das Wichtigste im Augenblick ist, dafür zu sorgen, dass sich die Verschworenen ruhig verhalten. Die wöchentlichen Versammlungen sind vorerst auszusetzen, macht dies überall bekannt. Wir brauchen Zeit. Sollen die Ratsherren ruhig denken, dass wir nach dem gestrigen Abend jeden Gedanken an weiteres Aufbegehren aufgegeben haben.«

Hier unterbrach er sich und sah zu Landolf und seinem Sohn Ismar: »Ihr zwei habt genug gehört. Das Folgende braucht euch nicht zu kümmern. Ismar, sei also so lieb, und geh mit deinem Freund zu deiner Mutter und deinen Geschwistern in die Stube.«

Ismar nickte, nahm Landolf am Arm und führte ihn aus der Werkstatt, der sich ein schmaler Gang anschloss. Rechter Hand, knapp vor einer steilen Stiege ins obere Stockwerk, gelangten die Freunde durch eine niedere Tür in die Wohnstube.

Der befeuerte steinerne Herd verbreitete eine behagliche Wärme. Mit dem Rücken zur Tür stehend, rührte Margot mit einer Schöpfkelle in einem dampfenden Kessel, dem ein verführerischer Duft entströmte. Ismars jüngere Geschwister spielten auf dem Stroh bedeckten Boden vor dem Herd mit handgeschnitzten Figuren.

Die beiden Freunde setzten sich an den Tisch und berichteten gegenseitig über ihre Erlebnisse. Ismar hatte zusammen mit dem Vater sowie dessen Brüdern dem Auszug des Königs von der Theresienstraße aus zugesehen, als die Unruhen begannen. Ohne Federlesens hatte Haubenschmidt seinen Sohn bei der Hand genommen, ihn nach Hause geführt und aufgetragen, niemanden außer einem Familienangehörigen einzulassen und auf Mutter und Geschwister achtzugeben. So hatte Ismar von den Unruhen und deren Niederwerfung kaum etwas mitbekommen, umso gespannter lauschte er jetzt Landolfs Worten.

Nach dessen Bericht war er nicht wenig beeindruckt. »Da hast du aber mächtig Schwein gehabt, dass dich die Torwache auf den Wehrgang gelassen hat«, sagte er.

In diesem Augenblick wandte sich Margot den Jungen zu und meinte im strengen Ton: »Was plapperst du da? Gott solltet ihr danken, dass er seine schützende Hand über euch gehalten hat.«

»Ja, Mutter. Entschuldige«, sagte Ismar kleinlaut. »Was denkst du, wer hinter dem Aufruhr steckt?«, wandte er sich an Landolf.

Der zuckte mit den Schultern: »Keine Ahnung. Es ging furchtbar schnell und das Schneetreiben war zu dicht. Ich denke, dass die Unruhen nahe des Laufer Tores begannen.«

Ismar nickte versonnen, hob den Kopf und mit verschwörerischem Blick sagte er: »Willst du wissen, was ich glaube?«

»Na klar, raus mit der Sprache.«

»Der Gayling war's«, behauptete er in einem Ton, als offenbarte er das Geheimnis der Schöpfung.

Landolf zuckte zurück. An den berüchtigten Placker hatte er lange keinen Gedanken erübrigt. Warum auch? Seit Monaten war es still um den Erzfeind der Nürnberger. Wenn überhaupt, bekam man von vereinzelten Übergriffen auf einen Kaufmannszug zu hören, die man schon aus alter Gewohnheit dem Gayling zuschrieb. Ob zu Recht oder Unrecht, spielte keine Rolle.

»Wie kommst du darauf?«, fragte er mit unverhohlenem Zweifel.

Die Gewissheit in Ismars Blick wankte, trotzig entgegnete er: »Nur so ein Gedanke. Aber wenn ich mir überlege, wer einen Nutzen von den Tumulten hat, kommt mir der Gayling von selbst in den Sinn. Wissen wir denn, ob nicht während der Unruhen irgendein Patrizier zu Schaden gekommen ist?«

»Du meinst ein Ablenkungsmanöver?«

»Ganz recht«, bestätigte Ismar. »Niemand gewann einen Vorteil weder die Ratsherren und ihre Anhänger noch wir. Und wie du vorhin selbst gehört hast, glaubt sogar mein Vater an die Möglichkeit, ein Außenstehender könnte die Streitigkeiten in der Stadt für seine Zwecke angestiftet haben.«

»Schon«, räumte Landolf ein, »doch ganz so ungelegen kam der Aufruhr den Ratsherren dann doch nicht, zumindest wenn man sich das Ergebnis vor Augen führt. Einen gewaltsamen Umsturz brauchen die in nächster Zeit nicht zu fürchten. Ist doch möglich, dass die Ratsherren selbst für den Aufruhr gesorgt haben, um einen gerechten Grund zu erhalten, mit Waffengewalt gegen uns vorzugehen.«

Anerkennend pfiff Ismar durch die Zähne: »Da ist was dran. Hätt' ich auch selbst drauf kommen können. Zuzutrauen wär's den Pfeffersäcken allemal. Trotzdem, ich finde, dass die Idee, der Gayling oder ein anderer Feind Nürnbergs könnte seine Hände mit im Spiel gehabt haben, dennoch nicht auszuschließen ist.«

»Durchaus nicht«, stimmte Landolf zu. »Wie auch immer, dein Vater und deine Oheime werden das schon herausbekommen.«

»Mit Sicherheit«, warf sich Ismar in die Brust. »Nichts geschieht in der Stadt, was uns Haubenschmidts verborgen bleibt.«

Dann fixierte er Landolfs Blick und mit einem schelmischen Augenzwinkern fügte er hinzu: »Ich glaube trotzdem, dass es der Gayling war.«

»Du mit deinem Ekkelin«, seufzte Landolf. Beide waren sie mit dem Schreckgespenst der Nürnberger herangewachsen. Geschichten über die Taten dieses Plackers reichten bis in ihre früheste Kindheit zurück. Damals hatte Landolf gespannt den Berichten über dessen Raubzüge gelauscht. Später, nach dem Beginn seiner Lehre, kümmerte er sich nicht weiter darum. Trotzdem kamen ihm immer wieder Gerüchte über den Gayling zu Ohren. Insbesondere unter den jungen Burschen, avancierte der berüchtigte Ritter zu einer Art Volksheld.

»Weißt du noch, als er sich den Brautkuss der Agnes Tetzel während ihrer Hochzeitsfeier holte?«, beugte sich Ismar mit glühenden Wangen an Landolf heran.

»Klar«, entgegnete der. Neben dem Raub des goldenen Vogelhauses das berühmteste Glanzstück des Ritters. Obwohl sich dies Ereignis vor seiner Geburt ereignet hatte, war die Geschichte wie keine zweite im Gedächtnis der Nürnberger haften geblieben.

»Gleichzeitig hat er sich die Brautgeschenke geschnappt, die von Bütteln der Mendels auf einem Karren nach Nürnberg gebracht werden sollten«, fuhr Ismar begeistert fort. Dann zählte er weitere Anekdoten des Plackers auf, Landolf allesamt hinreichend bekannt und so hörte er gar nicht zu.

»Jetzt ist aber Schluss!«, beschied Margot unvermittelt, die Hände in die Hüften stemmend. »Möcht nicht wissen, was ihr an diesem gottlosen Unhold findet. Einer wie der, hätte nicht mal einen Blick für euch übrig, liefet ihr ihm über den Weg. Diese Ritter sind in ihrer Arroganz noch aufgeblasener als unsere Patrizier.«

Dann, Ismar hob gerade zu einer Bemerkung an, schnitt sie ihrem Sohn das Wort ab, indem sie sich an Landolf wandte: »Wir essen bald. Soll ich Konrad bitten, deine Eltern zu holen? Wäre schön, nach dem Schrecken von vergangener Nacht, wenn wir gemeinsam speisen würden.«

Landolf, dem der lockende Duft schon längst ein leises Magenknurren eingebracht hatte, war vollauf begeistert. Kurzerhand unterbrach die Herrin des Hauses die Unterredung ihres Gatten mit seinen Brüdern und trug Konrad auf, das Schwertmacherpaar zum Essen einzuladen.

ie lange Jeremias, im ständigen Wechsel kurze Wegstrecken reitend, dann wieder einen Fuß vor den anderen durch Schneewehen setzend, seinem Vordermann folgte, war bedeutungslos geworden. Die Welt bestand aus Kälte, Anstrengung und Schmerzen, einzig vorwärts schlug die Stunde.

Deshalb schenkte er der Erscheinung zuerst keinen Gedanken, als seine rotgeäderten Augen auf einmal Dächer weniger Häuser und die Zinnen eines Burgstalls zwischen den Bäumen erblickten. Nur allmählich drangen die Wahrhaftigkeit und die Verheißung des Anblicks in sein Bewusstsein. Doch jäh zerstreuten die Worte Ekkelins jede aufflackernde Hoffnung nach wärmendem Kaminfeuer in einer behaglichen Stube.

»Dort liegt Thuisbrunn«, meinte er im nachdenklichen Ton. »Ich denke, wir tun gut daran, den Umstand zu nutzen, dass uns bisher niemand begegnet ist. Wir können Schloss Hundshaupt noch vor der Nacht erreichen. So weit von Nürnberg entfernt, dazu die unwegsamen Straßen, wird so manchen daran zweifeln lassen, meinen Namen im Zusammenhang mit den dortigen Ereignissen auszusprechen.«

Die gezeichneten Gesichter Pankraz und Thomas sprachen Bände. Ebenso wie Jeremias lechzten sie nach einer Rast und wehmütig hingen ihre Augen an den, Wärme versprechenden Gebäuden. Dennoch wagte keiner ein Wort des Widerspruchs. Ergeben wandten sie sich ab und folgten ihrem Herrn.

In diesem Augenblick wurde Jeremias bewusst, welch Kraft und unbeugsamer Wille dem Ritter innewohnten. Grub sich die wachsende Erschöpfung mit jeder weiteren Meile tiefer in die Mienen und Bewegungen der Männer, so prallten die Strapazen vom Ritter wirkungslos ab. Unbeirrt hatte er den Weg bisher zurückgelegt. Kein einziges Mal war er gestrauchelt oder beugte vor Anstrengung den Rücken. Meist war er es gewesen, der vor den anderen einen Weg durch die mitunter mannshohen Schneewehen gebahnt hatte.

Jetzt, fast am Ende seiner Kräfte, starrte er fassungslos der aufrechten Gestalt des Ritters hinterher. Der Anblick mobilisierte in ihm unverhoffte Energiereserven, von denen er bis vor wenigen Minuten nichts geahnt hatte. Gleichzeitig aber drängte sich ihm ein weiteres Mal die quälende Frage auf, was sein Rabbiner damit verfolgt hatte, als er ihn mit diesem unbegreiflichen Auftrag Ekkelin Gayling zur Seite stellte? Zu welchem Behufe mochten die Ränkeschmiede eines Plackers, im Interesse der jüdischen Gemeinde zu Nürnberg liegen? Wer, so fragte sich Jeremias, hatte überhaupt schon einmal davon gehört, dass sich das Oberhaupt einer jüdischen Gemeinde um die Angelegenheiten irgendwelcher unbedeutenden Landadliger gekümmert hätte? Jeremias sah sich außerstande, das Wohlergehen und die Rechte seiner Gemeinde in einen Zusammenhang mit den Machenschaften des Landadels zu bringen. Was steckte hinter dem Ansinnen Isaaks von Scheßlitz, dass die Lebensverhältnisse dieses Ritters für ihn so von Belang waren?

Eben zu dieser Stunde trat Migkenmockel mit drei prall gefüllten Weinschläuchen, die über seine Schulter hingen, aus der Schänke. Seine glänzenden Augen, das schelmische Grinsen, nicht zuletzt der federnde Gang, zeugten davon, dass er die Güte des Weines ausgiebig erprobt hatte.

Von redseligen Gästen hatte er zudem von den Tumulten erfahren; in jener weitschweifigen Ausführlichkeit, mit der Angetrunkene für gewöhnlich berichten. Niemand schien indes etwas von verschwundenen Fuhrmännern oder der Ergreifung eines Ritters gehört zu haben.

Nachdem was ihm in der Schänke zu Ohren gekommen war, ließ sich annehmen, dass die Suche nach dem Ritter und seinen Gefährten für die Stadtoberen im Augenblick zweitrangig war. Zur Stunde galt das Augenmerk der Scharwächter und Burggrafen vollauf dem Erhalt des Stadtfriedens. Wieder kam Migkenmockel nicht umhin, die treffliche Voraussicht seines Herrn zu bewundern. Auch wenn sich im Augenblick die Präsenz der Bewaffneten in den Straßen vervierfacht hatte, so unterließen die Gewaltdiener alles, was ein neuerliches Auflodern der Unruhen heraufbeschwor. Im Gegensatz zu der sonstigen Vorgehensweise verzichteten sie darauf, Häuser und Keller auf den Kopf zu stellen oder ihnen verdächtig erscheinende Leute festzunehmen.

So betrachtet konnte Veits Wunde in Ruhe verheilen und die Juden hatten in den nächsten Tagen keine Repressalien zu befürchten. Fürs Erste hatte er genug erfahren, zudem würde der Wein für Kurzweil sorgen. Außerdem war es an der Zeit Veits Verband zu wechseln.

Nach einem endlos scheinenden Anstieg traten endlich die Bäume zurück und gaben den Blick auf ihr Ziel frei. Viel länger hätte Jeremias auch nicht vermocht, sich im Sattel zu halten. Insgeheim hatte er schon daran gezweifelt, Schloss Hundshaupt jemals zu erreichen.

Nachdem sie die Ortschaft Thuisbrunn hinter sich gelassen und den Abstieg ins Trubbachtal bewältigt hatten, waren sie auf halber Höhe auf das Ende der Schneemassen gestoßen. Hier hatte es offenbar nicht geschneit und so kamen sie den restlichen Weg mühelos voran. Dennoch erreichten sie das Schloss erst nach Einbruch der Dunkelheit.

Bevor sie auf die Lichtung und dem Schloss entgegen ritten, lenkte Ekkelin sein Pferd neben Jeremias und sagte: »Der Herr dieser Mauern ist Heinrich von Wiesenthau. Sein Vater Dietrich gehört zum Bund. Aus diesem Grunde wird uns sein Sohn die Gastfreundschaft nicht verwehren. Aber ich kenne ihn als jemanden, der seine Mutter verkaufen würde, gereichte ihm dies zum Vorteil. Darum will ich, dass Ihr weder Eure Abstammung noch Eure Herkunft erwähnt. Solltet Ihr gefragt werden, gebt Euch für einen Medicus aus Bamberg aus, den ich bei Forchheim traf, um ihn zu meinem kranken Weib zu geleiten. Der Bischof von Bamberg ist der Bruder meines Lehnsherrn und Heinrich wird daher nicht weiter nachbohren. Zudem ist er ein in sich verliebter Prahlhans und wie ich ihn einschätze, wird ihm diese Erklärung genügen.«

Jeremias nickte, zum Reden war er zu erschöpft. Sie erreichten das Schloss zum denkbar günstigsten Zeitpunkt. Heinrich von Wiesenthau war einige Stunden zuvor von einer erfolgreichen Jagd auf Schwarzwild zurückgekehrt und so erwartete die matten Gefährten gebratenes Wildschwein und frisch gebackenes Brot. Dazu floss in großen Mengen saurer Wein. Glücklicherweise achtete niemand auf Jeremias, der erleichtert registrierte, dass sich keiner wunderte, warum er das opulente Mal nicht anrührte. Verstohlen angelte er sich stattdessen einen Streifen getrocknetes Ziegenfleisch aus seinem Proviantbeutel, saß dann ebenfalls an der überfüllten Tafel und kaute ebenso herzhaft wie die übrigen.

Wie schon in Heroldsberg übermannte ihn während des Essens unwiderstehliche Müdigkeit, die ihn dazu zwang, sich schlafen zu legen. Bevor er einschlief, kreisten seine müden Gedanken ein weiteres Mal um die Gestalt Ekkelins.

Er hatte Heinrich von Wiesenthau wie einen lange vermissten Freund begrüßt, was dem wiederum keine andere Wahl gelassen hatte, als diese Herzlichkeit zu erwidern. Mühelos verstand es Ekkelin, das Gespräch auf die Jagd zu bringen, um damit das Interesse von seinen Begleitern abzulenken. Von Wiesenthau erwies sich in der Tat als jener Aufschneider, den Ekkelin geschildert hatte. Die Gelegenheit beim Schopfe packend, ereiferte er sich nur zu gerne über sein Geschick und Mut bei der Jagd.

Immerhin hatte er einen stattlichen Keiler mit eigener Hand erlegt und wurde nicht müde, dies mit immer neuen Einzelheiten auszuschmücken, sodass Jeremias bald nicht mehr zuhörte. Trotz seiner Erschöpfung registrierte er bewundernd, wie geschickt

Ekkelin ihren Gastgeber aushorchte, ohne dass es dem bewusst geworden wäre.

Während Jeremias sich mühte, dem Gespräch zu folgen, begriff er, dass sich der Gayling dem Schlossherrn gegenüber so gab, wie der ihn gerne sah. *Ein von Stolz geblendeter Narr ist Ekkelin ebenso wenig wie ein gewissenloser Placker*, dachte Jeremias. Dann schlief er ein.

Zunehmende Sorgen und Erschöpfung hatten Konrad Groß an diesem Abend früh ins Bett getrieben. Der Knecht hatte Mühe damit, seinen Herrn zu wecken. Konrads Unmut verflog jedoch rasch, als er den Grund für die unliebsame Störung erfuhr.

Ulrich Stromer wartete unten. Und da der Bürgermeister sich um keinen Preis hatte abwimmeln lassen, wie der verstörte Knecht beteuerte, hatte er es gewagt, seinen Herrn zu wecken.

»Daran tatest du Recht«, beruhigte ihn Konrad. »Geh und frag unseren Gast, ob du ihm etwas zu trinken reichen darfst und richte aus, dass ich sogleich komme!«

Kurze Zeit später stapfte er die Stufen hinunter, durchquerte die Empfangshalle und begab sich zu seinem Arbeitszimmer, wo Ulrich Stromer ungeduldig auf und ab gehend wartete.

»Verzeiht, wenn ich Euch geweckt habe«, sagte er und schritt auf den alten Kaufherrn zu, »aber ich kam zu einem Entschluss, den Euch mitzuteilen ich nicht länger aufzuschieben vermochte.«

Mit einer Geste bedeutete der Hausherr dem Gast, Platz zu nehmen. Selbst setzte er sich gegenüber.

»Ich habe gründlich über Euren Vorschlag nachgedacht.«

In diesem Augenblick unterbrach der hereinkommende Knecht den Bürgermeister und erst als er eine Karaffe gewürzten Weins sowie zwei Becher abgesetzt und den Raum verlassen hatte, fuhr er fort: »Ich will versuchen, das Vertrauen der Verschworenen zu erlangen. Auch ich sehe keine andere Möglichkeit, unsere Stadt vor dem Schlimmsten zu bewahren. Nur, wie trete ich an die Verschworenen heran?«

Konrad Groß nippte am Wein und nickte: »Eure Entscheidung freut mich. Mir ist bekannt, dass die Aufrührer mindestens einmal die Woche zusammentreffen. Werdet Ihr erst dorthin eingeladen, habt Ihr es geschafft. Zunächst lege ich Euch nahe, einen Schwertmacher Namens Johann von Sulzbach aufzusuchen. Gebt ein Schwert in Auftrag oder lasst eine schadhafte Klinge richten – Euch fällt schon das Passende ein. Deutet dabei an, dass Ihr dem Ansinnen der Handwerker nicht abgeneigt seid.«

Die ersten Meilen nach dem Aufbruch von Schloss Hundshaupt bereiteten Jeremias enorme Qualen. Jeder Knochen schmerzte, vor allem sein Hintern.

Wie tags zuvor brachen sie vor dem Dämmerlicht auf. Zu seinem Erstaunen führte der Gayling zwei zusätzliche Packesel an langen Leinen, die prall gefüllte Beutel trugen.

»Ich vermochte dem guten Heinrich einiges von seiner Jagdbeute abzuschwatzen. Der Winter ist hart und ich erhalte nicht viel Gelegenheit, mich um meine Leute zu kümmern«, lachte Ekkelin, der den verwunderten Blick des Juden bemerkte.

Obwohl er nicht länger als zwei Stunden geschlafen hatte, schien der Ritter so frisch wie eh und je. Pankraz und Thomas erweckten ebenfalls einen ausgeruhten Eindruck. Er hingegen fühlte sich wie gegeißelt und wäre am liebsten liegen geblieben. Wenigstens ließen seine Schmerzen mit der Zeit etwas nach.

»Ihr seid lange nicht in einem Sattel gesessen«, sagte Ekkelin unvermittelt.

»Allerdings«, quetschte der Heiler hervor.

»Mir fiel bereits gestern auf, dass Ihr Euch nur mühsam im Sattel hieltet. Heute ist es offensichtlich, dass Euch der Ritt Schmerzen bereitet.«

Jeremias schaute dem Ritter ins Gesicht. Worauf wollte der hinaus? Ergötzte ihn der Anblick des sich quälenden, von der Stadt verweichlichten Juden?

Nichts davon entdeckte er im Blick des Ritters. Schließlich sagte der, wobei er dem Heiler freundschaftlich auf die Schulter klopfte und sein Pferd zu einer schnelleren Gangart antrieb: »In drei Stunden vermögt Ihr Euch auszuruhen und an einem behaglichen Feuer aufzuwärmen.«

Thomas und Pankraz grinsten, wie Jeremias bei einem Seitenblick bemerkte, doch sagten sie kein Wort.

Ihr Weg führte sie über die sanften Wellen der baumlosen Hochebene und sie gelangten mühelos voran. Keine Menschenseele kreuzte ihren Weg. Nur das Heulen einiger Wölfe verriet, dass sie hier nicht die einzigen Lebewesen waren. Irgendwann verlief der Weg nahe am Rand der Hochebene und erlaubte einen Blick über die schroffe Kante ins Wiesenthal zu ihrer Linken. Weit voraus reckte sich ein steil abfallender Felsdorn tief ins Tal, wie der abgehackte Finger eines Riesen, und auf dessen Rücken ragten die geschliffenen Mauern einer einstmals mächtigen Veste in den grauen Himmel.

»Neideck«, sagte Ekkelin, der sein Pferd unvermittelt zügelte und zur Ruine deutete. Der Klang dieses Wortes hatte für Jeremias etwas Schwermütiges. An Jeremias gewandt, sagte er: »Eine Meile oberhalb dieser Mauern liegt unser Ziel.« Damit trieb er sein Pferd an, gefolgt von den Gefährten.

Die Ruine entschwand alsbald hinter Bäumen. Es folgte ein sanfter Anstieg, dann endlich sahen sie das Örtchen Draynmeusel zu ihren Füßen, in dessen Zentrum sich die trutzigen Mauern einer Burg erhoben. Einige Kinder rannten lachend zwischen den Häusern herum, von irgendwoher ertönten die hellen Hammerschläge eines Schmiedes, schwarzer Rauch quoll aus einer Kaminöffnung. Auf der freien Fläche vor den Häusern suchte eine Herde Schafe unter der dünnen Schneedecke nach Fressbarem.

Alles erwarte Jeremias, nicht aber diesen freudigen und respektvollen Ausdruck in den Gesichtern der Dorfbewohner, mit dem sie ihren Herrn empfingen. Kaum erkannte der Hirte die Reiter, die sich dem Örtchen näherten, alarmierte sein Ruf die ganze Gemeinschaft. Aus allen Häusern quollen Männer, Frauen und Kinder, vom Kleinkind bis hin zum Greis, und zwischen ihren Füßen wuselten Hühner und aufgeregte Hunde hin und her, so dass es schien, als erweise jedwede Seele des Dorfes seinem Ritter die Ehre.

Auf halbem Weg war ein Hornsignal von der Burg zu hören, woraufhin sich überall zwischen den Zinnen und in den wenigen Fenstern Köpfe zeigten, die zu ihnen spähten.

Die erschöpften Mienen von Thomas und Pankraz glätteten sich, merklich aufrechter wurde ihre Haltung, als sie in die Gasse der Dorfbewohner eintauchten, die diese vor ihren Pferden bildeten. Ekkelin schenkte den Leuten ein freundliches Lächeln, ergriff hier und da eine der ihm entgegengestreckten Hände, während sie sich dem Burgtor näherten. Bevor er sein Ross zur Brücke lenkte, hielt er an, überreichte einem älteren Mann die Leinen der Packesel und sagte: »Hier – Fleisch für euch alle. Doch verschont mir die Esel.«

Überschwänglicher Jubel brandete in Jeremias' Ohren, der jetzt erst die Worte Ekkelins am Morgen begriff. Ekkelin winkte den Leuten des Dorfes, gab seinem Pferd die Sporen und preschte auf die kurze Zugbrücke, die über den schmalen, aber tief angelegten Graben führte. Jeremias, Pankraz und Thomas folgten. In diesem Augenblick strömten Knechte, Männer und Frauen aus dem geöffneten Burgtor auf die Brücke. Ekkelin, mitten unter ihnen, glitt behände vom Pferd und reichte die Zügel einem der Knechte. Thomas und Pankraz taten es ihm gleich. Jeremias rutschte mehr kraftlos aus seinem Sattel, als dass er abstieg. Selbst ihm, dem Fremden, klopften die Leute kameradschaftlich auf den Rücken und er bekam gar nicht mit, dass ihm jemand die Zügel aus der Hand nahm und sein Pferd über die Brücke in die Burg führte. Erst als Ekkelin bei ihm stand, ihm eine Hand auf die Schulter legte und ihn einer ungemein dicken Frau vorstellte, welche er bislang nicht wahrgenommen hatte, kehrte sein Verstand ins Hier und Jetzt zurück.

»Jeremias wird sich um Kunigundes Gesundheit bemühen«, erklärte Ekkelin. »Zuvor aber möchte ich, dass du dich seiner annimmst. Bereite ein Bad, gib ihm Speis und Trank und zeige ihm seine Kammer.«

»Keine Sorge, Herr«, lachte die Dicke, packte Jeremias am Ärmel und meinte: »Bei mir seid Ihr in besten Händen. Ihr seht mir ziemlich mitgenommen aus, aber dem lässt sich Abhilfe verschaffen.«

»Dies ...«, so wandte sich Ekkelin an Jeremias, »... ist Maria, der gute Geist auf Burg Dramaus. Maria ist die uneingeschränkte Herrin über Küche, Vorratskammer und Gesinde. Ich vertraue Euch ihrer Obhut an.« Damit wandte er sich ab, trat zu einem der Knechte, wechselte einige Worte mit ihnen, dann eilte er durch das Tor in die Burg. Jetzt gewahrte Jeremias, dass Thomas und Pankraz längst verschwunden waren.

»Kommt, mein Herr«, sagte Maria und zog den Heiler kurzerhand mit sich über die Brücke.

Hinter dem Tor empfing ihn eine bedrückende Enge, wie er sie sich niemals hätte vorstellen können. Vom Kamm des Hügels aus hatte er vermocht, die Umrisse und Größe der Burg abzuschätzen. Die wenigstens 12 Ellen (Bamberger Elle 0,67 M) hohen Mauern bildeten die Form einer langgezogenen Raute, die breiteste Stelle maß höchstens achtunddreißig Ellen und die längste bestenfalls neunzig. Überragt wurden die zinnbewehrten Mauern vom Burgfried, der am östlichen Ende der Anlage drohend ins Land blickte.

Links und rechts an den Mauern befanden sich hölzerne Bauten, die sich über die gesamte Länge der Festung erstreckten. In ihnen waren der Burgstall, eine Schmiede, Quartiere der Mannschaft und des Gesindes sowie Vorrats- und Waffenkammer und die Küche untergebracht. Über den Dächern, unterhalb der Zinnen, verlief der Wehrgang. Der Burgfried, der vom Burgherrn und seiner Familie bewohnt wurde, lag dem Tore gegenüber und war aus Steinen erbaut. Davor befand sich ein größeres hölzernes Gebäude, die große Burghalle, wie Jeremias später erfuhr.

Während seine Augen staunend über all dies hinwegglitten, zog ihn Maria mit sich. Er war zu erschöpft, als dass er in der Lage gewesen wäre, sich zu beschweren. So gab er sich widerstandslos dem Willen dieser beleibten, dabei erstaunlich behänden Frau hin, die ihn durch eine schmale Tür bugsierte. Dahinter stapften sie eine enge Stiege empor, schlüpften in eine Kammer und standen plötzlich vor einem großen Zuber.

»Als erstes ein heißes Bad, dann sehen wir nach Euren wunden Stellen. Hängt Eure Kleider hier an den Haken, ich sorge für heißes Wasser. Steigt in den Zuber, wenn Ihr so weit seid.«

Ohne eine Antwort abzuwarten, kehrte sie Jeremias den Rücken zu und schob ihre Leibesfülle geschwind durch die schmale Tür.

Verdutzt verharrte er in der Haltung, in der ihn Maria zurückgelassen hatte. Hatte sie tatsächlich gesagt, dass er sich entkleiden und nackt in dem Zuber auf ihre Rückkehr mit heißem Wasser warten sollte? Eine derartige Behandlung, noch dazu von einer Christin, widerfuhr ihm zum ersten Mal und er fragte sich, ob er dies gestatten durfte. Schließlich meldete sich aber sein geschundener Körper zu Wort und er gestand sich ein, dass ihm im Augenblick nichts wohler gereichte als ein heißes Bad. So entledigte er sich seiner Kleidung, hängte sie an besagten Haken und stieg vor Kälte und Erschöpfung zitternd in den Zuber. Lange ließ ihn Maria nicht warten, denn kaum saß er mit angezogenen Knien in der Bütte, schob sie sich schwer schnaufend mit zwei Eimern dampfenden Wassers durch die Tür. Erschrocken registrierte Jeremias, dass ihr weiteres Weibsvolk, ebenfalls mit gefüllten Wassereimern in den Händen, folgte.

Landolf war in seine Arbeit so vertieft, dass er das Klopfen an der Tür überhörte. Gemeinsam mit Johann hatte er am Morgen in ihrer Güte verschiedene Eisenstücke ausgesucht, die er in der Hitze der Esse zu einem Stück zusammenbuk. Die Rohmasse für sein Schwert.

Erst ein Schwall kalter Luft, der von der Tür her an ihm vorbei in die Glut der Esse fuhr, ließ ihn in seiner Arbeit innehalten. Unwillig wandte er sich um und hätte um ein Haar die Zange mit seinem Werkstück fallen lassen. Zwar war ihm der Name des Besuchers nicht geläufig, doch das Gesicht des Nürnberger Ratsherrn war ihm durchaus vertraut.

Hatten sie herausgefunden, dass sein Vater einer der verschworenen Rädelsführer war? Warteten draußen etwa Gewaltendiener, um den Schwertmacher festzunehmen?

Möglichst unbefangen sah er an dem Ratsherrn vorbei. Auf der Straße waren keine Scharwächter auszumachen. Hielten sie sich vielleicht verborgen? Darum bemüht, sich seine Nervosität nicht anmerken zu lassen, sah er gefasst in das nicht eben unfreundliche Gesicht des anderen.

»Gott zum Gruß«, sagte der und drückte die Tür hinter sich zu.

»Gott zum Gruß«, erwiderte Landolf.

»Würdest du mich Meister Johann von Sulzbach melden? Ich möchte eine Arbeit in Auftrag geben«, sagte der Ratsherr im denkbar freundlichsten Ton.

War das eine Falle? Landolf überlegte, zu behaupten, Vater sei außer Haus, als der hereinplatzte.

»Sag mal Lan …«, Johann verstummte. Für einen Augenblick trat ein staunender Ausdruck in seinen Blick, doch schon hatte er sich wieder gefangen und sagte mit einer leichten Verbeugung: »Werter Herr Stromer. Welche Ehre für mein Haus. Womit kann ich Euch dienen?«

»Nun, einzig Euer Ruf als Meister Eurer Zunft führt mich hierher«, entgegnete Stromer und trat näher. »Die Klinge, die mir einst mein Vater vererbte, ist in die Jahre gekommen. Es ist an der Zeit, dass ich meine eigene führe. Ich habe hier eine grobe Skizze gefertigt, wie das Schwert beschaffen sein soll, doch gestehe ich, dass ich durchaus noch den Rat eines Fachmannes benötige.« Bei diesen Worten holte er ein gerolltes Pergament unter seinem Mantel hervor. »Es sei denn, Eure Auftragsbücher sind so gefüllt, dass Ihr derzeit keine weitere Arbeit annehmen könnt.«

»Mitnichten«, entgegnete Johann. »Es ist mir eine Ehre, Euch zu Diensten zu sein. Aber kommt mit in die Stube. Bei einem Becher Wein lässt sich so ein Geschäft angenehmer erörtern als hier im Stehen.«

10

Heute, Freitag, den 29. Adar des Jahres 5108 unseres Kalenders, will ich Euch den Dienst erweisen, den Ihr von mir erwartet. Trotz des Wissens, Euch und unserer Gemeinde von Nutzen zu sein, fällt es mir schwer, diese Zeilen zu schreiben. Aber ich stehe in Eurer Schuld und vertraue Eurem weisen Urteil.

Gaylings Burg Dramaus ist in ihrem Grundriss kaum von größerer Ausdehnung als der Euch wohlbekannte Plobenhof in Nürnberg. Ihr macht Euch wenig Vorstellung davon, wie drangvoll es hier zugeht. Ein Graben umgibt die Mauern und mit gewöhnlichen Sturmleitern ist nicht an die Zinnen zu kommen. Unter der Burg finden sich in den Fels gehauene Kammern und Gänge, zum Teil mit Vorräten gefüllt. In jeder erdenklichen Nische findet sich eine Zisterne, die Regenwasser von den Dächern auffängt. Ein über fünfzig Fuß tiefer Brunnen, gespeist von einer nahen Quelle, liefert in Dürrezeiten ausreichend Wasser.

Wie man mir sagte, handelt es sich um die gleiche Quelle, welche einst die Veste Neideck versorgte. Sicherlich erinnert Ihr Euch an den Kriegszug letztes Jahr gegen Konrad von Schlüsselberg.

Die Bauern des Dorfes üben sich einmal wöchentlich im Waffengang. Ich bin kein Fachmann im Umgang mit Schwert und Lanze, doch reicht meine Kenntnis aus, um sagen zu können, dass sich die hiesigen Bauern zu wehren wissen. Habe ich mich nicht verzählt, verfügen Burg und Dorf über wenigstens vierzig kampffähige Männer. Von Gaylings persönlichen Waffenknechten abgesehen, die Euch hinlänglich bekannt sein dürften.

Soweit zu Dramaus. Über Gaylings Person indes, oder seine Pläne, vermag ich nichts Wissenswertes zu berichten. Seit meiner Ankunft verweilte er nur wenige Tage auf der Burg. Immer im Abstand einiger Wochen, vor 14 Tagen zum letzten Mal. Frage ich nach seinem Verbleib, erhalte ich missgünstige Blicke.

Während seiner Abwesenheit führt ein betagter Ritter das Kommando, der mir, gelinde gesagt, reichlich Rätsel aufgibt. Einmal die Woche hält er in der kleinen Dorfkapelle eine Messe ab. Ich wage nicht jemanden zu fragen, wie ein Ritter dazukommt. Inzwischen denke ich, das Rätsel gelöst zu haben, davon später mehr. Ich denke, nicht zu übertreiben, wenn ich behaupte, dass die Dorfbewohner diesem Ritter ebenso folgen, wie ihrem hochgeschätzten Ekkelin. Sie sprechen häufig davon, dass der alte Ritter ein großer Kämpfer war, bewandert in allen Arten der Kriegskunst. Er ist französischer Herkunft wie sein Name, Robert de Beaujeu, belegt. Meine Person indes beachtet er kaum und ich wage nicht, ihn ungefragt anzusprechen.

Maria, hiesige Herrin über Gesinde, Küche und Vorräte, erzählte mir, dass Beaujeu von jungen Jahren an ein enger Freund Arnold Gaylings war, dem Vater Ekkelins. Maria, die erst nach der Geburt der drei Kinder in den Dienst der Gaylings getreten war, sah damals den Franzosen zum ersten Mal. Zu dieser Zeit weilten die Gaylings vornehmlich auf Schloss Röllinghausen.

Zu Marias Leidwesen, wie sie mir eingestand, nahm Beaujeu maßgeblich Einfluss auf die Erziehung der Kinder. Sein Liebling von den dreien war von Anfang an Ekkelin. Der hätte auf Wunsch des Vaters zu einem Kleriker ausgebildet werden sollen. Aber dem jungen Ekkelin wohnte eine derartige Abneigung gegen den religiösen Mummenschanz inne, wie sich Maria ausdrückt, dass er die Mönche zur Verzweiflung trieb. Das schien diesem französischen Ritter zu imponieren und er nahm den Jungen unter seine Fittiche. Im Glauben, sowie in der Kampfkunst, ist er dem Sohn seines Freundes bis heute der Lehrer. Und nach dem Tode Arnolds ersetzte er Ekkelin den Vater. Ekkelins Schwester ist mit einem gewissen Hermann von Bernheim verheiratet, während sich der Bruder für die Laufbahn eines Geistlichen entschied.

Aber ich schweife ab. Zurück zu Robert de Beaujeu, dessen Geschichte sicher eine Ungewöhnliche ist. Vor wenigen Tagen ergab es sich, dass wir uns im Burgfried über den Weg liefen. Fast hätte ich das Amulett übersehen, welches er an einer Kette um den Hals trug. Es zeigte zwei gewappnete Reiter hintereinander auf einem Ross sitzend. Ich vermochte in dem kurzen Augenblick die lateinischen Ziffern »SIGILLVII« der Inschrift zu erkennen.

Sicherlich erstaunt es Euch ebenso wie mich, dass ich in dem Amulett das Zeichen der Templer erkannte. Dabei liegt ihre Zerschlagung durch den Papst und den König Frankreichs fast ein Menschenleben zurück. Womöglich stolperte ich hier über des Rätsels Lösung, weshalb dieser Ritter fern der Heimat sein Leben verbringt und sich darüber hinaus dazu berufen fühlt, einfachen Leuten eine heilige Messe zu halten. Wie er seiner Zeit der Verfolgung durch den französischen König und er Inquisition entkam, kann ich nicht sagen. Ich wage nicht, danach zu fragen. Aber ich denke, dass Ansichten und Beweggründe für die Taten des Gayling, in dem Einfluss dieses Ritters zu suchen sind. Was aber dessen konkrete Pläne sind, so sehe ich mich außerstande, Euch darüber zu berichten. Nach allem, was ich herauszufinden imstande war, möchte ich behaupten, dass nicht einmal Kunigunde in die Vorhaben ihres Gatten eingeweiht ist.

Mögen diese Zeilen Euch den Nutzen bringen, den Ihr Euch erwünschtet. Jahwe halte seine schützende Hand über Euch.

Schalom und langes Leben
Euer ergebener Diener Jeremias

Postskriptum

ange überlegte ich, ob ich diese Worte niederschreiben soll. Doch ist mir klar, dass ich nicht anders kann. Ich bete dafür, dass Ihr mir meine Anmaßung verzeiht. Doch als Erstes

möchte ich Euch schildern, wie es mir hier seit meiner Ankunft ergeht, einem Juden inmitten einer kleinen, aber eingeschworenen christlichen Gemeinde.

Zu Anfangs traute ich den Worten des Gayling nicht, wonach ich auf seiner Burg ohne Scheu meine Gebete sprechen sowie unsere heiligen Tage auf die Art verbringen könne, wie es unser Glaube gebietet. Er selbst werde dafür sorgen, dass ich koschere Lebensmittel erhalte. So war ich denkbar gespannt, dann aber umso freudiger überrascht, denn tatsächlich brauche ich vor niemandem meine Herkunft zu verleugnen, noch erlebte ich bislang irgendwelche Anfeindungen. Im Gegenteil, den Leuten scheint lediglich an meinen Heilkünsten gelegen. Ich bin nicht der einzige Jude, mit dem diese Leute zu schaffen haben. Sicher ist Euch der fahrende Händler Jäcklein bekannt, der jedes Jahr zum Frühjahr in Nürnberg seine Ware feilbietet. Wie ich erfuhr, lenkt er seine Karren regelmäßig nach Dramaus. Ich vermute, dass er neben seinen Waren auch allerhand Neuigkeiten für den Gayling mit im Gepäck hat. Auf jeden Fall ist der Jäcklein ein gern gesehener Gast auf Dramaus.

Glücklicherweise vermochte ich mit Jahwes Hilfe, Kunigundes Gebrechen so weit zu mildern, dass sie in der Lage ist, sich wieder frei in der Burg zu bewegen. Leider reichen meine Heilkünste nicht aus, sie vollends zu kurieren. Dazu denke ich, müsste sie an einem Ort milderen Klimas leben.

Als ich mich den Grenzen meiner Fertigkeiten gegenübersah, fürchtete ich, dass die Einheimischen darin einen Grund fänden, sich meiner jüdischen Herkunft zu erinnern. Ich bereitete mich darauf vor, unter Schimpf und Schande fortgejagt zu werden. Heute schäme ich mich meines mangelnden Vertrauens.

Inzwischen suchen mich die Menschen mit ihren Beschwerden ebenso häufig auf, wie ein mir nicht bekanntes Kräuterweib, das in den nahen Wäldern lebt. Nach einem Medicus oder gar dem Prior von Muggendorf verlangt niemand, wenn ihn ein Zipperlein plagt. Hier, scheint mir, habe ich nach all den Jahren einen Platz gefunden, an dem ich von Nutzen bin.

Allen voran gibt mir Maria das Gefühl, willkommen zu sein.

Ich will Eure Geduld nicht unnötig strapazieren und komme nun zur Sache. Die Aufnahme in dieser Gemeinschaft bewegte etwas in meinem Herzen, wie Ihr, so es Jahwe gefällt, begreifen werdet. Auch ich schloss diese Menschen in mein Herz und mit ihnen Ekkelin Gayling, durch dessen krankes Weib ich erst an diesen Ort gelangte. Nun kennt Ihr die Gründe, die es mir so schwer machten, den von Euch erhaltenen Auftrag zu erfüllen. In gewisser Weise fühle ich mich des Verrates schuldig und wenn ich es genau betrachte, so bin ich das auch.

Deshalb bleibt mir nur der eine Weg, Euch darum zu ersuchen, meine Schuld als getilgt zu erachten. Versucht mich nicht, Euch meinen Gehorsam zu verweigern und bitte Euch demütig, keine weiteren Briefe von mir zu verlangen. Ihr kennt mich als treuen Diener Jahwes, nach dessen Geboten ich mein Leben ausrichte.

Täglich schließe ich Euch und unsere Gemeinschaft in meine Gebete ein, bitte den Herrn darum, Unheil von Euch fernzuhalten, dem Reich alsbald einen Kaiser zu geben, damit wir weiterhin unter dessen Schutz ein friedliches Auskommen finden. Ich erbitte Euer Verständnis und Eure Nachsicht, wenn ich Euch mitteile, dass es mein Wunsch ist, meine restliche Lebenszeit auf den Lehen des Gayling zu verbringen. Zumindest so lange, wie es Jahwe gefällt.

In Demut
Jeremias

10. April 1348, Oberes Püttlachtal nahe Pottenstein

Lange Schatten legten sich auf das enge, dicht bewaldete Tal, krochen unerbittlich die Steilhänge empor, währenddessen die Sonne hinter den schroffen Felsen im Westen versank. Ohne Hast näherte sich ein Reiter vom Norden her dem Städtchen

Pottenstein. Er folgte dem wenig genutzten Weg entlang des gewundenen Wasserlaufs der Püttlach. Dauerregen und Schneeschmelze hatten den ansonsten unbedeutenden Bach zu einem gischtenden Fluss anschwellen lassen. Wenigstens hatte es in den frühen Morgenstunden aufgehört zu regnen.

Etwa eine halbe Meile vor den Toren Pottensteins lenkte der Reiter sein Ross nach links die steile Anhöhe hinauf. Erst auf den zweiten Blick war ein schmaler, gewundener Pfad zu erkennen. Nicht allzu weit entfernt ragten die Zinnen und Türme der Burg Pottenstein in den dunkler werdenden Himmel. Letzte Sonnenstrahlen tauchten die Mauern in rotleuchtenden Glanz, schenkten der Veste für wenige Augenblicke die Erhabenheit einer Königin, die auf einem weit ins Tal hineinreichenden Felsrücken thronte. Die gurgelnde Püttlach blieb unter dem Reiter zurück, das Krächzen einer Krähe hallte über ihm zwischen den Felsen wider.

Auf halber Höhe unterhalb der senkrechten Felswände, trat ihm ein weißhaariger Mann in den Weg. Ein schlichtes Schwert hing an seiner Seite. Das Pferd warf erschrocken seinen Kopf in den Nacken, doch schnell beruhigte es sich wieder. Es schien den Mann zu kennen. Vom Reiter selbst ging keine Regung aus, er wirkte nicht einmal überrascht.

»Du kommst spät, Welpe. Sie werden ungeduldig«, meinte der Mann, wobei er sanft den Kopf des Pferdes streichelte. Ein schneeweißer bis über die Brust reichender Bart leuchtete aus dem Gesicht, in dessen Haut unzählige Jahre ihre Furchen hinterlassen hatten. Trotz der leise gesprochenen Worte, schwangen in ihnen Entschlossenheit sowie ein unterschwelliger, französischer Akzent mit.

»Ich konnte nicht früher kommen. Sind alle da?«

»Alle, außer Hermanns Brüder. Doch nicht jeder hielt sich an die Abmachung und kam allein.«

»Wie ich dich einschätze, hast du dich ihnen noch nicht gezeigt.«

Belustigt erwiderte der Alte: »Nein, ist auch kein Kunststück. Sie streiten derart laut, dass sie nicht einmal ein Dutzend Bewaffneter bemerken würden. Fritz von Gottenhofen und Dietrich von

Wiesenthau sind in Begleitung einiger Waffenknechte, die aber auf der anderen Seite am Fuß des Hügels lagern.«

Der Reiter schwieg eine Weile. Schließlich sagte er: »Damit war zu rechnen. Ich möchte, dass sie auch weiterhin nichts von deiner Anwesenheit wissen. Sollte es laut werden, dann beschäftige die Waffenknechte. Hindere sie daran, zur Grotte aufzusteigen.«

»Kein Knecht wird dir in die Quere kommen. Aber nimm dich in Acht!«, mahnte der Alte. »Sie stehen längst nicht mehr wie ein Mann hinter dir.«

»Ich weiß.« Mit diesen Worten drückte der Reiter die Fersen in die Flanken des Pferdes und erklomm gemächlich den Rest des Anstiegs. Der Pfad führte bis hart an die Felsen, die zurücktraten und den Blick auf eine Schlucht freigaben, die bis zum Bergsattel empor reichte. Am Ende der Schlucht reckte sich rechter Hand ein letzter, mächtiger Felsblock gen Himmel, der eine ausladende Grotte beherbergte. Durch die Zweige davorstehender Büsche und Bäume leuchtete der flackernde Schein eines Feuers, zugleich vernahm der Reiter verschiedene Männerstimmen. Sie klangen erhitzt und überboten sich gegenseitig an Lautstärke.

Flankiert von zwei Buchen standen elf Pferde vor der gegenüberliegenden Felswand. Der Reiter lenkte sein Ross zwischen sie. Die aufgebrachten Stimmen aus der Grotte übertönten mühelos das nervöse Schnauben und Hufescharren der Tiere. Gemächlich stieg der Reiter ab und beruhigte mit sanfter Stimme die Pferde. Niemand war zur Wache abgestellt worden und so näherte er sich unbemerkt dem maulartigen Schlund der Grotte. Ein nicht bescheiden zu nennendes Feuer prasselte in der Mitte der steinernen Halle, die etwa fünfzig Schritte in den Felsen hineinreichte.

Die Wartenden, in ihren Waffenröcken durchweg als Ritter des niederen Adels zu erkennen, standen in drei Gruppen um das Feuer beisammen. Zwei dieser Gruppen debattierten heftig miteinander, die dritte hingegen, schien sich aus dem Streit herauszuhalten. Der Reiter war nahe genug, um die lauthals gewechselten Worte zu verstehen. Dabei beobachtete er aufmerksam, wer sich bei welcher Gruppe befand.

Am auffälligsten gab sich Walch von Leonstein, dessen fleischige Wangen tiefrot glänzten und der das Wort mit erhobener Stimme an sich riss: »Zum Teufel, hör schon auf damit, Wurmstein! Wir alle wissen sehr wohl, dass du deinem Schwiegersohn ohnehin die Treue hältst. Ebenso du, Hermann. Immerhin hast du Ekkelins Schwester zum Weib. Denkt was ihr wollt, aber ich sage Euch ins Gesicht, dass Ihr von Dingen wisst, die Ihr uns anderen verschweigt. Wo, frage ich euch, sind unsere Schätze, die wir für die gemeinsame Sache gaben?«

»Wohl gesprochen, Walch!«, pflichtete Fritz von Gottenhofen der Rede bei. Er bildete zusammen mit Leonstein und Dietrich von Wiesenthau die erste Gruppe. Alle drei starrten die Männer um Wolf von Wurmstein herausfordernd an.

Zu ihnen zählten neben Wolf, Hermann von Bernheim und Fritz Steinberger von Gunzenhausen. Wie schwer es ihnen fiel, trotz der Beschuldigungen besonnen zu bleiben, zeichnete sich in ihren Mienen ab.

»Du fragst nach den Früchten unserer Mühen!«, giftete Wurmstein zurück. Dabei trat er einen Schritt auf die anderen zu, seine Hand lag drohend auf dem Schwertknauf an seiner Seite. »Ausgerechnet du behauptest, Ekkelin wäre wortbrüchig und hintergehe euch!« Beifälliges Raunen aus seiner Gruppe bekräftigte seine Worte.

»Du drohst mir? Zeigt sich jetzt dein wahres Gesicht?«, blaffte der Angesprochene.

»Kameraden, ich bitte euch!«, tönte Jörg Fuchs von Bimbach über den beginnenden Streit hinweg. Er sowie Götz Holz von Jacksberg, bildeten die dritte Gruppe, die sich bisher aus dem Wortgefecht herausgehalten hatte. Augenblicklich verstummten die Männer und ihre Augen richteten sich auf Fuchs von Bimbach.

»Ich mag nicht glauben, dass ihr den weiten Weg nur auf euch genommen habt, um eure Meinungsverschiedenheiten mit dem Schwert beizulegen. Gleichwohl kann ich deinen Unmut nachvollziehen, werter Walch. Doch nicht deinen Zorn. Jeder erhielt den vorher festgemachten Anteil. Den Rest gaben wir aus freien Stücken für das erklärte Ziel.

Wartet also mit euren Vorwürfen, bis derjenige vor euch steht, dem diese auch gelten. Zu Recht oder Unrecht, aber ich werde nicht tatenlos ansehen, wie der Bund zerfällt, indem sich seine Eidgenossen gegenseitig die Schädel spalten.«

Bevor irgendwer das Wort ergriff, trat der Reiter in den Lichtkreis des Feuers und sagte: »Hab Dank für deine weisen Worte, Jörg. Wenngleich selbst du nicht vermagst, einmal Gesagtes ungesagt zu machen.« Die schwarzen Augen des Reiters wanderten von einem zum anderen. Den Schrecken, der den Versammelten bei seinem plötzlichen Erscheinen in die Glieder gefahren war, überwanden sie binnen weniger Herzschläge.

Nun nickten die meisten dem Neuankömmling grüßend zu. Leonstein nebst seinen Gefährten entgegnete dem Blick des Gayling mit trotziger Regungslosigkeit.

Eiseskälte blitzte in Ekkelins Augen, er fixierte Walch. Mit klirrender Stimme fuhr er fort: »Nun, hier stehe ich vor Euch. Sag mir also ins Gesicht, wessen du mich bezichtigst, anstatt deinen Unmut gegen treue Waffenbrüder zu richten.«

»Sieh an«, knurrte Leonstein. »Ich begann schon zu befürchten, Ihr hättet Bessers im Sinn als ...«. Die auf seine Schulter fallende Hand Fritz von Gottenhofens unterbrach ihn. Mit einem mahnenden Blick zu Walch übernahm Gottenhofen das Wort.

»In der Tat bedarf einiges der Klärung«, begann er. »Unerfreuliche Fragen brennen uns auf der Seele. Während wir auf dich warteten, verleitete uns unsere Ungeduld zu diesem unnötigen Zank.« Er wandte sich mit versöhnlicher Geste an Wolf von Wurmstein und hielt ihm die Hand entgegen: »Ich bitte Euch, vergessen wir, was soeben gesprochen wurde und lasst uns so tun, als träfen wir gerade erst zusammen. Nach all den gemeinsam bestandenen Gefahren nehmt es einem alten Waffenbruder nicht übel, wenn er sich von der Hitze der Debatte hat mitreißen lassen. Schlagt also ein, wir alle sind doch mit der Hitzköpfigkeit Leonsteins bestens vertraut.«

Er verstummte, hielt weiterhin seine Hand dem Wurmstein entgegen. Deutlich zeugten dessen angespannte Wangenmuskeln von dem Ärger, den der Streit in ihm ausgelöst hatte. Schließlich erweichten seine Züge und er schlug ein. »So sei es. Aber die gefallenen Worte bestätigen nur, was du vorhin sagtest: Wir haben vieles zu klären.« Er sah zu Ekkelin und fragte: »Fangen wir an?«

Ekkelin nickte und ohne dass ihm anzusehen war, was in seinem Innern vorging, wandte er sich an Gottenhofen: »Dann lass sie uns hören, deine unangenehmen Fragen.«

Der Angesprochene lächelte: »Lange Jahre schenkte ich dir mein Vertrauen. Folgte dir zu Gunsten unserer Sache überallhin, deinem großen Plan, mit dem du uns seit Jahren beschwatzt. Inzwischen jedoch mehren sich meine Zweifel und mein Glaube beginnt zu bröckeln.«

»Was faselst du von bröckelndem Glauben?«, Hermann von Bernheim mochte dies nicht länger anhören. »Solange wir jeden Monat auszogen und unseren Fang machten, plagten dich keine Zweifel. Die kamen erst, nachdem du gezwungen warst, dein Auskommen ohne ...«

»Halte ein!«, unterbrach Ekkelin. »Fall dem Redner nicht ins Wort. Jeder soll ungestört angehört werden, solange er etwas zu sagen hat. Fahr also fort«, wandte er sich an Gottenhofen.

Der Blick, den er Bernheim zuwarf, hätte Milch sauer werden lassen, seiner Stimme hingegen, war die Wut nicht anzuhören: »So, denkst du dies? Dann denkst du nicht weit genug. Bis heute warte ich auf eine Erklärung, warum wir vor Jahresfrist unsere gemeinsamen Ritte aussetzten. Wir alle gaben einen Großteil des Beutegutes für den Plan, vom Rest bestritt jeder sein bescheidenes Dasein. Oder ist jemand unter euch, der mir Völlerei vorwirft? Mitnichten! Ebenso wenig vermag dies jemand über andere des Bundes zu behaupten. Wir alle entrichten unsere Abgaben an die Lehnsherren. Ebenso bieten wir die festgelegte Anzahl waffenfähiger Männer auf. Gleiches gilt für Pferde, Rüstzeug und Vieh. Mit dem Wenigen, was ich von meinen Bauern erhalte, vermag ich diese Lehnspflicht kaum zu bestreiten. Mein Weib will ihre Kammer kaum verlassen, geschweige den Markt aufsuchen, weil sie sich der verschlissenen Kleider schämt, die sie zu tragen gezwungen ist. Voller Hochmut begegnen mir in der Stadt die Blicke der feisten Pfeffersäcke. Sie protzen in ihren samtdurchwirkten Gewändern, gebärden sich, als wären sie edlen Blutes und wir ihre Leibeigenen. Wem aber verdanken diese feinen Herren die fernen Handelsrouten, auf denen sie durch die Lande ziehen und mit Waren aus aller Welt handeln, wenn nicht uns und unseren Vätern? Diese Straßen sind getränkt mit dem Blute unserer Vorväter. Mit Lanze und Schwert erstritten sie diese Wege. Selbst Könige und Kaiser haben uns vergessen. Verschachern wie Krämer Privilegien und Rechte an eingebildete Kaufleute, dingen vom Erlös Reisige angeworbene Bewaffnete und Söldner und Knechte und lassen uns in unseren Burgen verrotten, als wären wir ehrloses Gewürm.«

Er hatte sich in Rage geredet, ein feiner Speichelregen begleitete die Worte. Jetzt blickte er herausfordernd in die Runde. Schweigen herrschte, alle sahen ihn an, so mancher nickte grimmig. Ekkelins Züge blieben reglos.

Gottenhofen reckte das Kinn vor: »Nun sagt mir: Ist einer unter euch bar dieser Sorgen? Hermann hat durchaus recht, wenn er sagt, dass es mir in Zeiten unserer gemeinsamen Beutezüge besser erging. Doch was wirft er mir vor? Der Bund stellt eine kleine Streitmacht dar, der wenig entgegenzusetzen ist. Was aber tun wir? Nichts, jeder von uns schlägt sich so gut er vermag durch. Eine bohrende Frage lässt mir jedoch keine Ruhe, quält mich Tag für Tag, Nacht für Nacht. Die Frage: Warum vergeuden wir unsere Stärke?«

Wieder hielt er inne. Leonstein und Wiesenthau murmelten zustimmend. Die Übrigen schwiegen. Als sein wandernder Blick Ekkelin fand, nickte der ihm aufmunternd zu, fortzufahren.

Gottenhofen ließ sich nicht lange bitten, aber in seinen Worten schwang jetzt ein spöttischer Tonfall mit: »Für manchen von euch ist es kein Geheimnis, was ich mittlerweile von dem großartigen Plan halte. Keinen Pfennig gebe ich auf diesen Wahnwitz. Ich kam her, weil ich aus Ekkelins Mund hören möchte, weshalb er den Bund nicht in sein derzeitiges Unterfangen einweiht. Was also hast du die vergangenen Monate über getrieben, Ekkelin? Kaum einer bekommt dich zu Gesicht. Lediglich in Bamberg, sagt man, habe man dich gesehen, ebenso innerhalb der Mauern Nürnbergs. Böse

Zungen könnten behaupten, du stehst derweil im Solde der Pfeffersäcke und Pfaffen, erhältst klingende Münze dafür, dass du dem Bund Einhalt gebietest.«

»Du Hundsfott wagst es, meinen Schwiegersohn solcher Art zu beleidigen!«, Wolf von Wurmstein trat drohend vor.

Wieder griff Ekkelin ein: »Was für Hermann gilt, das gilt auch für dich, Wolf! Diese Worte sind nicht ohne Bedacht gewählt und unter Kaufleuten mit ihren Krämerseelen wären sie durchaus am rechten Platz. Aus dem Munde eines Waffenbruders hätte ich dies nicht erwartet. Ihr werft mir vor, euch über Beweggründe und Absichten im Unklaren gelassen zu haben. Doch wisset, dass auch mir einige Fragen auf dem Herzen liegen.«

Ekkelin wartete ob eines Einwands, doch selbst Wolf, dem die Zornesröte im Gesicht stand, sagte nichts.

Er wandte sich den Männern um Gottenhofen zu. Alles, was sein Blick verriet, war tiefes Bedauern. »Als wir uns zusammenschlossen, schien euch klar zu sein, dass die Tage unseres Standes gezählt sind. Wir sprachen sogar über die Gründe. Gleichwohl entsinne ich mich, dass wir gemeinsam erkannten, wie wir dem Einhalt gebieten können. Jener großartige Plan, von dem du nichts mehr wissen willst, entsprang unserer Runde. War dem nicht so?«

Wild starrte er in die Gesichter der Gefährten. Erst nachdem der Letzte zustimmend genickt hatte, fuhr er fort: »Gewiss, der Bund hatte sich einen Ruf erworben, viele Ministeriale (Angehörige des Dienstadels), Unfreie und Standesgenossen gäben liebend gerne Titel und Ämter, wenn sie sich uns anschließen dürften. Der Bund war gefürchtet, dennoch geachtet und ist es noch. Kannst du dies auch jetzt von dir behaupten, Gottenhofen? Lass gut sein, spar deinen Atem. Im Gegensatz zu dir liegt mir einzig an unserem Plan, alles bringe ich dafür ein. Mein Fleisch, Muskeln, Knochen, Blut, meine Seele, meine Besitztümer, sogar das Leben und die Ehre meiner Familie. Der Bund war zu erfolgreich geworden. Niemand, der sich uns anschließen möchte, will das wegen unseres erklärten Zieles. Es geht ihnen nicht um Einheit und Zusammenhalt, um Friede und das alte Ansehen unseres Standes, sondern um klingende Münze.«

»Zum Teufel mit deinem närrischen Ziel«, brauste Leonstein auf. »Wir riskierten dafür unser Leben. Darum fordere ich hier und jetzt das Wort ein, welches wir uns gaben. Gemeinsam zu kämpfen und uns zu holen, was uns von Geburt an gebührt. Gerne gebe ich in Zukunft meinen Teil für dein verdammtes Hirngespinst. Aber ich weigere mich, unseren Bund, die Stärke, welche uns dieser verleiht, dem fragwürdigen Gelingen deines vermessenen Planes zu opfern.«

»Dasselbe gilt für mich«, ergriff Dietrich von Wiesenthau das Wort. Fritz von Gottenhofen stimmte lautstark zu.

»Dies wäre auch in meinem Sinn«, ließ sich wieder Jörg Fuchs vernehmen. »Von dem, was meine Bauern erwirtschaften, kann ich mein Lehen nicht erhalten. Allein mit meinen zwei Waffenknechten bin ich einem lohnenden Kaufmannszug hoffnungslos unterlegen. Fehderecht hin oder her. Aber bevor ich mir ein Urteil erlaube, soll mir Ekkelin sagen, warum er uns nicht mehr vertraut. Zweimal warst du in den vergangenen Monaten Gast auf meiner Burg, ohne von deinen Plänen zu berichten.«

»Hört, hört!«, rief Dietrich von Wiesenthau. Die übrigen fielen mit beifälligen Lauten ein. Ausgenommen Wolf von Wurmstein und Hermann von Bernheim, die grimmig zu Boden starrten. Sie und Hermanns Brüder bildeten den harten Kern der Getreuen des Ekkelin.

Die Worte Bimbachs schienen Ekkelin zu berühren, ein warmer Glanz trat in seine Augen, bevor er entgegnete: »Wahrlich, den Gefallen werde ich dir gerne tun. Ihr alle habt verdient, die Wahrheit zu erfahren.« Plötzlich versteinerten seine Gesichtszüge und er wandte sich barsch an Gottenhofen: »Was weißt du von dem Anschlag Adams von Crailsheim auf das Leben König Karls in Nürnberg? Weilte Adam noch unter den Lebenden, dann hätte ich ihn heute an deiner Seite erwartet.«

Deutlich war Gottenhofen anzusehen, wie ihn diese Worte überrumpelten. »Was willst du damit sagen? Dass ich nicht nach den Regeln des Bundes gehandelt habe?«

»Du weichst mir aus!«, herrschte Ekkelin. Seine ganze Haltung war binnen eines Wimpernschlags eine drohende. »Adam war ein rechter Streiter, aber niemals fähig, sich diesen Streich alleine auszudenken. Einzig deine selbstsüchtigen Ränkeschmiede waren es, die mich zum Schweigen zwangen. Zu spät erkannte ich, wie zerfressen von Habgier deine Seele ist. Das Gift deiner aufwieglerischen Worte hat seine Wirkung nicht verfehlt. Doch nun erschöpfst du meine Geduld. Also antworte!«

War Gottenhofen zunächst erblasst, so schoss ihm nun, angesichts der offenen Drohung, die Wut bis in die Fingerspitzen. Einerlei was er vorbrachte, die einzige Möglichkeit sein Gesicht zu wahren, sah er in der Flucht nach vorne. Entschlossen, wenn nötig diesen Zwist mit dem Schwert zu beenden, trat er vor. Die Hand ruhte am Schwertgehänge, dann spie er heraus: »Bevor ich antworte, sage mir erst, woher du davon Kunde hast. Nur wenigen ist der Ort bekannt, an welchem Adam sein Leben ließ. Hattest du bei seinem Tod deine Hand im Spiel, oder wie erklärst du uns, woher du davon weißt?« Mit wutverzerrtem Gesicht starrte Gottenhofen den Widersacher an. Seine Getreuen traten neben ihm.

So als bemerke er nichts von der Feindseligkeit, entgegnete Ekkelin: »Ich beabsichtigte die Entführung König Karls, um den Kaiserthron für Markgraf Ludwig von Brandenburg freizumachen, der sich unserer Sache gegenüber weit aufgeschlossener gibt als der Luxemburger. Niemals hätte ich damit gerechnet, ausgerechnet in dem Haus, wo Karl während seines Besuchs in Nürnberg Quartier bezogen hatte, unseren Bundesgenossen Adam zu begegnen. Er stand im Begriff, den König in seinem Nachtgewand zu erschlagen.«

»Und du Narr hast dies vereitelt. Hast einen Bundesgenossen für das Leben dieses aufgeblasenen Pfaffenkönigs getötet. Du und dein verfluchtes Gefasel von Ehre und Recht! Welche Ehre empfängt der Besiegte? Welches Recht erfährt der Unterlegene von seinen Bezwingern? Einzig der Sieg ist von Bedeutung! Ehre und Recht widerfährt nur den Siegern. Mit dem Tode Karls wäre der Kaiserthron ganz von selbst an Ludwig gegangen.«

Verdrossen schüttelte Ekkelin den Kopf. »Gewiss doch, Ludwig wäre binnen weniger Tage zum Kaiser gekrönt worden. Aber habt ihr dabei auch bedacht, zu welchem Preis? Denkt ihr, er überginge danach, auf welche Art ihr, Ritter des niederen Adels, ihm zum Thron verholfen habt? Glaubt ihr, er schenke solchen Rittern sein Vertrauen? Mitnichten! Aber was vertändeln wir unsere Zeit mit überflüssigem Geschwätz. Von dieser Stunde an besteht unser Bund nicht mehr. Ihr wisst, woran ihr mit mir seid, und lasst euch gesagt sein, dass Adam von Crailsheim im Wissen darüber starb, wessen Hand ihn niedergestreckt hat. Ihr habt die Wahl, ob ihr eures Weges geht, oder es euch gelüstet, den Tod Adams an Ort und Stelle zu rächen.«

Damit wandte sich Ekkelin an die Übrigen und beschied: »Gleiches gilt für euch. Wähle eine Seite, wer mag. Wer nicht, halte sich heraus.«

Einen Augenblick herrschte verblüfftes Schweigen. Den meisten war die Bestürzung anzusehen, die das Gehörte bei ihnen ausgelöst hatte.

Hingegen schoss Wiesenthau und Gottenhofen das Blut ins Gesicht. Walch von Leonstein schien verwirrt. Trotzdem rückte er mit trotzigem Gesichtsausdruck näher an die beiden heran, wobei er seine Hand am Schwertgriff hatte.

Jörg Fuchs von Bimbach sah zweifelnd in Gottenhofen Gesicht und als der seine stumme Frage mit einem Nicken beantwortete, grunzte Bimbach verächtlich und trat an die Seite Ekkelins. Götz Holz von Jacksberg, der an diesem Abend kein einziges Mal den Mund geöffnet hatte, zögerte kurz, hob den Kopf, schenkte Gottenhofen, Wiesenthau und Leonstein ein schiefes Grinsen und rückte zu der Gruppe um den Gayling auf. Da die Fronten nun geklärt waren, bildeten sie eine waffenstarrende Mauer grimmigen Schweigens gegenüber den drei ehemaligen Waffenbrüdern, die ihre Blicke verbissen erwiderten.

Die Männer kannten sich seit Jahren, hatten Seite an Seite unzähligen Feinden gegenübergestanden und im Grunde war niemand von ihnen auf einen Waffengang erpicht. So wunderte es keinen, als über das zu allem entschlossenen Gesicht Gottenhofens, ein bitteres Lächeln huschte. »So sei es also«, sagte er. »Besudeln wir nicht das Andenken unseres Bundes, indem wir ihn mit unserem Blut beenden. Doch höre meine Worte, Ekkelin Gayling: Sollten unsere Wege sich jemals wieder kreuzen, wird allein das Schwert über unser Schicksal bestimmen.«

»Gleiches gilt für mich«, knurrte Walch von Leonstein.

»Für mich ebenso«, sagte Dietrich von Wiesenthau, in dessen Schloss Hundshaupt Ekkelin vor weniger als zwei Monaten für eine Nacht zu Gast gewesen war.

»So sei es«, bekräftigte Ekkelin. Schweigend sahen er und seine verbliebenen Bundesgenossen den künftigen Todfeinden nach, die vor der Grotte ihre Pferde bestiegen und ihren Blicken entschwanden.

Lange standen die sechs Ritter um den glimmenden Rest des Feuers beisammen. Keiner schien die Stille unterbrechen zu wollen. Schließlich war es Bimbach, der das Wort ergriff: »Wahrlich, ein finstrer Tag für unseren Bund. Und was wird nun?«

Aller Augen richteten sich auf Ekkelin. Der legte frisches Holz auf die Glut, suchte sich dann einen Platz nicht zu nahe den Flammen, setzte sich und bedeutete den anderen, es ihm gleichzutun. Sowie die Gefährten saßen, begann er: »Es ist an der Zeit, euch über gewisse Dinge aufzuklären. Wie euch sicher bekannt ist, begehren die einfachen Bürger und Handwerker einiger Städte gegen die Stadtoberen auf. So auch zu Nürnberg.«

»Die Spatzen pfeifen das von allen Dächern«, erwiderte Götz Holz. »Was aber hat dies mit uns zu schaffen? Ausgenommen der Tatsache, dass uns diese Umstände leichte Beute versprechen. Wie man sagt, haben die Hohenzollern derzeit genügend damit zu tun, den Stadtfrieden zu bewahren. Reisende haben derzeit selbst für ihren Schutz zu sorgen.«

»Ganz recht«, entgegnete Ekkelin. »Aber dies Aufbegehren der einfachen Leute bedeutet mehr als nur ungenügenden Schutz der Kaufmannszüge. Auch sie versprechen sich endlich Aufmerksamkeit für ihre Interessen, wenn Ludwig Kaiser ist. In Nürnberg sind sie bereit, den Rat zu stürzen, der ganz offen Karls Ambitionen unterstützt.

Ihr hörtet die Worte Gottenhofens. Seine Gier lässt ihn jedes höhere Ziel vergessen, darum entschloss ich mich zum Schweigen. Ihr aber sollt nun erfahren, welchen Plan ich verfolge.«

Mit leiser Stimme berichtete Gayling von seinem Pakt mit Ludwig von Brandenburg, den er wenige Tage vor der gescheiterten Entführung des Luxemburgers geschlossen hatte. Götz und Jörg staunten, als sie hörten, welche Rolle Ekkelin in den Reihen der Verschworenen zu Nürnberg spielte und was für gewinnträchtigen Möglichkeiten sich dabei ergaben.

Kein einziges Mal wurde Ekkelin unterbrochen. Selbst nicht, als der alte Ritter mit leisen Schritten die Grotte betrat und sich setzte. Mit einem Kopfnicken zum Redner bekundete er, dass draußen alles in Ordnung sei und ohne innezuhalten, fuhr Ekkelin mit seinem Bericht fort.

»Gewiss – unser Plan scheiterte durch Adams schändlichen Anschlag. Wenigstens war es mir vergönnt, dies zu verhindern. So aber ist die Kaiserfrage ungewiss. Im offenen Streit halte ich die Partei Karls als die stärkere. Doch wie ich Ludwig einschätze, verzichtet er eher auf den Thron, als das Reich mit einem sinnlosen Krieg zu überziehen. Für mich, ebenso für jene, die sich mir anschließen, bedeutet das, alles oder nichts. Entweder wir siegen, oder aber, wir laufen Gefahr, unsere Rechte, unsere Besitztümer, möglicherweise gar unser Leben zu verwirken. Seid ihr Willens, dieses Wagnis an meiner Seite einzugehen? Gewinnen wir, erwarten uns keine Reichtümer, abgesehen von dem, was wir in Nürnberg erbeuten, lediglich die Ehre, vom Kaiser in den Stand seiner ersten Ritter erhoben zu werden. Mit allen Pflichten, aber auch allen Freiheiten, die einem solchen Stand gebühren. Keinem will ich nachtragen, wenn er dieser Runde den Rücken kehrt. Wer aber bleibt, den nehme ich beim Wort. Also, was sagt ihr?«

Die Männer sahen sich gegenseitig an. Einer nach dem anderen nickte. Dann, als hätten sie ihn bei dieser stummen Zwiesprache zum Redner bestimmt, erhob sich Jörg Fuchs von Bimbach und sagte: »Ich mag offene Worte. Lass mich darum für uns alle sprechen, wenn ich sage, dass wir dir folgen, zu welchem Ausgang uns dieses Unterfangen auch führen mag.«

»Dann lasst uns bei unseren Schwertern schwören!«, rief Ekkelin und erhob sich. Auch die Übrigen standen auf. Ein breites, verwegenes Grinsen im Gesicht, zog Ekkelin sein Schwert und streckte es vor sich in die Höhe. Fünf weitere Klingen glitten aus den Scheiden, kreuzten die seine knapp unter der Spitze und besiegelten damit ihren Bund aufs Neue.

Lange noch besprachen die Männer ihre zukünftigen Pläne und die Veränderungen im Land, die mit dem Fall Neidecks einhergegangen waren. Erst, als der heller werdende Himmel das Morgengrauen ankündigte, rüsteten sie zum Aufbruch.

Ekkelin nahm Robert de Baujeau zur Seite. »Führe unsere Freunde auf den wenig bekannten Pfaden. Gottenhofen und den anderen ist zuzutrauen, dass sie einen Hinterhalt legen. Anschließend warte auf Dramaus auf weitere Kunde von mir.«

Baujeau zog die Augenbrauen in die Höhe: »Du sagtest mir nicht, dass du uns heute schon verlässt.«

Entschuldigend lächelte Ekkelin: »Ich reite von hier aus direkt nach Nürnberg. Richte Kunigunde meine Grüße aus und sage ihr, dass ich ihr Bild ständig vor Augen habe.«

»Das solltest du ihr endlich einmal selbst sagen. Würde mich nicht wundern, wenn dich dein Weib irgendwann einmal mit der Waffe aus der Schlafkammer vertreibt, weil sie ihren heimkehrenden Gemahl nicht mehr erkennt«, feixte Robert.

Ekkelin lachte: »Das könnte in der Tat passieren. Bestelle außerdem Pankraz und Thomas, dass ich sie baldmöglichst in der Stadt benötige. Was macht eigentlich unser Gast, Jeremias?«

Der alte Ritter schmunzelte: »Den hier gab er dem Juden Jäcklein mit, der nach Nürnberg weiterzog. Er sollte ihn Isaak von Scheßlitz übergeben.« Er reichte Ekkelin ein zusammengerolltes Pergament. »Du hattest ganz recht. Konrad Groß setzt sogar die Juden unter Druck, damit sie dich bespitzeln.«

Ekkelin entrollte das Pergament, las flüchtig den Inhalt, schürzte erstaunt die Lippen, dann sagte er: »Dennoch überrascht mich unser Jeremias. Jetzt bin ich ihm wohl auch noch zu Dank verpflichtet. Erst bringt er bei Kunigunde zustande, was ein Dutzend Kurpfuscher in fünf Jahren nicht schafften und nun auch noch dies. Nun gut, ich werde den Brief dem Rabbi zuspielen. Du weißt, was du zu tun hast.«

»Natürlich.« Mit diesem Wort reichte er Ekkelin die Hand.

11

12. April 1348, Nürnberg

Nur die Hochbetagten, vermochten sich an einen ähnlich langen Winter zu erinnern. Als sich Ende März der ersehnte Frühling ankündigte und die Menschen zunächst aufatmeten, brannte sich ihnen der scheidende Winter endgültig ins Gedächtnis. Schneeschmelze und der für die Dauer zweier Wochen anhaltende Regen, verwandelten Flüsse und Bäche in reißende Ströme. Binnen weniger Tage wandelte sich das flache Land um Nürnberg in einen endlosen Sumpf.

Im Besonderen litt die jüdische Gemeinde unter dem wasserschwangeren Frühling. Ihre Häuser versanken bis zum ersten Stock in den trüben, Unrat mit sich führenden Wassern. Wenigstens blieben sie dank der Umsicht Isaaks von Scheßlitz vor dem Schlimmsten bewahrt. Rechtzeitig vor dem Tauwetter ordnete er an, die Vorräte sowie die kostbaren Pfandstücke ihrer Schuldner in die Speicher höher gelegener Häuser zu schaffen.

Die Knappheit an Lebensmitteln rückte den drohenden Aufruhr der Handwerker und Bürger in den Hintergrund. Zudem war es seit Wochen still um den Pfauentritt, bei den Versammlungen glänzte er mit Abwesenheit. Niemand hatte ihn gesehen und der inzwischen stadtbekannte Migkenmockel, der sonst nicht von seiner Seite wich, hüllte sich über den Verbleib seines Herrn in Schweigen. Der Geißbart riet den Verschworenen zudem zur Besonnenheit. Überstürzte Aktionen gegen die Ratsherren könnten die Burggrafen dazu verleiten, gegen die Verschworenen vorzugehen. »Wir warten auf den Pfauentritt und Markgraf Ludwig«, beschied er und so gaben sich die Aufrührer zunächst bedeckt.

Dennoch blieb eine unterschwellige Anspannung allgegenwärtig, die der täglich bohrende Hunger noch verstärkte. Es erhoben sich erboste Stimmen, die, mit auf fruchtbaren Boden treffenden Argumenten, den Ratsherren die Schuld an der Misere zuwiesen. Gerüchte wanderten durch Straßen und Gassen. Man sprach von einem niederträchtigen Plan, wonach einige Kaufleute bewusst Lebensmittel zurückhielten, um ihren Profit in die Höhe zu treiben. Solche Reden stärkten den Zulauf der Verschworenen, selbst ohne die in ihren Bann schlagenden Worte eines Pfauentritts.

Nur wenige hinterfragten den Wahrheitsgehalt der Behauptung, die knurrenden Mägen der Leute hatten jetzt die Verantwortlichen gefunden. Mit einem Schlag war die Bedrohung eines Aufruhrs größer denn je. Die Gewaltdiener bewegten sich nur mit Vorsicht durch die Straßen. Des Nachts war die Obrigkeit nirgends in der Stadt vertreten, gehörte Nürnberg dem Pöbel.

Angesichts dieser Umstände standen Konrad von Heidecks Anstrengungen, zwischen den Parteien zu vermitteln, von Beginn an unter dem Makel der Ablehnung. Die Verschworenen empfanden es als Hohn, einen karlstreuen Ritter als Kommissär vorgesetzt zu bekommen, und zogen dessen Vorschläge nicht einmal in Erwägung. Wenn schon einen Ritter, so spotteten sie, dann wenigstens Ekkelin Gayling. Die Fronten verhärteten sich und die Vermittlungsversuche Heidecks standen vor ihrem Ende. Immer häufiger trugen die Parteien ihre Meinungsverschiedenheiten offen auf den Straßen aus und nur wenige Gewerbetreibende verrichteten weiterhin ihr Tagwerk.

Zu diesen Zeitgenossen zählten die Nachtmeister. Ihrer Aufgabe oblag es, die Sickergruben zu leeren, den Inhalt auf Ochsenkarren zu einer bestimmten Stelle vor dem Haller Tor zu schaffen und dort in die Pegnitz zu kippen. Der Volksmund betitelte sie als Kotkönige oder, speziell in Nürnberg, Pappenheimer. Sie gehörten zu den Unreinen, wurden aus diesem Grund ebenso gemieden wie der Scharfrichter und Leprakranke, die Sondersiechen. Außerdem waren sie dazu angehalten, ihre Tätigkeit des Nachts auszuüben, damit der Gestank die Bürger nicht belästigte. Selbst die Torwächter mieden die Pappenheimer und verdrückten sich in ihre Wachstube, näherten sich die stinkenden Karren.

So blieb auch in dieser Nacht der nach verrichteter Arbeit, zurückkehrende Nachtmeister unbehelligt, als er seinen Ochsen am Halfter durch den Zwinger des Haller Tores führte.

Hätten die Torwächter diesem Nachtmeister ihre Aufmerksamkeit gewidmet, wäre ihnen aufgefallen, dass der Karren stank wie eine Jauchengrube, keineswegs aber dessen Führer.

Dank dieser Nachlässigkeit gelangte Ekkelin Gayling, wie schon oft zuvor, unerkannt in die Stadt. Der Ritter führte Ochs und Karren zu einer verabredeten Stelle, hinterließ wie üblich ein Säckchen Pfennige auf der Ladefläche und entschwand mit wenigen Schritten in den schwarzen Schlund der Gasse.

13. April 1348

»Großer Gott, Jeremias«, murmelte Isaak von Scheßlitz. Der Brief entglitt seiner kraftlosen Hand. Zunächst war er voll der Freude gewesen, als ihm sein Diener früh am Morgen das Schreiben des Heilers überreicht hatte. Doch was der Rabbiner dann zu lesen bekam, ließ ihn verzweifeln.

Konrad Groß würde nicht erbaut sein. Scheßlitz betete darum, dass die Enttäuschung des Kaufmanns nicht so weit reichte, dass er die an der jüdischen Gemeinde ausließ. Er hatte in seinem langen Leben schon miterlebt, wie der Pöbel mit den Juden in schlechten Zeiten verfuhr – wenn sie niemand daran hinderte.

Trotz des Unheils, welches der Heiler möglicherweise für die Juden Nürnbergs heraufbeschwor, empfand Isaak keinen Zorn gegen Jeremias. Waren dessen Beschreibungen über das Leben auf

Burg Dramaus nicht übertrieben, verstand er den Heiler. Träumten sie nicht alle insgeheim davon, endlich von den Anfeindungen und Auflagen durch Christen verschont zu bleiben?

Es half nichts. Je eher Konrad Groß davon Kenntnis erhielt, desto eher wusste er, ob dies irgendwelche verhängnisvollen Folgen nach sich zog. Seufzend rief er nach Benjamin und als der Synagogendiener vor ihm stand, bat er ihn, Konrad Groß auszurichten, dass die erwartete Nachricht eingetroffen sei.

Meister Johann war aufgeregt. Heute kamen der Pfauentritt, Rudolf und Ratsherr Stromer zum ersten Mal zusammen. Auf seine Empfehlung hin. Ein wenig haderte er mit dem Gedanken, ob er nicht zu weit gegangen war. Hatte ihn der feine Herr am Ende nur benutzt und ihn mit seinen gescheiten Reden gehörig eingeseift? Aber wenn schon, der Pfauentritt kannte sich mit diesen Herrschaften aus, ihm würde der Stromer nichts vormachen.

Mit gemischten Gefühlen erreichte er das Haus der Haubenschmidts. Eben streckte er die Hand nach der Klinke aus, als ihn das Gefühl beschlich, beobachtet zu werden. Möglichst unbefangen sah er sich um. Fast hätte er den rothaarigen Kauz übersehen, dann aber erkannte er Migkenmockel.

Unmerklich hob der den Kopf, streifte sein zwinkernder Blick den Schwertmacher, dann trat Johann, ohne anzuklopfen, in die Werkstatt. Anfänglich hatte er nichts von diesem Rotschopf gehalten. Er war für ihn ebenso undurchsichtig wie der Pfauentritt, zudem gotteslästerlich, dass es nicht auszuhalten war. Im Laufe der Wochen änderte sich seine Meinung ein wenig zu dessen Gunsten. Zwar zeichnete sich der Rothaarige nach wie vor mit demselben Mundwerk aus und ließ weiterhin jegliche Achtung vor anderen vermissen, doch war Johann inzwischen von der Treue dieses Migkenmockels überzeugt. Ohne Zögern, würde der das Leben seines Herrn mit dem eigenen schützen.

Johann trat ein, durchquerte die Werkstatt, dann den Flur entlang, zur schmalen Holztreppe, die in die Schreibstube des Harnischmachers mündete. Die Tür stand offen und leise gesprochene Worte drangen daraus hervor. Mit Johann war die Versammlung vollzählig.

Rudolf trat ihm entgegen und wirkte erleichtert. Ob er sich wegen seiner Verspätung gesorgt, oder es einen anderen Grund für seine Erleichterung gab, blieb Johann verborgen. Der Harnischmacher reichte ihm wortlos die Hand und forderte ihn mit einer Geste auf, sich zu setzen.

Kaum, dass er saß, wandte sich der Pfauentritt an Ulrich Stromer: »In der Tat sind Eure Informationen über Spione des Rates nicht wertlos. Doch sagt, was versprecht Ihr Euch davon, wenn Ihr Euch unserer Sache anschließt?«

Obwohl Meister Johann erst dazugekommen war, so entging ihm die Spannung zwischen den Männern nicht. Jetzt verstand er Rudolfs Verhalten. Im Stillen darum betend, dass kein Unheil geschah, wartete er auf Stromers Antwort.

Unerschrocken erwiderte der den bohrenden Blick des Pfauentritts. »Eine berechtigte Frage, und die Antwort will ich nicht schuldig bleiben. Seit Generationen übt das Haus der Stromer großen Einfluss auf die Geschicke dieser Stadt aus. Ich kann Euch versichern, dass meine Person keinerlei Zweifel daran hegt, vor allem nach den Geschehnissen der vergangenen Monate, dass sich die Ratsherren nicht mehr lange werden halten können. Ich verfolge lediglich die Absicht, die von meiner Familie erworbenen Privilegien und Rechte zu erhalten. Nicht mehr und nicht weniger.«

»Wohl gesprochen«, sagte der Pfauentritt. »Ich hoffe, Euch nicht zu kränken, wenn ich sage, Euch erst zu glauben, wenn Taten folgen.«

»Guter Herr«, meldete sich Haubenschmidt in beschwichtigendem Tonfall zu Wort. »Überzeugen Euch denn die Namen der Spione nicht, die wir durch den ehrenwerten Herrn Stromer erfuhren?«

Der Pfauentritt zuckte gleichgültig mit den Schultern: »Namen unwichtig gewordener Handlanger oder Namen von bedeutenden Männern? Wollt Ihr dies entscheiden?«

Betroffen schwieg der Harnischmacher und als er nicht den Anschein erweckte, etwas zu erwidern, richtete der Pfauentritt abermals das Wort an Ulrich Stromer: »Nein, mein Herr. Ich weiß sehr wohl um die Stellung Eurer Person und auch, welchen Gewinn Ihr für unsere Sache bedeutet, aber ebenso, welche Gefahr. Nehmt es bitte nicht persönlich, aber vorerst möchte ich Euch nicht in Einzelheiten unserer Pläne eingeweiht wissen.«

Ohne Groll in der Stimme erwiderte Stromer: »Ich habe mit nichts anderem gerechnet. Wenn Ihr also erlaubt, ziehe ich mich zurück und gedulde mich, bis Ihr nach mir verlangt.«

Der Pfauentritt nickte zustimmend, erhob sich und zog ein dunkles Tuch aus der Tasche, dass er mehrfach zusammenschlug. »Darf ich Euch dann darum bitten, aufzustehen und Euch umzudrehen, damit ich Euch die Augen verbinden kann?«

»Gewiss«, entgegnete der Ratsherr und wandte dem Pfauentritt den Rücken zu.

Während der das Tuch um Stromers Augen schlang und an dessen Hinterkopf zusammenknotete, gab Rudolf seinem Sohn einen Wink.

»Sei so gut und geleite unseren Gast bis zum Rathaus«, sagte der Pfauentritt.

Ismar nickte, nahm Ulrich Stromer am Arm und führte ihn hinaus. Bald hörten die Zurückgebliebenen das Schlagen der Tür zur Straße. Der Pfauentritt grinste in die Runde, dann reichte er jedem die Hand und verabschiedete sich ebenfalls.

Wesentlich früher als erwartet, erschien Ulrich Stromer vor dem Haus. Auch diesmal waren seine Augen verbunden und er wurde von Ismar geführt. Migkenmockel hieb dreimal mit der Faust an die Tür in seinem Rücken.

Die Tür öffnete sich einen Spalt und das kantige Gesicht Veits erschien.

»Übernimm du jetzt. Ich folge dem feinen Herrn«, raunte Migkenmockel. Veit blieb in der geöffneten Tür des Hauses stehen und beobachtete die Gasse. Für den Fall, dass Scharwächter auftauchten, war ein Pfiff verabredet, der die Versammelten im Haus gegenüber warnen sollte.

In Sichtweite des Rathauses blieben Ismar und Ulrich Stromer stehen. Migkenmockel sah, wie der Junge etwas sagte, dann wandte er sich ab und kam zurück. Stromer verblieb regungslos. Migkenmockel wusste, dass der Ratsherr in Gedanken jetzt bis fünfzig zählte, sofern er nicht schummelte. Als Ismar Migkenmockel erreichte, zwinkerte er ihm zu, dann ging er an ihm vorbei. Wenig später bewegte sich Stromer wieder. Er nahm die Binde ab und sah sich um. Migkenmockel, der sich in einen Hauseingang gedrückt hatte, wartete, bis Stromer weiterging, dann folgte er.

Er war davon ausgegangen, dass Stromers Ziel das Rathaus sei, doch jetzt sah er sich getäuscht. Sein Weg schien ihn zum Judenviertel zu führen. Migkenmockel folgte dem Kaufmann, ohne bemerkt zu werden.

Allmählich wurde ihm klar, wohin Herr Stromer seine Schritte lenkte: Zum Anwesen Konrad Groß', dem Plobenhof. Er vergrößerte den Abstand, als das Anwesen in Sichtweite geriet. Er überlegte, ob er umkehren oder ein wenig warten sollte und entschied, eine Weile zu bleiben. Möglicherweise verließ der Pfeffersack das Anwesen später nicht alleine und es schadete nicht, zu erfahren, wem, außer Konrad Groß, er noch von seiner Unterredung mit den Verschworenen berichtete. In dem Schatten einer Gasse zu seiner Linken registrierte er eine Bewegung. Steckte dort etwa jemand, der mögliche Verfolger des Stromers aufspüren sollte?

Ein derzeit beliebtes Zechlied anstimmend, torkelte Migkenmockel in die Richtung, aus der er gekommen war. Dabei konzentrierte er sich auf die im Dunkeln liegende Gasse. Da, wieder eine schemenhafte Bewegung. Ein Schatten, der sich im Schatten einer Hauswand zu verbergen suchte. Ein Stück schlenderte er weiter, dann erreichte er die nächste Gasse, sprang mit einem Satz hinein und rannte los.

In sich gekehrt, ließen Konrad Groß und Konrad von Heideck die Worte Ulrich Stromers auf sich wirken. Sein Bericht war denkbar kurz und er fürchtete, seine Zuhörer mit dem spärlichen Ergebnis enttäuscht zu haben.

Endlich zeigte sich eine Regung im Gesicht des Ratsherrn. Zur Verwunderung Stromers huschte ein befriedigendes Lächeln um die Mundwinkel des alten Mannes. »Damit wäre der Anfang geschafft«, meinte er zufrieden.

Heideck sah mürrisch auf. Er schien anderer Meinung und entgegnete: »Ich wünschte, Eure Zuversicht zu teilen. Wem soll dieser Anfang nützen, wenn nicht den Verschworenen? Seht Ihr denn nicht, dass es für eine gütliche Einigung schon längst zu spät ist? Bringt Euch in Sicherheit und wartet ab, bis König Karl die Macht fest in Händen hält und überlasst es dann seinen Truppen, mit dem aufwieglerischen Pack fertig zu werden.«

Noch während Heideck sprach, verbreitete sich das Lächeln des alten Ratsherrn. Beschwichtigend hob er die Hand und sagte im milden Tonfall: »Mir ist keineswegs entgangen, wie wenig Aussicht auf friedliche Beilegung der Angelegenheit besteht. Ich bin alt – sicherlich – aber haltet mich nicht für einfältig.«

»Das habe ich nicht behauptet«, brummte der Ritter. »Doch sagt endlich, was Ihr vorhabt.«

Groß wiegte den Kopf: »Der Rat ist geschwächt und uneinig. Ich denke, dass wir das Unvermeidliche nicht verhindern können. Dennoch bin ich überzeugt, dass wir jetzt einen Aufschub erhalten, da gestern der erste Wagenzug mit Getreide und Schlachtvieh in die Stadt gelangte. In den nächsten Tagen werden sich die Menschen vorrangig mit dem Füllen ihrer knurrenden Mägen beschäftigen. Dies verschafft uns kostbare Zeit, die wir dazu nutzen sollten, uns gebührend gegen einen Aufstand vorzubereiten. Wir wissen, dass einige Ratsherren darauf spekulieren, mit den Verschworenen gemeinsame Sache zu machen.« Dabei ruhte sein Blick auf dem Gesicht Stromers. »Es gilt den Zeitpunkt in Erfahrung zu bringen, wann die Verschworenen gedenken, loszuschlagen. Wichtige Unterlagen sind in Sicherheit zu bringen, ebenso die Stadtkasse und nicht zuletzt unser aller Leben.«

»Schön und gut«, gab Heideck zu. »Was aber versprecht Ihr Euch davon, Herrn Stromer in ihren Reihen zu wissen? Sie werden ihn ununterbrochen beobachten.«

»Gewiss, bis zum Umsturz mag sich Eure Annahme bestätigen. Anschließend wird Stromer weit freiere Hand erhalten, als Ihr es für möglich haltet. Die Abtrünnigen des Rates werden sich ebenso an ihn wenden, wie die Verschworenen selbst. Ihnen bleibt dann kaum eine andere Wahl, als Stromer zu vertrauen und dies ist unsere Stunde. Vorausgesetzt Ihr haltet Euer großzügiges Angebot, im Falle des Aufstandes, aufrecht.«

»Schloss Heideck steht für die ehrbaren Ratsherren zur Verfügung. Wie Euch bekannt ist, begleiten mich sechs Eurer Ratsherren mit ihren Familien, sobald ich die Stadt verlasse.«

»Ich hörte davon«, nickte der Kaufmann. Dann sagte er, an Stromer gewandt: »Vorerst interessiert mich, was für ein Mann dieser Pfauentritt ist. Ihr standet Euch doch diesmal von Angesicht zu Angesicht gegenüber – nicht wahr?«

»Sicher«, bestätigte Stromer.

»Na, dann raus damit: Welchen Eindruck habt Ihr von ihm? War Euch sein Gesicht vertraut?«

»Nein, mir ist diese Person nie zuvor begegnet. Er hat ungefähr meine Statur, gleichwohl er etwas kräftiger sein dürfte. An was ich mich am meisten erinnere, ist sein Blick. Schwarze, durchdringende Augen wie diese, sind mir noch nicht begegnet.«

»Schwarze Augen, sagt Ihr?«, Groß fixierte Stromer. »Trug er einen Bart?«

»Ja, schwarzes Haar und kostbare, wenn auch wenig auffallende Kleidung.« Es war wie verhext, der Pfauentritt hatte seinen Blick die ganze Zeit über gefangen gehalten, sodass seine Erinnerung nur ein schemenhaftes Bild dieses Mannes hergab.

»Hm, einen Bart sagt Ihr«, murmelte Groß, ohne seinen Gästen zu erläutern, was ihm durch den Kopf ging. »Schwarze Augen sind wenigstens ein Hinweis. Kennt Ihr eine Person, die über einen markanten Blick aus tiefschwarzen Augen verfügt?«, richtete er die Frage unvermittelt an Konrad von Heideck.

»Ich kenne nur einen Mann mit rabenschwarzen Augen«, erwiderte der. Seine Miene verdeutlichte, dass er erriet, worauf Groß hinauswollte. Kaum merklich schüttelte er den Kopf.

Der Ratsherr ignorierte die Geste. »Seid so gut und verratet uns den Namen.«

Der Ritter schnaubte, zuckte mit den Schultern und sagte: »Ekkelin Gayling.«

Groß nickte zufrieden. Stromer riss die Augen auf und starrte von einem zum anderen.

»Seht Ihr, mir ergeht es ebenso. Auch mir fällt kein anderer ein.«

»Blödsinn!«, polterte Heideck. »Ihr glaubt doch selbst nicht, dass dieser Schnapphahn derart unverfroren die Verschworenen anführt.«

»Weshalb nicht? Sagt, was spricht dagegen«, erwiderte Groß gelassen.

Nachdem niemand antwortete, setzte er hinzu: »Muss ich Euch erst daran erinnern, in wie vielen unterschiedlichen Masken uns der Gayling bereits vorgeführt hat? Ist Euch denn noch nicht aufgefallen wie wenig er in den vergangenen Monaten von sich reden machte? Als habe ihn die Hölle verschluckt.«

»Teufel noch mal!«, stieß der Ritter hervor. »Da ist was dran, dennoch überzeugt Ihr mich nicht. Aber das lässt sich herausfinden. Schnappen wir uns diesen Pfauentritt, wenn Herr Stromer das nächste Mal mit ihm zusammenkommt.«

»Ich fürchte, dies wird nicht einfach«, erwiderte Stromer. »Ich wurde an einem bestimmten Ort gerufen. Dort angekommen, verlangte man von mir, dass ich mir die Augen verbinden ließ. Ich habe keine Ahnung, wohin ich gebracht wurde. Nach dem Treffen dasselbe. Auch bin ich mir ziemlich sicher, dass ich und mein unbekannter Begleiter beobachtet wurden. Bemerken diese Leute etwas Verdächtiges, so findet Ihr an betreffendem Ort keine Seele.«

Heideck schüttelte den Kopf. »Es ist wahrlich ruhig um den Gayling geworden«, räumte er ein. »Was an vielerlei Gründen liegen mag. Verratet uns, wie Ihr darauf kommt, er und der Pfauentritt seien dieselbe Person?«

Groß zuckte mit den Schultern: »Es ist mehr eine Ahnung, dennoch – seit jenem denkwürdigen Tag, als ausgerechnet der Gayling den Anschlag auf König Karl vereitelte, spukt mir der Gedanke im Kopf herum. Ich betraute meine Spitzel damit, nach des Gaylings Verbleib zu forschen. Er wurde ebenso wenig auf Burg Dramaus gesehen, wie auf seinen übrigen Lehen. Und in dieser Zeit, trat der Pfauentritt in Nürnberg auf.«

»Pah!«, machte der Ritter mit einer wegwerfenden Handbewegung. »Mit Verlaub, aber Eure Spitzel haben von je her versagt, wenn es darum ging, den Gayling zu beschatten.«

»In der Tat versteht er es hervorragend, meine Spitzel zu täuschen. Mittlerweile gelang es mir jedoch, jemanden auf Burg Dramaus einzuschleusen, der sein Vertrauen genießt. Abgesehen davon, sehe ich in der Art und Weise, mit welcher der Pfauentritt agiert, die Handschrift des Gayling. Urteilt selbst: Es gelang uns bislang nicht, seinen Wohnort zu erfahren, noch welcher Familie er entstammt.«

Heideck runzelte die Stirn. Er schien in seiner Meinung zu wanken. »Sagen wir, Ihr habt recht. Was hilft uns das weiter? Und vor allem, was hat der Gayling davon, wenn er die Verschworenen unterstützt?«

Groß lächelte: »Auf diese Frage fallen mir gleich mehrere Antworten ein, doch Gewissheit, erhoffe ich mir letztendlich durch Stromer zu erlangen.«

Von Heideck stand auf. »Da wünsche ich viel Erfolg. Wenn Ihr mich jetzt entschuldigt. Hier kommen wir nicht weiter. Vielleicht hat einer meiner Männer, die ich um Euer Anwesen postiert habe, jemanden entdeckt, der Herrn Stromer gefolgt ist. Wenn ja, erfahren wir möglicherweise doch noch, wer sich hinter dem Pfauentritt verbirgt.«

»Nun, ich für meinen Teil, bedarf keiner weiteren Bestätigung«, lächelte Konrad Groß und erhob sich ebenfalls.

Kurz nachdem ihn Stromer und von Heideck verlassen hatten, begab sich Groß zum Haus des Hauptrabbiners zu Nürnberg. Das erste Treffen zwischen Stromer und den Anführern der Verschworenen war nicht so verlaufen, wie er es sich erhofft hatte, doch war es nicht unbedingt als Fehlschlag anzusehen. Auf der anderen Seite gab sich der erfahrene Patrizier längst keinen Illusionen darüber hin, dass der Umsturz zu verhindern sei. Heidecks Vermittlungsversuche zwischen den Verschworenen und den Ratsherren waren zum Gespött gediehen und die Zahl der Verschworenen stieg täglich weiter an.

Groß und seine vier bewaffneten Begleiter erreichten die Steigung zum Rother Berg, und obwohl sich der Kaufmann in ihrer Mitte hielt, gefielen ihm die Blicke nicht, die ihm die Leute auf der Straße zuwarfen. Er war froh, als sie vor dem Haus Isaaks von Scheßlitz standen. Seinen Männern befahl er, vor der Tür zu warten, dann ließ er sich von einem Diener in das Amtszimmer des Rabbis führen.

»Schön, dass Ihr es einrichten konntet«, Isaak deutete er auf einen Stuhl. »Bitte, setzt Euch.«

»Danke, nein. Ich will mich nicht lange aufhalten. Ihr ließet mich wissen, dass Ihr Nachrichten aus Dramaus für mich habt.«

»Ja. Hier, lest selbst. Ich fürchte, dass Ihr meinen Worten sonst keinen Glauben schenkt«, dabei reichte er dem Kaufmann das Pergament.

Konsterniert nahm Groß den Brief. Der Absender war ein gewisser Jeremias, doch das war ihm egal. Während des Lesens verhärteten sich seine Züge. Nachdem er fertig war, ließ er den Brief sinken und sah Isaak von Scheßlitz in die Augen. »Das also ist Euer bester Mann?«

»Nun ja«, seufzte der Rabbiner. »Anbetracht der Umstände schien er mir mehr als nur geeignet. Ich hatte keine Ahnung, wie verloren er sich offensichtlich in unserer Gemeinde gefühlt hat, gleichwohl er unser fähigster Heiler war.«

»Was interessieren mich die Fähigkeiten Eurer Heiler? Einzig daran, einen Kundschafter auf der Burg des Gayling zu haben, ist mir von Belang. Was also soll ich davon halten? Ich hoffe nicht, dass dies einer Eurer durchtriebenen Winkelzüge ist.«

Zornig starrte er den Rabbiner an. Am liebsten hätte er ihm das Pergament um die Ohren geschlagen, bis es in tausend Fetzen zerfiel.

»Was denkt Ihr von mir? Glaubt Ihr wirklich, ich wäre vermessen genug, den mächtigsten Mann Nürnbergs dieserart herauszufordern? Ihr wisst selbst, wie es zustande kam, dass ich ausgerechnet einen Heiler an der Seite des Gayling nach Burg Dramaus schicken konnte. Jeremias schuldete mir einen Gefallen und erwies sich bisher als loyal.«

Konrad Groß knurrte etwas Unverständliches, sein Zorn ließ indes nach. Ihm selbst erschien es aberwitzig, anzunehmen, dass der Rabbi vorhatte, ihn aufs Kreuz zu legen. Zu sehr hing die jüdische Gemeinde in Nürnberg von seinem Wohlwollen ab. Dennoch drückte ihm die Enttäuschung auf den Magen.

»Nun gut«, sagte er. »Belassen wir es dabei. Sollte sich's Euer Jeremias anders überlegen, erwarte ich, dass Ihr unverzüglich nach mir schicken lasst. Haben wir uns verstanden?«

»Das versteht sich von selbst«, beeilte sich von Scheßlitz zu antworten. Deutlich war ihm die Nervosität anzusehen und der Kaufmann hatte nicht vor, dem Rabbiner etwas von seinen Sorgen zu nehmen. Ein verängstigter Rabbi war ihm womöglich von größerem Nutzen als einer, der sich von den Ratsherren beschützt fühlte.

Ekkelin blickte ausdruckslos auf die bedauernswerte Kreatur hinunter, die mit blutiger Nase, gefesselten Händen und verbundenen Augen vor ihm auf den Dielen lag. Er schätzte dessen Alter auf höchstens zwanzig Jahre. Migkenmockel war nicht zimperlich mit dem Burschen verfahren. Hin und wieder stöhnte er schmerzerfüllt auf. Migkenmockel stand über seinen Gefangenen gebeugt, stieß ihm mit seiner Stiefelspitze in die Seite und herrschte: »Halt's Maul!«

»Lass ihn«, Ekkelin legte eine Hand auf Migkenmockels Schulter. »Du sagst, er gehöre zu einer Gruppe Bewaffneter, die um das Haus Konrad Groß' postiert gewesen waren?«

»So ist es, Herr. Der Kerl schlich mir nach. Hat wohl nicht damit gerechnet, von einem Besoffenen überrumpelt zu werden.«

»Dann weiß ich auch so, wer sein Herr ist«, erwiderte Ekkelin.

Augenblicklich hielt der Gefangene die Luft an, sein Kopf ruckte in Richtung des Gayling.

»Ach ja?«, entfuhr es Migkenmockel. Er klang enttäuscht. »Ihr meint, dass ich seine Zunge gar nicht mehr lösen muss?«

»Oh, soweit möchte ich nicht gehen. Wer weiß, was er uns alles erzählt, wenn du ihm die Fingernägel ziehst«, beruhigte Ekkelin seinen Knecht. Ein Schauder durchlief den Körper des Gefesselten. »Bitte!«, presste er über seine aufgeplatzten Lippen hervor. »Ich sag Euch, was Ihr hören wollt.«

»Gewiss doch, mein Sohn«, entgegnete Ekkelin in zuversichtlichem Ton. Deutlich war dem Gefangenen anzusehen, wie er sich ängstigte. Es war nicht nötig, den Jungen hart anzufassen. »Dann nenn uns jetzt deinen Namen, den deines Herrn und was dein Auftrag ist.«

»Heinicke, ich heiße Heinicke!«

»Schön. Heinicke also. Und weiter?«

»Mein Herr ist Konrad von Heideck und ich hatte darauf zu achten, ob jemand dem Herrn folgte, den mein Herr und Konrad Groß erwarteten.«

Ekkelin warf Migkenmockel einen Blick zu, wovon der Gefangene nichts mitbekam. Dann sagte der Ritter: »Sieh an. Kannst du uns auch sagen, um wen es sich bei dem angeblich erwarteten Herrn handelte?«

Neuerliches Zittern durchlief die Glieder des Gefesselten und es schien, als versuche er zurückzuweichen. »Bleib still liegen,

Freundchen«, Migkenmockel stieß abermals die Stiefelspitze in die Rippen des Gefangenen. »Antworte!«

»Ich, ich hab den Kerl noch nie zuvor gesehen. Als er im Haus verschwunden war, sah ich eine Bewegung und ging, um nachzusehen«, stieß Heinicke mit schriller Stimme hervor.

Ekkelin nickte. Den Rest kannte er. Was er von seinem Knecht zu hören bekommen hatte, hatte seinen Verdacht gegen Stromer bestätigt.

»Hm«, machte er. An Migkenmockel gewandt: »Was meinst du? Ob uns der Kerl noch von Nutzen ist?«

»Ich weiß nicht«, entgegnete dieser unentschlossen. »Besser wir ersäufen ihn in der Pegnitz, sonst sagt er seinem Herrn womöglich noch was.«

»Nein! Bitte, ich flehe Euch an, nichts werde ich erzählen!«

Davon war Ekkelin überzeugt. Er mochte nicht in Heinickes Haut stecken, wenn er Heideck eingestand, dass er niedergeschlagen und ausgehorcht worden war, ohne sagen zu können, von wem. Nein, der Knecht würde sich eher die Zunge abbeißen.

Dennoch fragte er: »Was hätten wir davon, wenn wir dich laufen lassen?«

»Ich – ich ..«, stammelte der zu Tode Verängstigte. »Sagt Ihr mir, was ihr verlangt. Es gibt bestimmt etwas, das ich für Euch tun könnte.«

»Es scheint ihm tatsächlich ernst zu sein«, meinte Ekkelin zu Migkenmockel. »Was denkst du?«

»Eure Entscheidung, Herr. Ich würde ihn auf jeden Fall ersäufen.«

»Nein! Bitte! Habt Erbarmen.« Tränen rannen über sein Gesicht und ein Rotzfaden hing aus seiner blutverschmierten Nase.

»Also gut, Heinicke, sperr deine Ohren auf«, beschied Ekkelin. »Wir lassen dich laufen. Dafür erwarte ich etwas von dir. Schwöre vor Gott, dass du dich meinen Anweisungen fügst. Bist du dazu bereit?«

»Ja, Herr, bestimmt.«

»Dein Herr versprach den Ratsherren zu Nürnberg, sie in Schloss Heideck aufzunehmen, sollte es zu einem Aufstand in der Stadt kommen. Richtig?«

»Ja«, nickte Heinicke.

»Ausgezeichnet. Sicherlich gibt es von den Ratsherren einiges zu hören, wenn sie auf Schloss Heideck zu Gast sind. Ich erwarte von dir, dass du uns jedes Wort, welches du aufschnappst, unverzüglich berichtest. Suche den Harnischmacher Rudolf Haubenschmidt auf und ihm erzählst du, was du erfahren hast. Sein Haus in der Plattnersgasse ist stadtbekannt. Wenn du ihn nicht antriffst, so doch wenigstens einen seiner Brüder. Hast du so weit alles begriffen?«

»Ja, Herr. Ich werde tun, was Ihr verlangt und dem Harnischmacher Haubenschmidt berichten, was ich auf Heideck über Nürnberg in Erfahrung bringe.«

»Sehr gut, mein Junge. Ich sehe, du bist nicht auf den Kopf gefallen. Doch lass dir gesagt sein: Halte dich nicht für schlauer als du bist. Treibst du doppeltes Spiel, finde ich es heraus. In diesem Fall überlasse ich dich meinem treuen Gefährten hier.«

»Nein, nein! Seid unbesorgt, Herr.«

Ekkelin war zufrieden. Ob ein Spion wider Willen auf Schloss Heideck je von Nutzen war, ließ sich schwerlich sagen. Doch ebenso wenig schadete es. »Gut«, nickte er. Dann sagte er zu Migkenmockel: »Sorg dafür, dass unser Freund hier reichlich Wein erhält. Wir wollen, dass er eine glaubwürdige Ausrede von sich gibt, wenn ihn sein Herr fragt, warum er seinen Posten verlassen hat.«

»Wird erledigt. Los, steh auf, du Jammerlappen. Und hör auf, den Boden voll zu bluten.« Rüde packte Migkenmockel Heinicke am Kragen, beförderte ihn mit einem kräftigen Ruck auf die Beine und schob ihn vor sich her aus der Stube.

Ekkelin sah den beiden durchs Fenster nach, wie sie über die dunkler werdende Straße huschten. »Ulrich Stromer«, murmelte er dabei zu sich und ein hartes Lächeln umspielte seine Mundwinkel.

Wenig später trat er ebenfalls aus dem Haus und schlug den Weg in Richtung Dominikanerkloster ein. Es war an der Zeit, den Zusammenkünften der Verschworenen beizuwohnen.

Fackeln erhellten die Kreuzgänge des Dominikanerklosters, warfen ein gespenstisches Licht- und Schattenspiel auf die Gesichter, welche die Gänge ausfüllten. Landolf stand eingekeilt zwischen Meister Johann, den Brüdern Haubenschmidt und Ismar in der vordersten Reihe. Nur wenige unter den Verschworenen waren ihm vertraut. Nicht zu fassen, wie viele in den letzten Wochen dazugekommen waren. Nicht aber die enorme Anzahl der Anwesenden beunruhigte ihn, vielmehr die bedrohliche Aura, die sie umgab. Jetzt galt ihre Aufmerksamkeit dem Pfauentritt, der ,auf einem Sockel stehend, die anderen überragte.

»Habt Geduld, meine Freunde. Die Zeichen sprechen für uns«, erfüllten seine Worte die Gänge. »Den genauen Zeitpunkt erfahrt ihr rechtzeitig. Zu viele Spitzel schleichen durch unsere Reihen, als dass ich es schon wagen könnte, die Karten offen auf den Tisch zu legen.«

»Was schert uns dieses Pack? Warum noch warten? Wir sind bereit!«, rief jemand laut von den hinteren Reihen. Zustimmendes Geraune schloss sich an. Wie ein Funke auf trockenem Zunder, sprang das Gemurmel von einem auf den anderen über und bald hallten die Kreuzgänge von zornigen Stimmen wider.

Landolf bemerkte, dass Haubenschmidt nervös zum Pfauentritt blickte. Zu solchen Situationen war es in den letzten Wochen häufiger gekommen, wie ihm Meister Johann vor der Versammlung erläutert hatte. Die Männer waren des Wartens müde. Die ständige Bedrohung, die teils offenen Anfeindungen in der Stadt zwischen den Verschworenen und ihren Gegnern, zerrte an den Nerven eines jeden.

Jetzt verstand Landolf, was sein Meister gemeint hatte, als er gestand, dass ihm und Rudolf ein wahrer Felsbrocken vom Herzen gefallen wäre, als sich nach endlos scheinenden Wochen der Pfauentritt wieder zurückgemeldet hatte.

Wie durch magische Kräfte verstand es der Pfauentritt, die aufgewühlte Menge zu beruhigen. Dennoch schien es Landolf, als vermöge es diesmal selbst ein Pfauentritt nicht, die erhitzten Gemüter zu besänftigen.

In diesem Moment, als wäre es eine Bestätigung, ertönte es lautstark über die anderen hinweg: »Lasst uns gleich losschlagen – in dieser Stunde! Machen wir endlich Schluss und jagen die Pfeffersäcke aus der Stadt!« Ungestümer Beifall erschallte. Manch einer drängte gar mit erhobener Faust zum Ausgang, so als wolle man die Worte auf der Stelle in Taten umsetzen.

»Ruhe, ihr Narren!«, donnerte die Stimme des Pfauentritts. Schlagartig verstummten die Männer. »Habt ihr bereits vergessen, was geschieht, wenn ihr kopflos die Waffen erhebt? Ist euch noch immer nicht klar, dass wir nur eine Chance erhalten, wenn wir überlegt vorgehen? Deswegen habt ihr doch mich und den Geißbart zu euren Anführern gemacht. Oder etwa nicht?«

Grimmig starrte er in die Menge. Niemand sagte etwas und schließlich fuhr der Pfauentritt fort: »Mir gelang, den Beistand einflussreicher und mächtiger Männer für unsere Sache zu gewinnen, ohne die ein Umsturz nur schwerlich gelänge. Was ist mit dem Vertrauen, welches ihr mir geschworen? Ich höre! Glaubt irgendwer unter euch meinen Worten nicht mehr?«

Wieder schweiften seine stechenden Blicke über die Anwesenden. Endlich sagte jemand: »Mit Verlaub, Herr ...«

Landolf dreht sich nach dem Sprecher herum, doch als er ihn sah, stellte er fest, dass er ihn nicht kannte.

»... Ihr wart lange fort. Man erzählte sich, dass Euch die Burggrafen gefangen hätten, es wurde gar von Mord gesprochen. Unsere Familien hungerten, und wir sahen keinen Fortschritt mehr in unserer Sache.« Der Sprecher verstummte verlegen. Doch fassten nun auch andere Mut und nach und nach wogten zustimmende Laute durch die Reihen.

»Versteht, Herr«, ergriff der Erste wieder das Wort. »Nicht an Vertrauen in Euer Wort mangelt es uns, aber wir befürchten, dass die zurückliegenden Monate vergebens waren. Seit Neujahr heißt es, dass es bald so weit sei. Nun ist Frühling und wieder hören wir ähnliche Worte.« Diesmal fiel der Beifall der Umstehenden wesentlich kräftiger aus. Es wurde gerufen, in die Hände geklatscht und mit den Füßen gestampft.

Landolf wurde angst und bang zumute. Den Pfauentritt hingegen, schienen die Unmutsbekundungen der Verschworenen zu amüsieren. Mit belustigtem Gesichtsausdruck ließ er sie eine Weile gewähren, dann hob er beide Arme und sagte über den Lärm hinweg: »Freunde. Was ihr sagt, ist nicht von der Hand zu weisen. Doch hört mich an!«

Im Nu herrschte Stille. »Ich verstehe euch besser als ihr mir abkaufen mögt. Aber ihr unterschätzt die Wichtigkeit einflussreicher Mächte, derer wir im Hochadel und im Klerus bedürfen. Ebenso die Möglichkeiten der Ratsherren, wenn sie wissen, wann und auf welchem Wege wir ihnen die Macht aus den Händen reißen wollen. Wahrscheinlich befindet sich auch heute wenigstens einer ihrer Spitzel unter uns.«

Diesmal erwiderte niemand etwas. Betroffen starrten die meisten vor sich auf den Boden.

Landolf staunte, wie rasch der Pfauentritt die Leute wieder unter Kontrolle bekam. Wie ein gestrenger Vater, die trotzigen Kinder.

Erneut erhob sich die Stimme des Pfauentritts. Hatte sie vorher im strengen Ton gesprochen, so klang sie jetzt gütig: »Leute, denkt nach. Was glaubt ihr, in diesen Tagen erobern zu können? Dachtet ihr wirklich, die Mägen der Ratsherren wären nach solch einem Winter nicht ebenso leer wie eure? Oder glaubt ihr gar den törichten Gerüchten, die behaupten, ihre Vorratskeller seien noch gut gefüllt?« Spöttisch sah er in die Runde, sein Blick suchte die Augen der Versammelten.

Verblüfft beobachtete Landolf, wie der selbstsichere Auftritt die Männer vereinnahmte. Im Nu wankten Unmut und Zweifel. Wieder füllten die Worte des Pfauentritts die Kreuzgänge.

»Ich verstehe euren Tatendrang nur zu gut. Der Rat ist schwach wie nie zuvor. Aber bedenkt, auch ihre Keller sind leer. Die Straßen sind erst seit gestern für schwere Fuhrwerke wieder befahrbar. Lebensmittellieferungen sind hierher unterwegs. Schlagen wir jetzt los, werden diese Abkommen aufgehoben. Viel Arbeit ist vonnöten, die Versorgung der Stadt nach einem Umsturz zu sichern.«

Er unterbrach seine Rede, ließ seinen durchdringenden Blick abermals über die Anwesenden schweifen. »Bald werden eure hungrigen Mägen von den Ratsherren gefüllt. Lasst sie dieses eine Mal für euch und eure Familien arbeiten. Auch sie wissen, zu was Hunger die Menschen treiben kann. Ihnen liegt derzeit alles daran, eure Gemüter zu besänftigen. Lasst sie eure Speicher also füllen, auf dass wir aus ihren Händen eine zufriedene Stadt übernehmen!«

Einen langen Augenblick dauerte es, bis jedes Wort selbst vom einfachsten Gesellen verarbeitet worden war. Dann brandete der einsetzende Beifall umso heftiger auf.

25. April 1348

Fortuna hielt ihre segensreiche Hand über die Gruppe fahrender Leute. Sie erreichten Nürnberg in dem Augenblick, in dem sich die Wächter anschickten, die Tore für die Nacht zu schließen. Verdrossen dreinblickend ließen sie den Zug passieren. Normalerweise sahen die Stadtväter solch Volk mit ihren Gauklern, Abenteurern, Quacksalbern, Hausierern, Akrobaten, Wahrsagern, Bettlern und mit ihrem Viehzeug nicht gerne innerhalb ihrer Mauern. Meist war der Aufenthalt einer solchen Truppe mit Ärger verbunden. Dieser Tage jedoch hatten sie die strikte Weisung erteilt, fahrende Leute in die Stadt zu lassen. Das grelle, ausgelassene Treiben der Fahrenden erschien geeignet, die Gedanken der Bürger auf Erfreulicheres zu lenken und zu zerstreuen.

Diese Weisung kam nicht nur der abgerissen daherkommenden Gruppe zugute, die sich in Nürnberg lohnende Einkünfte erhoffte. Auch Pankraz und Thomas profitierten davon.

Sie hatten die Stadt in der vergangenen Nacht erreicht und nur darauf gewartet, sich einem geeigneten Fuhrmann oder Handwerker anzuschließen, an dessen Seite sie an den Torwächtern vorbeikamen. Der bunte, unübersichtliche Haufen der fahrenden Leute war ein regelrechter Glücksfall.

Kurz hinter dem Tor lösten sich die Waffenknechte unauffällig aus dem Zug und tauchten in den Gassen des Handwerkerviertels unter. Jeder von ihnen trug zwei schwere Bündel über der Schulter und hin und wieder klirrten die mitgeführten Waffen unter ihren Schritten. Zielstrebig bewegten sie sich zur Beckschlagergasse, steuerten dort auf ein heruntergekommenes zweistöckiges Haus zu, das den Anschein erweckte von seinem Besitzer aufgegeben worden zu sein, öffneten die quietschende Tür und traten ein, ohne gesehen zu werden.

»Niemand da«, meinte Pankraz und ließ die schweren Bündel mit einem erleichterten Schnaufen von seiner Schulter gleiten.

Thomas entledigte sich ebenfalls seiner Last, doch im Gegensatz zu Pankraz, mit einer eher beiläufigen Bewegung. Ihn schien das Gewicht der Bündel kaum anzustrengen.

»Warten wir also und machen's uns gemütlich«, sagte er. Thomas grunzte zur Antwort. Wenn er nicht unbedingt dazu gezwungen war, sagte er kein Wort. Längst hatte sich Pankraz daran gewöhnt, dass Thomas am liebsten stumm wie ein Fisch blieb, egal wie oft man das Wort an ihn richtete.

»Irgendwann wird schon der eine oder andere auftauchen. Hast du meine Decke gesehen?«

Wortlos öffnete Thomas eines der Bündel, wühlte kurz darin herum und reichte Pankraz die gesuchte Wolldecke.

»Danke«, sagte der, breitete die Decke sorgfältig auf dem gestampften Lehmboden neben der Feuerstelle aus und behaglich stöhnend, legte er sich darauf nieder. »So lässt sich's aushalten«, meinte er und kurz darauf verrieten seine regelmäßigen Atemzüge, dass er eingeschlafen war.

Ein belustigtes Grinsen stahl sich in Thomas' kantiges Gesicht. »Beschwer du dich nur noch einmal darüber, ich wäre ein ungeselliger Klotz. Ich schlafe jedenfalls nicht ständig ein, sobald ich aufhöre mich zu bewegen.«

Er wandte sich ab und bereitete sich sein Lager auf der anderen Seite der Feuerstelle. Eine Weile lauschte er der ungewohnten Stille von der Straße, dann versank auch er in einen erholsamen Schlaf.

28. April 1348

»Hier«, nicht ohne Stolz reichte Landolf dem Freund das Schwert. Inzwischen war der Griff vollendet gewickelt und mit vor

Staunen offenem Mund nahm Ismar die perfekt ausbalancierte Waffe in die Hand. Ein Anderthalbhänder, die Klinge maß in der Länge über anderthalb Ellen und wog exakt zweieinhalb Pfund. Dennoch ließ es sich mit Leichtigkeit führen.

Ismar verstand nicht viel von der Schwertmacherkunst, aber er erkannte eine gelungene Arbeit, wenn er eine sah. Bewundernd hob er die Klinge, schwang sie linkisch einmal hin und her, dann gab er die Waffe behutsam zurück. »Ich wünschte, ich wäre nur halb so geschickt wie du«, sagte er nicht ohne Neid.

Landolf, verlegen ob der lobenden Worte, nahm das Schwert und überlegte, was er entgegnen könnte. Die in diesem Moment aufgestoßene Tür zur Straße hin, befreite ihn aus der Lage, möglicherweise etwas Dummes zu sagen. Als er und Ismar den Pfauentritt erkannten, war der Gegenstand ihrer Unterhaltung vergessen.

»Gott zum Gruß, Herr«, sagte Landolf lahm.

»Gleichfalls«, entgegnete der Pfauentritt. Ein gewisser Schalk schimmerte in seinen Zügen. Ein Schalk, den Landolf bisher nicht zu ergründen vermochte, den er aber häufig im Gesicht des Pfauentritts zu erkennen glaubte. Gerade dieser Schalk war es, der ihm den geheimnisvollen und bisweilen bedrohlich erscheinenden Mann auf gewisse Weise sympathisch machte. Ohne ein weiteres Wort trat der Pfauentritt ein und schloss die Tür.

»Es freut mich, Euch in diesem Haus begrüßen zu dürfen«, fuhr Landolf fort. Er hatte keine rechte Ahnung, wie er sich einem Bürger der gehobenen Klasse gegenüber verhalten sollte. Doch der Pfauentritt schien mit seinen Gedanken woanders. Erst jetzt bemerkte Landolf, dass dessen Blick wie gebannt auf die Waffe in seiner Hand haftete.

»Meiner Treu«, kam es fast schon ehrfürchtig über seine Lippen. »Darf ich diese Klinge einmal näher betrachten?«

Erst zögerlich, dann entschlossen, reichte Landolf dem Pfauentritt das Schwert.

Andächtig schlossen sich seine behandschuhten Finger um den Griff, führten die Klinge bis knapp vor seine Nase. Ein geschmeidiger Schritt in den Raum, die Klinge blitzschnell vorgestoßen …

So verhielt der Pfauentritt in der Bewegung und prüfte die Linienführung mit Kennermiene. Offenbar zufrieden, zog er die Klinge zurück, schlug in einer fließenden Bewegung mehrere kreisförmige Hiebe.

»Eine herrlich ausgewogene Waffe«, meinte er. »Ich hörte schon viel von der Kunstfertigkeit deines Meisters, aber damit hatte ich wahrlich nicht gerechnet.«

»Die ist nicht von Meister Johann. Seine Arbeiten sind aber nicht weniger gelungen ...«, platzte Ismar heraus, bevor ihn der in die Seite gerammte Ellenbogen Landolfs unterbrach.

Der Pfauentritt tat, als sähe er Letzteres nicht. Eine Augenbraue in die Höhe ziehend, fixierte sein Blick Ismar. »Nicht Meister Johann, sagst du? Wer, mein Freund, hat dann diese Klinge gefertigt?«

»L ... Landolf, Herr.”

»Tatsächlich?«, sagte der Pfauentritt. Bewundernd glitten seine Blicke über die Waffe, bevor sie zu Landolf wanderten. »Meister Johanns Spross also. Ist das wahr?«

»Ja, Herr. Es ist meine Gesellenarbeit. Das heißt ...«

»Das heißt, was? Los, raus damit. Du kannst mir vertrauen, ich stehe auf eurer Seite. Was wolltest du sagen?«

»Falls die Rugsherren mich zur Prüfung zulassen«, kam es trotzig.

Der Pfauentritt blickte stirnrunzelnd auf, dann erhellten sich seine Züge. »Verstehe«, sagte er und reichte das Schwert zurück. »Du denkst, sie werden dich wegen den drohenden Unruhen nicht zur Prüfung lassen. Vielleicht auch, weil dein Vater verdächtig ist, Anhänger der Verschworenen zu sein.«

»Das trifft es genau«, bestätigte Landolf. Er wunderte sich selbst über seinen barschen Ton, mit dem er die Fragen des Pfauentritts beantwortete. Als ob er den für seine verzwickte Situation verantwortlich machte. Aber war er das in gewisser Weise denn nicht?

»Du erhältst schon deine Gelegenheit, nachdem wir unsere Sache siegreich überstanden haben.«

»Und was, wenn wir scheitern?«

»So etwas solltest du nicht denken, mein Junge. Zweifel sind nichts für dein Alter«, fuhr der Pfauentritt fort, als bemerke er Landolfs trotzige Miene nicht. »Aber ich will nicht verhehlen, dass mich deine Weitsicht beeindruckt. Es kann nie schaden, auch eine Niederlage in Erwägung zu ziehen.«

»Ach ja? Und was meint Ihr, bringt mir das ein?« Er wusste nicht warum, aber Landolf hatte mit einem Mal das Gefühl, dass es genau richtig war, wenn er in diesem Moment die gebotene Demut eines Lehrjungen vergaß.

Ein kaum merkliches Schmunzeln lag um des Pfauentritts Mundwinkel, als er erwiderte: »Ich würde dir zur Geduld raten. Warte ab, wie sich die Dinge entwickeln. Mehr bleibt dir nicht zu tun. Es gibt Zeiten, da sind wir nur Spielfiguren in den Händen anderer.«

»Vermutlich habt Ihr recht, Herr.«

Der Pfauentritt lachte: »Vermutlich, ja. Doch verzage nicht. Versprechen kann ich nichts, aber ich will sehen, was ich für dich tun kann. Wäre eine Schande, wenn solch ein Talent verloren ginge. Jetzt sag bitte, wo ich deinen Vater finde.«

»Er ist in der Stube, Herr«, sagte Landolf verblüfft. Er vermochte kaum zu fassen, was er soeben gehört hatte. Bevor er oder Ismar sich wieder gefangen hatten, war der Pfauentritt durch die rückwärtige Tür verschwunden.

Der Tag neigte sich dem Ende, Schatten krochen durch Gassen und Straßen des oberhalb des Laufer Tors gelegenen Stadtteils. Nur wenig Betriebsamkeit fand sich zwischen den Häusern. Vorrangig Patrizier und Ratsherren hatten in diesem Stadtteil, nahe der Burg, ihr Domizil errichtet. Hohe, zinnenbewehrte Mauern umgaben schützend ihre herrschaftlichen Anwesen, jedes für sich eine kleine Feste innerhalb der Stadtmauern. Selbst in diesem Viertel hing des Nachts die bedrohliche Unruhe allgegenwärtig in den Schatten der Häuser.

Unbehelligt schritt die einsame, in einen dunklen Überwurf gehüllte Gestalt durch die dämmrigen Straßen, bis sie das Anwesen des Ulrich Stromer erreichte. Es dauerte eine Weile, bis sich etwas hinter dem eisenbeschlagenen Tor rührte.

»Wer da?«, ertönte endlich eine dünne Stimme.

»Melde deinem Herrn, dass Hans Pfauentritt ihn zu sprechen wünscht.«

Der Pfauentritt, hier? Ungläubig sah Stromer von seinen Unterlagen auf, fixierte Hubert, der, offenbar durch den verstörten Blick seines Herrn befangen, in der Tür stand und auf Anweisungen wartete.

»Wer, sagst du?«

»Ein gewisser Hans Pfauentritt verlangt Euch zu sprechen, Herr.«

Nein, er hatte sich nicht verhört, obwohl das wünschenswert wäre. In einer Stunde war er mit Hermann Maurer verabredet, aber den Pfauentritt konnte, durfte, er nicht abweisen, ob es ihm passte oder nicht. »Nun denn«, sagte er. »Führe unseren Gast herein.«

Hubert lächelte, seinem Gesichtsausdruck nach zu urteilen erleichtert, dann wandte er sich ab.

Stromer erhob sich. Egal aus welchem Grund, er hätte jede Wette gehalten, dass der Pfauentritt niemals das Wagnis eingehen würde, ihn hier aufzusuchen.

Die Tür wurde von Hubert geöffnet und mit kerzengerader Haltung stolzierte der Pfauentritt herein. *Seinem Namen macht er auf jeden Fall alle Ehre*, dachte Stromer.

»Tretet näher«, grüßte er, darum bemüht, seine Anspannung zu überspielen. Dabei streckte er dem Pfauentritt die Hand entgegen. Zu Hubert sagte er: »Hole uns einen Krug Bier und zwei Becher.«

Der Pfauentritt ergriff die dargebotene Hand, deutete eine Verbeugung an und erwiderte: »Seht es mir bitte nach, Euch so unangemeldet zu überfallen. Aber ich glaube, Ihr versteht, warum ich es vorzog, meinen Besuch nicht anzukünden.«

»Gewiss, gewiss«, sagte Stromer und mit einer einladenden Handbewegung Richtung der zwei Sessel vor dem mächtigen Schreibtisch, fuhr er fort: »Bitte setzt Euch. Hoffentlich seid Ihr einem Schluck Bier nicht abgeneigt.«

»Wenn Euer Bier nicht zu stark ist, könnte ich in der Tat etwas vertragen«, entgegnete der Pfauentritt. Die Aufforderung sich zu setzen, ignorierte er, verschränkte stattdessen die Hände auf dem Rücken und sah sich ungeniert um. Dabei betrachtete er eingehend die kostbar gerahmten Bilder und warf zuletzt einen bedächtigen Blick auf den Schreibtisch. Eine Vielzahl an Schriftrollen und Karten verbargen die Arbeitsfläche. Kurz sah er auf und lächelte Stromer unergründlich zu, dann stakste er zu den Sesseln und nahm Platz.

Als wenn er mit nur einem Blick erfasst hätte, mit was ich mich beschäftige, fuhr es Stromer durch den Kopf. Es kostete ihm Mühe, sich seine Verunsicherung nicht anmerken zu lassen. Er setzte sich, lehnte sich zurück, schlug betont lässig die Beine übereinander und fragte: »Darf ich erfahren, was Euch in mein Haus führt?« Der stoische, unterschwellig spöttische Gesichtsausdruck des Pfauentritts zerrte an seinen Nerven.

»Ihr selbst, werter Herr Stromer. Ich bin Euretwegen hier.«

Was? Warum? Ein Kloß bildete sich in seinem Hals. *Beruhig dich,* mahnte er sich. Äußerlich ließ er sich nichts anmerken. Sich während geschäftlicher Verhandlungen nicht in die Karten schauen zu lassen, lag ihm im Blut. Dann kam ihm ein Gedanke. *Na klar, das wird es sein.*

Er setzte eine freudig erwartungsvolle Miene auf und sagte: »Ihr seid also zu einem Entschluss gelangt, was mein Anliegen betrifft?«

In diesem Augenblick kehrte Hubert zurück. Schwerfällig balancierte er ein mit einem randvollen Krug und zwei Bechern beladenes silbernes Tablett. Schwankend gelang es ihm, das Tablett auf den Tisch abzustellen, ohne etwas von dem Bier zu verschütten.

»Danke«, sagte Stromer, nahm den Krug und füllte die Becher. Der Diener verneigte sich und wandte sich ab.

Nachdem Hubert die Tür hinter sich geschlossen hatte, erwiderte der Pfauentritt: »Ich bedauere. Zwar dient mein Besuch durchaus dieser Angelegenheit, ist aber ganz anderer Art.«

Für einen Moment hielt Stromer die Luft an, dann hatte er sich wieder gefangen. Mit ebensolch unbefangenem Blick wie sein Gegenüber, wartete er, dass der andere fortfuhr.

Lächelnd griff der Pfauentritt nach seinem Bier und nahm einen kräftigen Schluck. Als er den Becher wieder abgesetzt hatte, fuhr er fort: »Ich bin hier, um Euch mitzuteilen, dass Ihr nicht vermögt mir etwas vorzumachen. Ich denke, Ihr handelt im Auftrag des kleinen Rates, möglicherweise auch nur auf Geheiß von Konrad Groß, was auf das Gleiche hinausläuft.«

Stromer, der eben getrunken hatte, verschluckte sich und stellte hustend den Becher ab. Unvermittelt hallten die Worte des Konrad Groß in seinem Gedächtnis wider. Was, wenn der Pfauentritt und Ekkelin Gayling ein und dieselbe Person waren?

»Wie meint Ihr das?«, brachte er heraus. Dann fügte er mit festerer Stimme hinzu: »Erklärt Euch mir, bitte.«

Der Pfauentritt zuckte mit den Schultern. »Eure Taten selbst, werter Herr Stromer, brachten mich zu dieser Folgerung. Ich räume gerne ein, dass ich mich diesbezüglich auch irren mag. Aber wenn, dann vermögt Ihr mir sicherlich zu erklären, aus welch anderem Grund Ihr gleich nach unserem Treffen, das Haus des Konrad Groß aufgesucht hattet. Ausgerechnet zu einem Zeitpunkt, an dem dort Konrad von Heideck weilte.«

Stromer war wie vor den Kopf geschlagen. Was war er doch für ein einfältiger Narr. *Damit hätte ich rechnen müssen. Sie sind mir nach dem Treffen gefolgt.* Irgendwie schaffte er es, die Fassung zu bewahren. »Herr Groß hatte mich kurz vor unserem Treffen zu sich rufen lassen. Ich muss Euch doch nicht erklären, welchen Stellenwert er unter den Ratsherren einnimmt. Niemand erteilt ihm eine Absage, wenn er nach einem verlangt«, entgegnete er geistesgegenwärtig.

Des Pfauentritts Miene blieb unverändert.

Stromer schluckte. Seine Fassade drohte zu bröckeln. Dieser Blick schnürte ihm die Kehle zu. Er sagte nichts, wartete darauf, dass der andere fortfuhr. Unvermittelt dachte er an ein Kaninchen, und daran, wie es sich fühlen mochte, wenn es den Schatten eines über ihm kreisenden Habichts registrierte.

»Lassen wir die Spielchen«, knurrte der Pfauentritt. Dann, ohne dass Stromer den Ansatz einer Bewegung ausgemacht hätte, packten eisenharte Finger seinen Hals, bohrten sich die Nägel in die Haut, direkt hinter dem Kehlkopf. Schmerz und Hilflosigkeit durchströmten seine Glieder, beraubten ihn jeglicher Willenskraft. Über den pochenden Herzschlag hinweg, drang des Pfauentritts Stimme zu ihm.

»Seid gewiss, dass ich Euch mit einer einzigen Bewegung das Leben nehmen könnte. Zudem jedem in Eurem Hause und unerkannt meines Weges gehen könnte, lange bevor irgendjemand erfahren würde, was Euch widerfahren ist«, sagte er beinahe freundlich.

Sein Griff lockerte sich und Stromer sog gierig die Luft ein. »Gebt mir Euer Wort, vernünftig zu bleiben, dann lasse ich los und wir können reden.«

Stromer nickte und sogleich ließ der Pfauentritt von ihm ab.

»Wisst Ihr, welches als die größte Tugend gilt?«

Die Frage verwirrte Stromer mehr als der Schock des unverhofften Angriffs und die unverhohlene Drohung. Doch das abwartende Gesicht seines Gegenübers ließ ihm keine Wahl. Und so sagte er das Unverfänglichste, was ihm einfiel: »Ich denke, das kommt auf den Standpunkt des Betrachters an.«

»Die Antwort eines Kaufmanns«, lachte der Pfauentritt. »Wahrlich, Ihr gefällt mir.« Schlagartig verhärteten sich seine Gesichtszüge wieder. »Sicher brennt Ihr darauf zu hören, was ich als die größte Tugend ansehe. Ich spreche von Wahrhaftigkeit. Auch wenn wir beide dieser Tugend nicht immer gerecht werden, sollten wir uns für die Dauer meines Aufenthalts in Eurem Hause nach ihr richten. Was meint Ihr?«

Wieder sah Stromer einen völlig veränderten Pfauentritt vor sich. Unbedarft und offen bis ins Mark sah ihn der an. Seine Angst schlug kaum merklich in brennenden Zorn um. Für die Dauer einer wahnwitzigen Sekunde überlegte er sogar, sich auf den Gast zu stürzen. Aber der Moment währte nur kurz. Traf Konrad Groß′ Vermutung zu, hieße dies, sich mit einem Ritter einzulassen, der von frühesten Kindertagen an zum Kampf erzogen worden war. Er könnte sich ebenso gut von der höchsten Zinne des Burgfrieds stürzen.

So lehnte er sich ergeben zurück und sagte mit rauer Stimme: »Einverstanden.«

»Ich erwähnte bereits, was ich über Eure Beweggründe denke, Euch den Verschworenen anzuschließen.«

Wieder verstummte er, als erwarte er eine Antwort. Stromer spürte noch immer den Griff an seinem Hals, sah aus nächster Nähe in die funkelnden, schwarzen Augen. In diesem Moment verflogen seine letzten Zweifel. Jetzt war er sich sicher, dass Konrad Groß recht hatte. Es gab keinen Hans Pfauentritt, hatte nie einen gegeben.

»Nun gut«, sagte der Pfauentritt grinsend, griff beiläufig nach dem Krug und schenkte jedem von ihnen nach. »Euer Schweigen ist beredt genug. Ihr wisst, woran Ihr mit mir seid. Was denkt Ihr wohl, weswegen ich Euch aufsuchte?«

Gütiger Gott, fuhr es Stromer durch den Kopf, *er spielt mit mir.* Mit einem Mal wurde ihm klar, dass er nichts mehr zu verlieren hatte. Egal, nach welchen Ausflüchten er suchte und wer der Kerl da vor ihm war, wollte er wenigstens ein wenig von seiner Ehre behalten, blieb ihm nur die Flucht nach vorn. Er straffte seine Gestalt, nahm seinen ganzen Mut zusammen und entgegnete: »Mir fallen nur drei Möglichkeiten ein. Wollt Ihr, dass ich sie aufzähle?«

Die Antwort überraschte den Pfauentritt. Zumindest hob er die Augenbrauen. Dann lachte er kurz auf und schmunzelnd meinte er: »Ihr gefallt mir immer besser.«

Stromers Nerven, drohten zu zerreißen. Er wusste allmählich nicht mehr, woran er mit diesem unheimlichen Menschen war. Doch blieb ihm eine Wahl? »Die erste Möglichkeit wäre ..«, begann er, »... Ihr tötet mich und, wie Ihr vorhin sagtet, alle im Haus Befindlichen, oder aber, Ihr verschleppt mich in ein dunkles Loch, wo Ihr mich dann bei Wasser und Brot eingesperrt lasst, bis Euch meine Familie ein angemessenes Lösegeld überreicht. Als die dritte Möglichkeit sehe ich, dass Ihr versuchen könntet, mich für Eure Partei zu gewinnen.«

»Ich kann mir denken, welche Euch die angenehmste Möglichkeit deucht«, schmunzelte der Pfauentritt. Dann beugte er sich vor: »Ihr seid der Lösung tatsächlich sehr nahegekommen. Doch will ich Euch nicht länger quälen und zur Sache kommen. In der Tat möchte ich, dass Ihr nach erfolgtem Sturz des Stadtrates den neuen Herren zu Nürnberg tatkräftig zur Seite steht. Ob Ihr mit ihnen sympathisiert oder nicht. Euer Gesicht solltet Ihr jetzt sehen. Ich kann mir denken, wie schwer es Euch fällt, meine Worte zu begreifen. Haltet Ihr uns tatsächlich für so einfältig, dass Ihr uns nicht zutraut, unsere Fähigkeiten richtig einzuschätzen? Niemand unter den Verschworenen ist darin bewandert, die Geschicke einer Stadt wie Nürnberg zu lenken. Sicher, wir gewannen einige der Ehrbaren für unsere Sache, damit verrate ich Euch nichts Neues. Doch wie ich die feinen Herrschaften einschätze, sind die nur daran interessiert ihre Macht zu stärken und sich auf Kosten anderer gütlich zu halten. An den Geschicken der Stadt oder dem Wohl seiner Bürger ist ihnen nur wenig gelegen.«

Der erwartungsvolle Blick mit seiner unterschwelligen Drohung, die Stromer darin zu erkennen glaubte, machten es unmöglich, ihm eine Antwort schuldig zu bleiben. »Ganz Eurer Meinung«, sagte er. »Aber verstehe ich Euch richtig? Obwohl Ihr glaubt, dass ich im Auftrag des kleinen Rates handle, wollt Ihr, dass ausgerechnet ich dabei helfe, nach einem Umsturz die Ratsgeschäfte zu führen? Verzeiht mir, falls ich Euch dreist erscheine, aber wäre es da nicht einfacher, Ihr belasst die Dinge, wie sie sind?« Gespannt verstummte er und zu seiner Erleichterung schien der Pfauentritt amüsiert.

»Ich erwartete diese Antwort. Darum bitte ich Euch heute nur um eines: Denkt gründlich darüber nach. Der Umsturz ist nicht zu verhindern. Vielleicht hofft Ihr ja wirklich noch darauf, dass sich die Verschworenen alsbald beruhigen und ihre Idee vergessen. Aber lasst Euch gesagt sein, dass dem nicht so ist. Hofft auch nicht auf die Burggrafen. Denkt lieber darüber nach, was dem Umsturz folgt. Plündereien, Raub und Mord, vor allem an Euresgleichen. Versprecht mir, Euch dem neuen Rat zur Verfügung zu stellen, dann erlaube ich, dass Euer Stand die Möglichkeit erhält, die Stadt rechtzeitig zu verlassen. Ich überlasse es Euch, ob Ihr dem Zerfall Nürnbergs tatenlos zusehen oder dies, Dank Eurer Stellung, verhindert.«

»Warum gerade ich?«, sagte Stromer in die eingetretene Stille.

Des Pfauentritts Blick nahm etwas Mildes, fast Melancholisches an, als er leise entgegnete: »Auch wenn Ihr ein Kaufmann, eine Krämerseele seid, so erkenne ich einen Ehrenmann, wenn ich einen vor mir habe.«

»Selbst wenn dieser Ehrenmann eine Krämerseele ist?«

»Sogar dann. Ich gebe Euch bis kommenden Sonntag Zeit, darüber nachzudenken.«

Stromer nickte. Noch immer hetzten seine Gedanken wirr durch seinen Kopf, wusste er nicht, ob er sich über die Wendung, die der Besuch des Pfauentritts genommen hatte, freuen oder verzagen sollte. »Das werde ich. Ist das alles, weswegen Ihr zu mir kamt?«

»Nein, nicht ganz.«

Wie ein Raubvogel vor dem Zupacken, dachte Stromer unwillkürlich und ihn fröstelte.

»Ein gewisser Schwertmacherlehrling bangt um seine Gesellenprüfung. Mir liegt sehr am Herzen, dass dem Jungen geholfen wird. Seine Fähigkeiten sind die eines Altmeisters würdig. Sein Name ist Landolf und er ist der Sohn Johann von Sulzbachs, einem eingeschworenen Meister der Schwertmacher und, wie ich annehme, Euch durchaus ein Begriff.«

»In der Tat«, murmelte Stromer, dem es abwechselnd heiß und kalt über den Rücken lief. »Aber ich verstehe nicht, was ich ...«

»Verkauft mich nicht für dumm!«, donnerte der Pfauentritt. Dann, leiser: »Ich möchte, unabhängig davon, was ich Euch soeben anbot, dass Ihr Euren Einfluss auf die Rugsherren ausübt und der Junge binnen zweier Wochen zur Prüfung gelangt. Enttäuscht Ihr mich, dann besuche ich Euch abermals und egal wie wertvoll Ihr auch für den neuen Rat sein mögt, danach wird sich die Gemeinschaft der Verschworenen einen anderen Berater suchen müssen.«

Plötzlich, abermals hatte Stromer nicht den Ansatz einer Bewegung erkannt, packte der Pfauentritt sein Handgelenk, starrte ihm eindringlich in die Augen und sagte leise: »Nehmt dies Versprechen nicht auf die leichte Schulter. Um was ich Euch bitte, ist für Euch ein leichter Gang, der Euch und uns viel Ungemach ersparen würde.« Abrupt ließ der Pfauentritt von ihm ab. »Nun will ich Eure Gastfreundschaft nicht länger strapazieren. Wir sind uns einig. Ich wünsche eine geruhsame Nacht – bitte, bemüht Euren betagten Diener nicht, ich finde den Weg alleine.«

Verwirrt blickte Stromer zum Stundenglas und stellte fest, dass er vergessen hatte, es umzudrehen. Egal, sollte Maurer sich eben gedulden, wenn er es nicht pünktlich zu ihrer Verabredung schaffte. Das Rugsamt lag auf dem Weg zu der Schänke, in der sie sich verabredet hatten. Besser, er erledigte den Wunsch des Pfauentritts so rasch wie möglich.

29. April 1348

Landolf und Adele saßen zu Tisch. Sie hatten ihr bescheidenes Mahl fast beendet, als Johann zurückkehrte. Er hatte ihnen nicht verraten, wohin er hatte gehen wollen. Erwartungsvoll sahen sie auf, gespannt auf eine Erklärung, doch weder Adele noch Landolf waren darauf gefasst, den Herrn des Hauses derart strahlend heimkehren zu sehen. Johanns Augen glänzten, er grinste übers ganze Gesicht. »Bring Wein, Adele! Heute wird gefeiert. Die Rugsherren haben entschieden dich zur Prüfung zuzulassen, mein Junge. Sie wollen dein Schwert übermorgen sehen.«

Adele schlug die Hände zusammen und presste sie dann vor den Mund, um nicht laut aufzuschreien. Nach allem, was in den vergangenen Wochen geschehen war, traute sie keiner frohen Botschaft über den Weg. Aber das Gesicht ihres Mannes ließ keine Zweifel zu.

Landolf saß erstarrt auf seinem Platz, wie vom Donner gerührt. Beschwingt trat Johann zum Tisch, klopfte dem Sohn auf die Schulter und sagte: »Weiß der Henker, wie das zustande kam, aber das kann dir auch egal sein.«

»Aber, aber ..«, stammelte Landolf.

»Los, Adele, bring uns Wein«, wandte sich Johann an seine Frau und zu Landolf sagte er: »Was immer uns nach dem Aufstand erwartet, deine Zukunft in der Zunft der Schwertmacher ist gesichert, mein Junge.«

»Aber ich dachte ..«, begann Landolf abermals, doch ihm fehlten die Worte.

»Ich wollte es selbst nicht glauben, als mir der Pfänder den Entschluss mitteilte«, erwiderte Johann, wobei er sich neben Landolf auf die Bank setzte. »Und ich machte mir unnötige Sorgen, als mir der Pfauentritt ausrichten ließ, dass ich heute aufs Rugsamt gehen sollte.«

»Der Pfauentritt?«

»Ja«, nickte Johann. Das Grinsen in seinem Gesicht wirkte mittlerweile wie angewachsen. »Er schickte diesen Migkenmockel. Der sagte, dass er mir nichts Falsches versprechen möchte, wenn ich aber zum Rugsamt ginge, dann würde ich schon begreifen. Wahrlich ein seltsamer Kerl, aber eine größere Freude hätte er mir nicht machen können.«

»Es ist also wahr«, sagte Adele, die inzwischen den Wein geholt hatte und mit leuchtenden Augen in der Tür stand.

»So wahr ich hier sitze. Komm, Frau, schenk ein. Wenigstens heute wollen wir vergnügt sein. Hier«, dabei hielt er Adele einen Becher hin, »erst der Junge, er hat's verdient.«

13

Nürnberg, 8. Mai 1348

Konrad von Heidecks Scheitern, als Parlamentär eine Einigung zwischen den Parteien zu erzielen, war nun offiziell. Hatte er beabsichtigt, der Stadt ohne Aufsehen den Rücken zu kehren, so sah er sich in den frühen Morgenstunden getäuscht. Seine Gefolgschaft setzte sich aus 20 Waffenknechten zusammen und gewährte somit ausreichenden Schutz für den durch die Wagen der Patrizier beträchtlich angewachsenen Zug.

Dass die Anhänger der Verschworenen in der Abreise des karlstreuen Ritters einen klaren Sieg für ihre Seite verbuchten, verstand sich von selbst. Diesen Triumph untermauerten die Mitglieder des kleinen Rates, die Heideck mit ihren Familien begleiteten. In Windeseile hatte sich diese Neuigkeit in der Stadt verbreitet. Trotz der frühen Stunde säumten zahlreiche Schaulustige die Straßen, als sich der Tross in Bewegung setzte.

Waffenknecht Heinickes Gesicht schillerte in Blau- und Grüntönen. Aber daran dachte er längst nicht mehr. Im Stillen hatte er bis kurz vor dem Aufbruch gehofft, dass ihn der Rothaarige und sein Herr für zu unwichtig erachteten, um sein Versprechen einzufordern.

Diese Hoffnung machte ein Scharwächter zunichte. Der Mann im Rock der Nürnberger war unvermittelt bei ihm gestanden und hatte gesagt: »Denk dran! Wir erwarten deinen Bericht!« Dann hatte sich der Mann abgewandt und war verschwunden.

Er zweifelte nicht daran, dass ihn dieser schreckliche Migkenmockel und sein Herr fanden und bestraften, widersetzte er sich ihrem Willen. Ebenso sicher war ihm der Zorn seines Herrn, erhielt der jemals Kunde davon, was seinem Knecht widerfahren war.

Heideck schien ihm seine Geschichte von drei Handwerkern, die ihm aufgelauert und verprügelt hatten, nur schwerlich abzukaufen. Letztlich hatte er sich dann mit dieser Erklärung zufriedengegeben. Dennoch beschlich Heinicke zeitweise das Gefühl, von seinem Herrn beobachtet zu werden. Die Spötteleien seiner Kameraden hingegen, ob seines Missgeschicks und seines geschwollenen Gesichts, kümmerten ihn nicht. Er selbst würde sich keinen Deut anders verhalten, wäre einer von ihnen an seiner statt. An den Vorbereitungen der Reise nahm er wortlos und mit wachsende Beklemmung teil.

Er war mit drei weiteren Kameraden zur Nachhut eingeteilt und in düstere Gedanken versunken trottete er hinter dem letzten Karren her. Allmählich erhellte sich der Himmel. Das Spalier aus Bürgern der Stadt beachtete er kaum. Dann aber, bevor er in den Zwinger des Stadttores eintauchte, sprang ihm ein Gesicht unter den Köpfen der Schaulustigen ins Auge. Das boshaft grinsende Konterfei des Migkenmockel. Als der Rotschopf Heinickes Blick bemerkte, zwinkerte er dem Knecht zu. Mit einer weiteren Geste, fuhr er sich mit dem Zeigefinger über die Kehle, verdeutlichte damit, was ihn erwartete, hielt er sich nicht an sein abgezwungenes Versprechen. Dann trat er in den Zwinger und Migkenmockel verschwand aus seinem Blickfeld. Ein klein wenig atmete er auf, dennoch hätte er sich am liebsten übergeben.

Die im Osten verblassenden Sterne kündeten vom beginnenden Morgen. Die träge fließenden Wasser der Pegnitz lagen vor dem Mauerring im Schatten.

Glucksend teilte sich die dunkle Wasseroberfläche und der Kopf eines Mannes erschien. Er schnappte nach Luft, dann tauchten die Schultern aus dem Gewässer, gefolgt von nach der Uferböschung greifenden Händen. Einen weiteren Atemzug später hatte sich die Gestalt des Ekkelin ans Ufer gezogen. Er war nur leicht bekleidet, sein Schwert trug er wie gewöhnlich über dem Steppwams auf dem Rücken. Am Ufer stehendes Gebüsch verbarg ihn vor den Blicken der Stadtwache und bot ausreichend Schutz, bis er die Kleinweidenmühle erreichte und somit weit genug von der Stadt entfernt war. Kurz darauf passierte er den Johannisfriedhof, dann lagen die letzten Gebäude vor der Stadt hinter ihm.

Allmählich graute der Tag und mit ausholenden Schritten näherte er sich dem Rand des Waldes, der an die Ackerflächen um die Stadt grenzte. Zwei Berittene lösten sich aus dem Schatten der Bäume und hielten auf ihn zu. Einer der Reiter führte ein drittes, gesatteltes Pferd am Zügel. Grinsend hielten sie vor Ekkelin, der ebenfalls grinsend die Zügel ergriff, die ihm der Jüngere reichte.

»Noch etwas frisch die Pegnitz, was?«, meinte er.

Ekkelin, dem Wasser aus der Kleidung tropfte, lachte und erwiderte: »Noch immer der einfachste Weg aus der Stadt. Und es macht munter. Du würdest staunen, Hermann. Sehe ich mir dich so an, könnte dir ein Bad ebenfalls nicht schaden.« Er griff nach den Zügeln, stellte einen Fuß in den Steigbügel und schwang sich in den Sattel. Dabei nickte er dem zweiten Reiter zu. »Wolf«, sagte er und Wolf von Wurmstein nickte grinsend zurück.

»Kommt. Ich will euch etwas zeigen.« Damit riss Ekkelin den Kopf seines Pferdes herum und lenkte es von der Straße zum Fluss.

Hermann von Bernheim und Wolf von Wurmstein sahen sich einen Augenblick lang verwundert an, zuckten die Achseln und trieben ihre Pferde an.

Am Ufer der Pegnitz holten sie ihn ein. Kurz zügelte er sein Ross, dann lenkte er es ins Wasser. Wolf und Hermann folgten dicht auf. Auf der anderen Seite ging es im wilden Galopp am Waldrand entlang.

»Seht die Patrizierfamilien, die den alten Heideck begleiten.« Ekkelin deutete auf den Zug, der aus zwei schweren Kutschen, fünf vierrädrigen Karren, zehn Berittenen und einem Dutzend Bewaffneter zu Fuß bestand und sich auf der Straße inmitten der Freifläche in Richtung Roth bewegte. »Es sind die ersten Ratsherren, die sich in

Sicherheit zu bringen suchen. Sie werden von Schloss Heideck aus, König Karl um Beistand bitten und auch sonst ihren Einfluss nach allen Seiten hin ausspielen, um den Verschworenen zu schaden. Ich denke, dass ich Fritz Steinberger damit betraue, ihr Treiben auf Schloss Heideck zu beobachten.«

»Warum so kompliziert?«, wollte Wolf wissen. »Sie sind langsam. Holen wir unsere Leute, schneiden ihnen den Weg ab und machen ihnen ein Ende!«

Ekkelin warf einen fragenden Blick zu seinem Schwiegervater, zog eine Augenbraue hoch und sagte: »Zwanzig gut gedrillte Knechte. Das wäre selbst für uns ein harter Brocken. Willst du den Preis für diese armseligen Karren dort unten wirklich löhnen? Und wozu eine zukünftige Lebensader abschlagen? Im Übrigen – was interessieren dich letztendlich die Geschicke der Stadt? Finden wir lieber heraus, welche Wege von nun an ihre Handelszüge nehmen. Wir verfügen zudem über einen Spion unter Heidecks Leuten. Die Verschworenen wissen von ihm und vermögen dies ebenso zu ihrem Vorteil nutzen, wie wir für unseren.«

»Noch aber bist du ihr Anführer, liegen dir ihre Geschicke sehr wohl am Herzen. Erzähl uns nicht, dass dem nicht so ist«, sagte Hermann.

Die Worte seines Schwagers riefen eine deutliche Regung in Ekkelins Gesicht hervor. Er entließ den angehaltenen Atem und erwiderte mit sanfter Stimme: »In der Tat, mein Freund. Genauso ist es!« Er verstummte, seine Züge verhärteten, dann sagte er: »Bis zum Tag des offenen Aufruhrs führe ich sie. Danach sollten sie besser gelernt haben, ihr Schicksal selbst in die Hand zu nehmen.«

Hermann und Wolf nickten. Sie kannten den Plan. Hatten sie ihn doch im Verlauf langer Monate gemeinsam erarbeitet und vorbereitet. Trotz des zerfallenen Bundes standen sie kurz davor, den wahnwitzigsten Raubzug gegen die Patrizier einer freien Reichsstadt durchzuführen, von dem die Welt je gehört hatte.

»Also schön!«, brummte Hermann. »Wie geht's jetzt weiter?«

»Gut, dass du fragst. Ich hätte sonst glatt vergessen, weswegen wir uns eigentlich hier draußen treffen«, schmunzelte Ekkelin.

»Sehr witzig!« Hermann hatte heute offenbar seinen Sinn für Humor verloren.

»Welche Laus ist dir denn über die Leber gelaufen? Lässt dich dein Weib zurzeit nicht in ihr Bett?«

Wolf lachte auf, während sich Hermanns Gesicht verfinsterte. Bevor einer der beiden etwas sagte, fuhr Ekkelin fort: »Was Heideck und die Patrizier anbelangt, so sind sie vorerst nicht wichtig. Was unsere Sache in der Stadt betrifft ...«, er verstummte und starrte zu den sich entfernenden Karren und Reitern auf der Straße.

»Nun sag schon«, drängte Wolf. »Wann schlagen wir los und wie kommen wir ungesehen in die Stadt?«

Ekkelin lachte: »Letzteres will ich dir gerne beantworten. Wobei dein und Hermanns Platz an anderer Stelle sein wird.« Vergnügt sah er in die verblüfften Gesichter der anderen. Dann fügte er an: »Ihr wisst, dass unser Unterfangen davon abhängt, wann Markgraf Ludwig der Stadt seine Aufwartung macht. Und eben darin liegt vorerst unser Problem.«

»Warum? Bekommt er kalte Füße?«, fragte Hermann mit verbissenem Unterton.

»Ich denke nicht. Der genaue Zeitpunkt steht eben noch nicht fest. Vermutlich gegen Pfingsten, doch vorerst können wir uns darauf nicht verlassen.«

»Nun, wir sind jederzeit bereit.« Wolf zuckte die Achseln.

»Genau das wollte ich hören«, sagte Ekkelin. »Was ist mit dir, Hermann? Stört dich daran etwas?«

»Wie kommst du darauf?«, schnaubte der. »Wann kümmert mich nicht, solange ich weiß wie.«

Ekkelin grinste: »Also hört: Zu gegebener Zeit wartet ihr mit Pferden und Packtieren an der Regnitz auf uns. Ich habe an die Stelle zwischen Erlangen und Forchheim gedacht, wo wir uns vor zwei Jahren vor den Häschern der Burggrafen versteckt haben. Du erinnerst dich, Wolf?«

»Wie könnte ich das vergessen?«

»Gut! Reitet also zu Fritz Steinberger, Götz Holz und Jörg Fuchs und bestellt ihnen, dass sie sich auf Dramaus einfinden mögen. Sie brauche ich in Nürnberg. Wenn es so weit ist, werden sie als Hirten verkleidet von Migkenmockel in die Stadt geleitet. Ich habe Gottwin, dem Wirt vom roten Ross in Heroldsberg, bereits damit beauftragt, alles Nötige zu besorgen.«

»Verrätst du uns auch, wie dein Plan im Einzelnen aussieht?«

Ekkelin zuckte die Schultern: »Im Grunde hat sich nichts verändert. Während des Aufstandes schnappen wir uns die Losungsgelder und zugleich mache ich den Burggrafen meine Aufwartung. Nur das genaue wann und wie bleibt noch abzuwarten. Entscheidend wird sein, dass jeder rechtzeitig auf seinem Posten ist.«

»Daran soll's nicht scheitern«, meinte Wolf. Hermann von Bernheim brummte beipflichtend. »Trotzdem würde ich den aufgeblasenen Wichtigtuern da unten gerne eins über die Rübe ziehen«, fügte er an und deutete auf den Zug unter ihnen.

»Kann ich dir nicht verdenken«, sagte Ekkelin. »Trotzdem sage ich: Nicht jetzt! Reitet nun und überbringt die Botschaft. Berichtet Fritz Steinberger, was ihr hier beobachtet habt. Er wird uns wissen lassen, wenn er von einem lohnenden Fang hört, der von oder gen Heideck zieht.«

»Und was ist mit dir? Aus deinen Worten schließe ich, dass du nicht vorhast, uns zu begleiten. Wozu dann das Pferd?«, wandte sich Hermann an seinen Schwager.

»Nun«, Ekkelin lächelte versonnen. »Mich zieht es zu Weib und Kind. Außerdem will ich herausfinden, was Gottenhofen, Wiesenthau und Leonstein treiben. Gerade sie können unseren Plan gefährden, da sie wissen, dass wir etwas gegen die Nürnberger im Schilde führen. Die Sache der Verschworenen kann eine Weile auf den Pfauentritt verzichten. Später, fürchte ich, wird dies bis zum Tag des Aufstandes nicht mehr möglich sein.« Ekkelin griff nach den Zügeln und wendete sein Pferd.

»Eins noch, mein Sohn!«, sagte Wolf. »Wie erreicht uns deine Nachricht, wann es losgeht?«

Verwundert sah Ekkelin zu seinem Schwiegervater. »Hast du Gottwins Tauben vergessen? Auf mein Zeichen hin schickt er eine nach Dramaus, wo unsere Freunde warten und eine zu Hermann nach Bernheim.«

»Nein, ich hab Gottwins verfluchte Tauben nicht vergessen!«, knurrte Wolf. »Aber bisher hast du nichts davon gesagt, dass du sie benutzen willst. Nun gut, reiten wir also. Glück und Ehre, Ekkelin.«

»Glück und Ehre!«, sagte Hermann und reichte dem Schwager die Hand.

»Glück und Ehre. Wir sehen uns spätestens an Pfingsten!«, rief Ekkelin und hieb seine Fersen in die Flanken des Pferdes.

Burg Dramaus 9. Mai 1348

»Sagt, Jeremias! Vermisst Ihr Eure jüdische Gemeinschaft?«, wechselte Kunigunde unvermittelt das Thema.

Jeremias hielt inne. Er hatte ihr gegen den nicht auszumerzenden Hustenreiz einen Sud aus Kräutern mit lindernden Wirkstoffen gereicht und stand nun im Begriff, seine Sachen zusammenzupacken. Die plötzliche Frage überraschte ihn. »Nun, wenn ich ehrlich sein soll, Herrin ...«

»Natürlich sollt Ihr das!«

Erschrocken zuckte Jeremias zusammen, dann registrierte er Kunigundes vergnügtes Schmunzeln.

Kunigunde, die die Reaktion des Heilers genau verfolgt hatte, lachte auf: »Verzeiht, ich wollte Euch nicht in Verlegenheit bringen. Ich weiß doch, dass Ihr stets aufrichtig zu mir seid.« Dabei senkte sie den Kopf und bedachte Jeremias mit einem entwaffnenden Augenaufschlag.

Er lachte ebenfalls. Er war ihr nicht zum ersten Mal auf den Leim gegangen, trotzdem brachte er es nicht fertig, ihr dies zu verübeln. Schon bei ihrer ersten Begegnung – damals hatte sie hohes Fieber ans Bett gefesselt – hatte ihn ihr Wesen eingenommen. Trotz ihrer Schwäche hatte er nach kurzer Zeit ihren Scharfsinn und ihr großes Herz bemerkt.

»Hier seid Ihr der einzige Jude. Es muss schwer sein, wenn niemand da ist, mit dem Ihr Euch über Euren Glauben austauschen könnt – oder etwa nicht?«, fuhr sie fort

»Doch«, gestand er zögernd.

»Und, gibt es niemanden, den Ihr wiedersehen wollt?«

Sie gab nicht nach. Mehr als einmal hatte sie ihm Fragen dieser Art gestellt und bisher war es ihm immer gelungen, sich um eine

Antwort zu drücken. Doch allmählich fielen ihm keine Ausflüchte mehr ein. Daran war er selbst schuld. Warum hatte er ihr nur gesagt, sich vorstellen zu können, den Rest seiner Tage auf Burg Dramaus zu verbringen, als sie vor einigen Wochen gefragt hatte, wann er beabsichtigte, nach Nürnberg zurückzukehren.

»Das ist nicht so einfach zu beantworten, Herrin«, entgegnete er in der Hoffnung, dass sie es dabei bewenden ließ. Wie sollte er ihr sein Dilemma erklären, ohne Gefahr zu laufen, das in ihn gesetzte Vertrauen aufs Spiel zu setzen? Eine Rückkehr kam für ihn schon deshalb nicht in Betracht, weil er dem Rabbi mitgeteilt hatte, dass er ihm nicht weiter zu Diensten stünde. Dem gegenüber durften weder Kunigunde noch Ekkelin jemals erfahren, mit welcher Aufgabe Isaak von Scheßlitz ihn betraut hatte.

»Ich begreife nicht, was an dieser Frage so schwierig zu beantworten ist«, hakte sie nach.

Jeremias begann zu schwitzen. Verzweifelt überlegte er eine unverfängliche Erklärung. Der über die ganze Burg schallende Ruf Marias rettete ihn vor einer Antwort. Für den Augenblick zumindest.

»Herrin! So hört doch, Herrin! Euer Gemahl! Herr Ekkelin kehrt zurück!«

Jeremias atmete auf.

Kunigundes Gesicht hellte sich auf. »Nun denn, Jeremias«, sagte sie, »Ich habe mich jetzt zu richten. Diesmal dürft Ihr mir die Antwort schuldig bleiben. Doch seid gewiss, dass ich nicht vergesse, sie zu gegebener Zeit einzufordern.«

»Wie geht es Dir?« Ekkelin drückte Kunigunde an sich. Er hatte zunächst eine Lagebesprechung mit Robert de Baujeau geführt, dann war er in die Kemenate geeilt. Jetzt endlich vermochte er, sein Weib in die Arme schließen.

»Besser, viel besser«, sagte sie, die Umarmung herzlich erwidernd. »Jeremias meint, es liegt an meinem Herz. Außerdem habe sich eine

Infektion in meinem Körper ausgebreitet. Er hat mir leichtes Essen verordnet, dazu verschiedene Tees und Tinkturen. Auch ist er davon überzeugt, dass mich ein Aderlass nur unnötig schwächen würde, und ich solle mir nur keinen aufschwatzen lassen. Er ist sich zudem unsicher, ob er es vermag, mich vollständig zu heilen. Ich glaube, das bereitet ihm Sorgen. Sag ihm, dass er das nicht muss. So gut habe ich mich seit Jahren nicht mehr gefühlt.«

»Ich sag es ihm«, versprach Ekkelin und drückte Kunigunde einen Kuss auf die Lippen. Was seine Herzensangelegenheiten anbetraf, war er kein Freund vieler Worte. Die Erleichterung und Freude über Kunigundes Verfassung aber, stand ihm ins Gesicht geschrieben.

»Musst du wirklich gleich wieder aufbrechen? Anne würde sich freuen, bliebe ihr Vater für einige Tage zu Hause.« Dass sie sich ebenso darüber freuen würde, brauchte sie nicht zu erwähnen.

»Die Zeit wird kommen«, wich er aus und klang nicht überzeugt. »Ich muss erfahren, was Wiesenthau und Gottenhofen im Schilde führen. Und dann werde ich bis zum entscheidenden Tag in Nürnberg gebraucht.«

Kunigunde senkte den Blick. »Die Bauern berichten, dass sie Wiesenthaus Knechte in letzter Zeit häufiger zu Gesicht bekommen«, sagte sie. »Als würde er Dramaus und Umgebung beobachten lassen. Robert patrouilliert deshalb täglich durch die Wälder. Ich fürchte, er wird allmählich zu alt, um tagelang im Sattel zu sitzen.«

Ekkelin nickte. »Das ist mir auch schon aufgefallen. Aber wir werden ihm das nicht ausreden können.«

Kunigunde seufzte. »So wenig, wie dir.«

Ekkelin hob eine Augenbraue. »Es geht um nichts weniger als unsere Zukunft.«

»Könnten wir die nicht auch in Nürnberg oder Bad Windsheim haben? Du würdest einen Sitz im Rat erhalten ...«

Ekkelin legte einen Finger über Kunigundes Lippen. »Schweig«, gebot er. »Hast du schon vergessen, wie sehr Stadtluft stinkt? Was denkst du, wie die Ratsherren beider Städte wirklich über mich denken? Mein Schwert ist es, was sie fürchten, nur deshalb biedern sie sich an. Die Nasen würden sie hinter unseren Rücken rümpfen, ihre Mäuler über uns zerreißen, wähnen sie uns nicht in der Nähe. Heuchler und Lügner allesamt.«

»Und du denkst, Markgraf Ludwig sei besser? Im Augenblick bist du ihm von Nutzen, zumindest glaubt er das. Aber was wird sein, wenn er auf den Kaiserthron verzichtet? Hält er dann weiterhin seine Hand schützend über dich und deine Getreuen?«

Damit sprach sie aus, was er immer wieder in Gedanken durchwälzte. Scheiterten seine Bemühungen, würden sich selbst seine Lehnsherren nicht länger zwischen ihm und den Burggrafen stellen. Daran, dass die dann die Jagd auf ihn eröffnen würden, hegte er keinen Zweifel. Zu oft schon, hatte er sie brüskiert und vorgeführt.

»Vermutlich hast du recht«, gab er zu. »Aber darüber zerbreche ich mir den Kopf, wenn es so weit ist. Nicht mehr lange, und wir haben Gewissheit. Bis dahin, sind du und Anne hier auf Dramaus sicher. Auch wenn er alt geworden ist, Robert würde euch mit seinem Leben verteidigen.«

»Das ist mir klar. Ich bitte dich nur, acht auf dich zu geben. Robert erwähnte, dass sich auch Walch von dir abgewendet hat. Ausgerechnet Walch, dessen Familie seit Generationen mit den unseren verbunden war.«

Damit traf Kunigunde den nächsten wunden Punkt. Walch von Leonsteins Vater war ein enger Freund von Arnold Gayling, Ekkelins Vater, gewesen. Walch auf der Seite Wiesenthaus und Gottenhofens zu wissen, schmerzte ihn. Jetzt hatte es ganz den Anschein, als wäre dieses freundschaftliche Band für alle Zeit zerrissen.

Bevor er darauf einging, wurde die Tür aufgestoßen und Anne stürmte herein. »Vater!«, rief sie freudestrahlend und warf sich in Ekkelins Arme.

Jeremias nutzte die Aufregung, die der unerwartete Besuch Ekkelins ausgelöst hatte, steckte sich ein Messer in den Gürtel, holte einen

Leinenbeutel aus seiner Kammer und verließ die Burg. Die warmen, nicht zu nassen Frühlingswochen hatten die Natur explodieren lassen. Er war überrascht und erfreut zugleich über die Vielfalt an Heilpflanzen, die auf der fast baumlosen Hochfläche gediehen und inzwischen war seine Kammer mit zum Trocknen an den Wänden aufgehängten Pflanzenbündel vollgestopft.

Die steilen, von imposanten Felsen durchzogenen Hänge und der sumpfige Talboden des Wiesenthals hingegen, bedeckte dichter Wald. Er schlug den Weg nach Muggendorf ein. Auf halber Hanghöhe verließ er den Weg und folgte einem kaum erkennbaren Fußpfad in westlicher Richtung. Die Luft unter dem frischen Blätterdach war kühl und schwer. Die Geräusche seiner Schritte verschluckte der weiche Waldboden, nur das Zwitschern im Geäst verborgener Vögel schallte klar zwischen den jungen Blättern hervor.

Schritt für Schritt begutachtete er jedes unscheinbare Kraut und fand eine Reihe Pflanzen mit heilenden Wirkstoffen; sein Leinenbeutel füllte sich. In den Bäumen über ihm wucherten Misteln in kaum zu glaubender Menge. Er würde einen der Knechte damit beauftragen, einige zu schneiden.

Unvermittelt lichtete sich der Wald, vor sich, auf einem Felssporn, der ins Tal reichte, standen die Überreste der Burg Neideck. Er genoss den unverhofften Ausblick. Während er seinen Blick über das sumpfige Tal zu seinen Füßen und den steilen Hang gegenüber schweifen ließ, befiel ihn das Gefühl, beobachtet zu werden. Suchend sah er sich um, ohne jedoch jemanden zu entdecken.

»Was Ihr da treibt? Ihr Euch verirrt?«, ertönte eine krächzende Stimme über ihm. Jeremias fuhr herum und sah nach oben. Zwei Armeslängen entfernt saß ein altes, in zerschlissene Lumpen gehülltes Weib in der Astgabel einer Esche und starrte ihn aus listigen Augen an. Überrascht wich er zurück, trat dabei auf einen am Boden liegenden Ast, rutschte ab, verdrehte sich den Knöchel und stürzte.

Der Schmerz erreichte sein Gehirn, noch bevor er aufschlug. Der weiche Waldboden fing den Sturz ab, sodass er wenigstens keinen weiteren Schaden nahm. Nur das Pochen seines Knöchels ließ ihn nichts Gutes ahnen. Stöhnend drehte er sich um, damit er den Baum, auf den das Weib geklettert war, fokussieren konnte und setzte sich auf.

Die Alte saß unverändert in der Astgabel. Sie bedachte ihn mit einem vorwurfsvollen Blick, schüttelte den Kopf, der mit einer verfilzten schmutziggrauen Haarmähne bedeckt war und sagte: »Wie ungeschickt! Ach, wie ungeschickt! Hoffentlich nichts getan habt Ihr Euch.«

Jeremias schnappte nach Luft. »Was heißt hier ungeschickt? Ist es hier draußen üblich, arglose Wanderer von Bäumen aus zu erschrecken, damit sie vom Weg abkommen und sich die Knochen brechen?« Zornig starrte er die Alte an. Dabei beugte er sich vor und betastete seinen schmerzenden Knöchel. *Zu dumm*, dachte er, *beginnt schon anzuschwellen. Und dass nur wegen eines verrückten Weibsbildes. Wer ist sie eigentlich? Doch nicht etwa das Kräuterweib, von dem Maria gesprochen hatte?*

Die Frau kicherte. Offenbar amüsierte sie der am Boden sitzende Heiler, was seinen Ärger weiter schürte. Plötzlich glitt sie mit einer eleganten Bewegung aus der Astgabel, hing einen Augenblick mit nur einem Arm an dem Ast, visierte eine geeignete Stelle für die Landung an und ließ los.

Im nächsten Moment war sie bei Jeremias und begutachtete den lädierten Knöchel. In Anbetracht ihres Alters, Jeremias schätzte sie auf zehn Jahre älter als sich selbst, hatte ihm Kraft und Geschmeidigkeit der Frau die Sprache verschlagen. Widerstandslos ließ er zu, dass sie ihn mit ihren knorrigen und schmutzigen Fingern betastete.

»Pfui, pfui!«, stieß sie zischend hervor. »Übel das, nein, nein, sieht aus nicht gut.« Dann fuhr ihr Kopf mit einem Ruck empor, fixierten ihn funkelnde Augen und sie sagte: »Kommt, ich helfe, nicht weit. Auf mich stützen könnt Ihr Euch.«

Schon war sie aufgestanden, packte mit festem Griff seinen Arm und zerrte ihn nach oben. Erst als er auf den Füßen stand und sich mit schmerzverzerrtem Gesicht auf die Schulter der Frau stützte, fand er seine Sprache wieder.

»Wohin führt Ihr mich?«, stieß er hervor, darauf achtend, so wenig Gewicht wie möglich auf den schmerzenden Knöchel zu bringen.

»Nicht weit meine Hütte«, gab die Alte zur Antwort. Sie zog ihn mit sich, bog vom Pfad ab und führte ihn zwischen dichtem Gebüsch den steilen Hang hinab. Die Tücke des Weges nötigte ihm seine ganze Konzentration ab und so schwiegen sie, bis sie nach beschwerlichem Abstieg zu der schiefen Hütte gelangten, die mit ihrem Rücken im Schatten einer überhängenden Felswand kauerte. Rauch kräuselte aus dem Abzug im mit Stroh gedeckten Dach, kroch an den Felsen entlang in die Höhe und verlor sich über den Wipfeln der Bäume.

Von außen betrachtet war kaum vorstellbar, dass in dem erbärmlichen Bauwerk zwei erwachsene Menschen Platz fanden. Die Alte ließ ihn keinen Atem schöpfen, geschweige denn einen klaren Gedanken fassen. Schnurstracks hielt sie auf die wurmstichige Tür zu, riss sie auf und, Jeremias zur Hälfte auf ihre Schulter wuchtend, bugsierte sie sich und den Heiler ins düstere Innere.

Staunend erkannte er, dass die Hütte nur Fassade war und das eigentliche Heim dieser seltsamen Alten aus einer Grotte bestand. Die Hütte diente dazu, den Eingang zu verschließen.

Über einer Feuerstelle nahe der Tür hing ein riesiger eiserner Kessel an einem dreibeinigen Gestell. Verbranntes Holz glimmte unter der Asche. Unangenehm riechender Dampf entstieg dem Kessel. Allmählich gewöhnten sich seine Augen an das Halbdunkel und mit einer Mischung aus Neugier und Abscheu betrachtete er das heillose Durcheinander um ihn herum.

Ein weiteres Mal unterbrach die Alte seine Gedanken. »Dahin, setzt Euch«, sagte sie, schob ihn zu einem Schemel und half ihm dabei, sich niederzulassen. Abermals erstaunte ihn die Kraft, über die das Weib verfügte.

Ehe er sich versah, hielt sie einen zweiten Schemel in den Händen, stellte ihn Jeremias gegenüber, griff sein Bein mit dem verletzten Knöchel, legte es darauf ab und befreite den Fuß mit geschickten Handgriffen von seinem Schuhwerk.

Dann eilte sie zwischen den überladenen Tischen, Truhen und Körben in den hinteren Teil der Grotte, kniete sich nieder und verschwand damit aus Jeremias Gesichtsfeld. Der Heiler nutzte die Gelegenheit und untersuchte den Knöchel. Trotz der Schwellung stellte er fest, dass nichts gebrochen oder gerissen war. In ein bis zwei Wochen dürfte er wieder in der Lage sein, schmerzfrei zu gehen. Unvermittelt tauchte der Kopf der Alten auf und mit vor Wasser tropfenden Leinentüchern in den Händen kehrte sie zurück.

»So«, grummelte sie und wickelte die nassen Tücher um den geschwollenen Knöchel. Die Kälte ließ Jeremias zusammenschrecken. »Lindert Schmerz.«

Wieder hüpfte sie davon, stöberte und stocherte in allen möglichen Winkeln und Ecken ihres unüberschaubaren Hausrates herum. Scheinbar war sie auf der Suche nach irgendetwas

Endlich vermochte er seine Gedanken zu sammeln. Er hatte nun keinen Zweifel mehr daran, auf das Kräuterweib gestoßen zu sein. Und trotz seines schmerzenden Knöchels, dem Zorn über ihr unmögliches Benehmen, ertappte er sich dabei, dass sie ihn amüsierte.

»Ha!«, rief sie und zog eine tönerne Schale hinter allen möglichen anderen Gefäßen, die auf einer Truhe standen, hervor. Dann hastete sie zurück und streckte ihm die Schale entgegen.

Zögernd griff Jeremias danach. Misstrauisch führte er die Schale zu seiner Nase und schnüffelte. Sie enthielt eine gelbe, übelriechende Salbe.

»Das Knöchel heilen«, griente die Alte.

»Was ist in der Salbe?«

»Arnika, Hauswurz, Johanniskraut, Schafgarbe. Drei weitere Zutaten, davon nichts versteht Ihr«, nuschelte die Alte.

»Hm, ich würde Thymian und Holunder beifügen, um Schwellungen zu mildern.«

Erstaunt glotzte die Alte den Heiler an. »Woher wisst Ihr?«

»Dann würde ich das Ganze in gekochtes Ziegenfett einrühren«, fuhr Jeremias ungerührt fort. »Sagt, gute Frau, welches Fett benutzt Ihr?«

»Schweinefett«, flüsterte die Alte.

»Ich fürchte, dann darf ich Eure Salbe nicht verwenden«, seufzte er. »Schweine sind nicht koscher. Selbst wenn Ihr das Fett von Ziegen oder Schafen verwendet hättet, müsste das Tier nach koscheren Regeln geschlachtet worden sein. Aber in diesem Fall würde ich das nicht so eng sehen«, fügte er zaghaft grinsend hinzu.

Die Züge der Frau erhellten sich. »Ein Jude!«, sagte sie, klang erleichtert und unterzog ihren Gast einer weiteren Begutachtung. Ungeniert glitten ihre schmalen Augen über jeden Zoll seines Körpers. »Nie einem begegnet bin ich. Nur gehört, dass welche in Städten leben.« Unvermittelt richtete sie sich auf, fixierte Jeremias Augen mit ihrem Blick, dass ihm unbehaglich wurde. Dann beugte sie sich vor und zischte: »Mit Teufel im Bunde Ihr Juden steht, man sagt.«

»Und – macht Euch das keine Angst?«

Die Alte öffnete den Mund, verzog ihre runzligen Lippen zu einem verschwörerischen Grinsen und schüttelte den Kopf. Dann sagte sie nur: »Was ist? Stimmt's?«

»Ich – ich denke nicht«, entgegnete Jeremias. Nicht, dass er sich vor der Alten gefürchtet hätte. Trotzdem, auf irgendeine Art war sie ihm unheimlich.

Plötzlich brach sie in schnatterndes Gelächter aus, fuchtelte mit der Schale vor seiner Nase herum und rief: »Eines Ihr habt vergessen!«

Er hatte nicht die geringste Ahnung, worauf die Frau anspielte.

»Schlangengift! In der Salbe hat's noch Schlangengift. Hebt auf nicht koscheres Fett – nicht wahr?« Mit zur Seite geneigtem Kopf blinzelte sie ihm zu.

Jeremias, völlig verblüfft von dieser Behauptung, starrte argwöhnisch auf die Salbe in seiner Hand, dann in das runzlige Gesicht der Alten, die ihm auffordernd zunickte. Schließlich, er konnte nicht anders, lachte er. Er lachte, bis ihm die Augen tränten.

»Nein!«, schüttelte er schniefend den Kopf. »Ich denke nicht, dass irgendeine Essenz die Gesetze des Kaschruth aufhebt.«

Die Alte schien enttäuscht, gleichzeitig weiteten sich ihr Augen. »Gesetze des Kaschruth«, wiederholte sie leise. »Mächtiger Zauber das ist?«

»Könnte man so sagen.«

»Euren Knöchel heilt Kaschruth?«

»Nicht direkt. Jahwe hat Wohlgefallen an dem, der nach den Regeln des Kaschruth lebt.«

»Jahwe?«

»Gott.«

»Gott?«, echote sie und verzog das Gesicht, als hätte sie in eine saure Frucht gebissen. Plötzlich sprang sie auf und fuchtelte wild mit den Händen. »Im Kloster sprechen auch von Gott! Sagen nach Gottes Willen sie handeln. Narren einfältige! Mich verfolgen, Hagazussa oder Striga mich schimpfen! Pah!«, spuckte sie aus. Auf einmal erhellten sich ihre Züge. »Warum sie sagen, Pakt mit Teufel ihr Juden habt? Jahwe nicht auch ihr Gott? Erzählt mir!«

Jeremias war wie vor den Kopf geschlagen. Die urplötzlichen Ausbrüche dieser Frau verwirrten ihn. Jetzt hockte sie dicht bei ihm und hing mit erwartungsvollen Blicken an seinen Lippen. Als ob ausgerechnet er in der Lage wäre, in wenigen Sätzen die gesamten Lehren des Juden- und Christentums darzulegen und die ewige Feindschaft dieser Religionen zu erklären.

»Im Grunde glauben wir an denselben Gott. Nur legen wir sein Wort unterschiedlich aus«, startete er einen verzweifelten Versuch.

Ihr skeptischer Gesichtsausdruck, mit dem sie seinen Worten folgte, ließ Jeremias ahnen, dass er weiter ausholen müsste. Er zuckte mit den Schultern. »So leicht lässt sich das nicht erklären, gute Frau. Ihr wisst, dass die Christen die Ansicht vertreten, Jesus sei der Sohn Gottes? Wir Juden denken das nicht. Zudem behaupten die Christen, dass wir Jesus Christus an die Römer ausgeliefert und damit zum Tode verurteilt haben. Sie vergessen allerdings gerne, dass Jesus Christus ebenfalls Jude war.«

Der Ausdruck maßlosen Erstaunens ergriff vom Gesicht der Alten Besitz. Mit weit offenstehendem Mund gaffte sie den Heiler an, dann schlug sie sich auf die Schenkel und ihr gackerndes Lachen erfüllte die Grotte. »Narren das! Narren allesamt.«

Abermals war es an Jeremias, verwundert den Kopf zu schütteln.

»Was glotzt Ihr so dumm?«, fuhr die Alte auf, nachdem sie wieder Atem geholt hatte. »Nicht begreift? Jesus war Jude und Gottes Sohn, das euch macht zu Neffen und Nichten Gottes!« Triumphierend ob dieser Erkenntnis, lachte sie Jeremias ins Gesicht. »Das ist, was sie fürchten!«

Entsetzt zuckte er zurück. »Seid Ihr toll? Lasst das niemanden hören, sonst landet Ihr auf dem Scheiterhaufen. Und ich gleich dazu, wenn bekannt wird, dass Ihr mit mir gesprochen habt.«

Verächtlich rümpfte die Frau die Nase. »Pah!«, machte sie und verschränkte die Arme. »Verbrennen mich, sie möchten schon längst. Gefallen wollen sie ihrem Gott. Gleich Ihr Euch seid darin, Juden und Christen. Pah!«

»Wollen wir nicht alle unserem Gott gefallen?«, erwiderte er lahm.

Der Blick, den ihm das alte Weib daraufhin zuwarf, erinnerte ihn an eine verzweifelte Mutter, die sich über die Begriffsstutzigkeit ihres Kindes ärgerte. »Götter nicht interessieren sich für Geschicke der Menschen. Ihnen egal wir sind – solange wir nicht anmaßen zu gefallen ihnen.« Kichernd verstummte sie.

Jeremias war schockiert. Dieses Weib sprach mit einer Selbstverständlichkeit seine Zweifel in seinem Glauben aus, die ihn entsetzte. Unbewusst hatte sie seinen wunden Punkt getroffen. Sein wankender Glaube war einer der Gründe, die ihn veranlasst hatten, dem Wunsch seines Rabbiners nachzukommen und seine Gemeinde zu verlassen. Und jetzt, in dieser Grotte, erkannte er, wie er diese Tatsache sich selbst gegenüber verleugnet hatte. Seine Gebete, der wöchentliche Sabbat, all die Festtage und jüdischen Regeln, die er achtete und gewissenhaft einhielt – all dies erschien ihm auf einmal nicht aufrichtig. Was aber war richtig? Oder verhielt es sich so, dass er aus Angst vor Verfolgung in seinem Glauben schwankte? Sein Blick fiel auf die Salbe in seiner Hand.

»Was nun ist mit Eurem Knöchel?«, riss ihn die Stimme der Alten aus den Gedanken. Als wüsste sie genau, was ihn quälte. »Die Salbe nun nehmt Ihr oder nicht?«

Hin und hergerissen zögerte er einen Augenblick. Dann schüttelte er entschlossen den Kopf und reichte die Schale zurück. »Nein«, sagte er bestimmt, fast schon zu laut, wie ihm schien. »Nehmt es mir nicht übel, aber ich besitze eine ähnliche Salbe, mit koscherem Fett zubereitet. Helft mir den Knöchel zu bandagieren, dann werde ich den Rückweg schon bewältigen.«

Mit unbewegter Miene nahm ihm die Frau die Schale ab, dann holte sie aus dem hinteren Teil der Grotte einige Streifen Tuch. Es war nicht zu erkennen, ob sie die Ablehnung kränkte oder nicht. Wahrscheinlich war es ihr egal. Zumindest hoffte Jeremias dies.

»Eure Sachen, wo sind?«, fragte sie, während sie Jeremias Knöchel bandagierte. »Kein Gepäck ich sehe. Woher Ihr kommt?«

»Ich bin Gast auf Burg Dramaus.«

»Ah!«, rief sie auf. »Gayling guter Herr. Schwer das Los seines Weibes.«

Jeremias horchte auf.

»Weshalb auf Dramaus Ihr seid? Gayling Gebräuche der Juden will lernen?«, kam sie seiner Frage zuvor.

»Nein«, ungehalten winkte er ab. Was für eine sonderliche Idee! »Er respektiert meinen Glauben, mehr aber nicht. Ich bin Heiler und hier, um Ekkelins Weib Kunigunde von ihrem Leid zu befreien. Aber sagt, was wisst Ihr darüber?«

Unvermittelt sprang die Alte auf. »Mächtiger Dämon!«, stieß sie hervor. »Nicht vertreiben ich kann, zu stark er ist. Besiegen Ihr vermögt ihn?«

»Dämon?«, fragte Jeremias. Auf einmal verstand er, was sie meinte. Fast hätte er über ihre Sichtweise gelächelt. Im letzten Moment gelang es ihm jedoch, sich zu beherrschen. »Nicht ganz«, antwortete er stattdessen. »Ihr geht es besser. Viel besser sogar. Aber ich fürchte, dass meine Künste nicht ausreichen, den Dämon gänzlich aus ihrem Leib zu verbannen.«

»Ts, ts!«, machte sie. »Nicht Leib! Ihre Seele ist, die umklammert der Dämon. Ihre Seele Ihr heilen müsst!«

»Ihre Seele«, flüsterte Jeremias. Auch wenn diese Frau die Dinge von einem eher ungewöhnlichen Standpunkt aus betrachtete, so kam er nicht umhin, ihr zuzugestehen, dass sie mit ihrer Meinung durchaus richtig liegen könnte. Doch wie sollte ausgerechnet er, der ja selbst mit seiner Seele haderte, es anstellen, Kunigunde zu heilen?

»Den Weg zurück, allein Ihr nicht schafft«, wechselte die Alte das Thema. »Ich begleite Euch und Euch stützen. Kunigunde ich sehen muss.«

»Ihr wollt was?«, fuhr Jeremias auf.

»Was Ihr sorgt Euch, Narr törichter?«, keifte sie. »Stets willkommen ich bin auf Dramaus. Kommt jetzt, bald Geister des Waldes erwachen, wenn dunkelt. Gefallen sie vielleicht finden an Euch seltsamem Kauz und nicht gehen lassen sie Euch.« Ohne eine Erwiderung abzuwarten, schlang sie einen Arm um Jeremias und wuchtete den größeren Heiler auf die Füße.

Robert de Baujeau eilte die Stufen hinunter. Wie hatte er das nur vergessen können? Wiesenthau und Gottenhofen weilten dieser Tage auf Burg Waischenfeld, wo ein Turnier anlässlich der Veräußerung der Burg seitens Graf Günther von Schwarzburg und dessen Frau Reichza, eine Tochter des Konrad von Schlüsselberg, ausgetragen werden sollte. Die ehemaligen Bundesgenossen nahmen nur zu gerne an diesen allgemein beliebten Wettbewerben teil. Dem Sieger winkten nicht zu verachtende Gewinne, weshalb sich diese Turniere regem Zuspruch aus den Reihen des Landadels erfreuten. Manch Zweit- oder Drittgeborener bestritt so seinen Lebensunterhalt.

Unten angekommen schnappte Robert nach Luft. Hoffentlich traf er Ekkelin in den Stallungen an, sonst sähe er sich gezwungen, ihm auf einem schnellen Pferd zu folgen. Mit etwas langsameren Schritten stakste er über den Hof. Beruhigt registrierte er die versammelten Burgbewohner vor dem Tor, die darauf warteten, ihrem Herrn Lebewohl zu sagen.

De Baujeau stürmte in das Halbdunkel des Stalles und blieb wie angewurzelt stehen. *Mon Dieu! Warum bin ich nicht darauf*

gekommen, dass sie sich hier voneinander verabschieden, vor neu-
gierigen Augen geschützt?

Ekkelin hielt Kunigunde eng umschlungen, presste seine Lippen
auf die ihren. Ihre Tochter umklammerte die Eltern auf Hüfthöhe.

»Müsst Ihr wirklich aufbrechen?« Mit bettelndem Blick hing die
kleine Anne am Gesicht ihres Vaters. Ekkelin, der seine Frau in den
Armen hielt, sah milde zu seiner Tochter hinunter und legte eine
Hand auf ihren Kopf.

Keiner der drei beachtete den alten Ritter.

»Vater wird schon bald wieder zurückkehren, mein Liebes«,
versprach Kunigunde.

Robert de Baujeau wandte seinen Blick taktvoll ab. Hätte er
gewusst, dass Ekkelin sich hier von Weib und Kind verabschiedete,
hätte er vor dem Tor auf ihn gewartet. So aber war er unverhofft
in die anrührende Szene hineingestolpert. Verlegen zog er sich
zurück, darauf bedacht keine Aufmerksamkeit zu erregen.

Von den anderen am Tor erntete er schadenfrohes Grinsen, das
augenblicklich unterblieb, nachdem er einen finsteren Blick zu der
Gruppe geworfen hatte. *Herr im Himmel, ich werde alt. Sogar die*
Bediensteten und Knechte haben gewusst, dass sie sich in der Stallung
aufhalten.

Kurze Zeit später wurde das Tor aufgestoßen und Ekkelin, der
neben seinem Reittier ein Packpferd an den Zügeln hinter sich
herführte, trat ins Freie. Als er Roberts betretene Miene erkannte,
entblößte er die Zähne zu einem breiten Grinsen. »Was gibt es
noch, alter Freund? Haben wir uns nicht schon alles gesagt?«

»Im Grunde schon«, wich de Baujeau mürrisch aus.

»Aber?«

»Ich habe versäumt, von einem Turnier auf Burg Waischenfeld
zu berichten.«

Ekkelin zog eine Augenbraue hoch. »Du wirst in deinen alten
Tagen doch nicht etwa senil, mein Freund?«

»Mach dich nur über mich lustig!«

Ekkelin lachte und legte dem Freund eine Hand auf die Schulter: »Du weißt, dass das nicht so gemeint war. Ich will ohnehin

erst nach Burg Gailenreuth. Götz von Egloffstein ist ein Schwager Walchs von Leonstein und kann mir vielleicht verraten, was der gute Walch dieser Tage treibt. Ich hätte also noch heute von dem Turnier erfahren.«

»Gottenhofen und Wiesenthau wirst du mit Sicherheit unter den Teilnehmern des Turniers finden. Und vielleicht auch Leonstein.«

»Allerdings. Was ist der Anlass des Turniers?«

Robert de Baujeau erzählte es ihm.

»Sieh an. Die Nürnberger halten mich so in Atem, dass ich überhaupt nicht mitbekomme, was in meiner Nachbarschaft geschieht. Der Bischof erwähnte allerdings zu Beginn des Jahres von der Absicht des Grafen von Schwarzberg, den Besitz seiner Frau bei Waischenfeld zu veräußern. Ich gehe davon aus, dass er ebenfalls auf Burg Waischenfeld weilt. Dass sie deswegen aber ein Turnier austragen«, missbilligend schüttelte er den Kopf.

»Es heißt, dass Reichza das Turnier zum ehrenvollen Gedenken an ihren Vater Konrad ausrichtet«, sagte Robert.

»Hm, das sieht ihr durchaus ähnlich«, murmelte Ekkelin. »Erfreulich auch, dass Friedrich von Hohenlohe ihr diese Gunst gewährt. Immerhin war er maßgeblich am Fall ihres Vaters beteiligt.« Ekkelin verstummte. Dann, als ob er sich dazu zwingen wollte, auf andere Gedanken zu kommen, fragte er: »Sei' s drum. Sag , wo befindet sich unser jüdischer Heiler? Kurz nach meiner Ankunft bin ich ihm begegnet, doch jetzt sehe ich ihn nirgends.«

»Wahrscheinlich erkundet er die Umgebung auf der Suche nach Heilpflanzen. Für gewöhnlich ist er bis zur Dämmerung zurück.«

»Na, dann sollte er sich diesmal aber sputen«, meinte Ekkelin mit einem Blick zum Himmel. »Bist du ihm noch immer unheimlich?«

Robert grinste. »Ich sehe nicht, warum ich daran was ändern sollte.«

Ekkelin lachte auf, dann reichte er dem väterlichen Freund die Hand. »Hüte meine Familie wie bisher. Wenn es das Schicksal gut mit mir meint, sehe ich dich spätestens nach Pfingsten wieder.«

»Ich werde dich wiedersehen, Welpe!«, knurrte der Franzose und schlug in Ekkelins Hand ein. Dann bestieg der Ritter sein Pferd und ließ es im Schritt auf die wartende Gruppe vor dem Burgtor zugehen. Das Packpferd führte er am Zügel.

Die Waffenknechte und das Gesinde verabschiedeten ihren Herrn mit aller Herzlichkeit, allen voran die füllige Maria. Kurze Zeit später lenkte Ekkelin sein Pferd über die Zugbrücke in die beginnende Dämmerung hinaus. Es war Vollmond, er würde die Nacht über durchreiten können.

Robert de Baujeau wandte sich ab, wobei er eine Gestalt an der Brüstung des Burgfrieds über ihm bemerkte. Es war Kunigunde, die ihren Gemahl nachblickte.

Der Franzose schickte sich an, die Stufen zum Bergfried hochzusteigen, als ihn ihr Ruf erreichte: »Robert! Rasch, nehmt zwei Pferde. Jeremias und die alte Isberga brauchen Hilfe. Zumindest sieht es von hier so aus.«

Er zögerte nur einen Augenblick, dann eilte er zurück zu den Stallungen. Zwei Knechte, die ihre Herrin ebenfalls gehört hatten, sprangen herbei.

Das Kräuterweib und Jeremias, der mittlerweile fast sein ganzes Gewicht auf ihre dürren Schultern stützte, hatten den Weg vom Waldrand zur Burg zur Hälfte zurückgelegt, als sie den Reiter bemerkten, der, ein Packpferd mit sich führend, auf sie zuhielt.

Jeremias, geblendet von der untergehenden Sonne, kniff die Augen zusammen, dann erkannte er an der Art wie der Mann im Sattel saß, Ekkelin. Ebenso schien ihn auch die Alte zu erkennen, denn sie stoppte unverhofft und versuchte, trotz des zusätzlichen Gewichts des Heilers, sich zu verbeugen.

»Was macht Ihr da, Weib?«, kreischte Jeremias auf. Um ein Haar hätte er sein Gleichgewicht verloren. Wild mit dem freien Arm rudernd, bewahrte er sich vor einem Sturz. Ekkelin hatte sie inzwischen erreicht, zügelte sein Pferd, sprang aus dem Sattel und befreite die Frau von Jeremias' Last.

»Wie ich sehe, habt Ihr Isberga bereits kennen gelernt. Aber was zum Teufel habt Ihr mit eurem Fuß angestellt?«

»Törichter Heiler, ungeschickt er ist«, wetterte die Alte. »Auf einen Ast getreten er und umgeknickt. Dass ich zugegen, sein Glück!«

»Was?«, fast wäre Jeremias doch hingefallen. Fassungslos stierte er die Alte an, dann wanderte sein Blick zu Ekkelin, der ihn nach wie vor stützte. Der heitere Gesichtsausdruck des Ritters und nicht zuletzt sein Augenzwinkern beruhigten ihn. Schließlich brachte er es sogar fertig, zu schmunzeln. »Wenn ich mich recht entsinne, bin ich erst wegen der Anwesenheit dieses Weibes auf den Ast getreten.«

»Nun, das kann ich mir lebhaft vorstellen«, sagte Ekkelin lachend. »Wie steht es mit Eurem Knöchel?«

Jeremias winkte ab. »Ein, zwei Wochen und er ist wieder wie neu.«

»Dennoch setzt Ihr Euch besser auf mein Pferd. Spart Euren Atem! Ich jedenfalls lasse nicht zu, dass Euch die alte Isberga weiter bis zur Burg schleppt.«

»Aber Herr, aufhalten wir Euch nur!«, protestierte Isberga. »Nicht weit ist mehr.«

»Kein Wort mehr, du alte Hagazussa! Sonst lasse ich dich ins Verlies werfen!«

Jeremias traute seinen Ohren nicht. Hatte Ekkelin der Frau gedroht? Als er aber ihre Gesichter betrachtete und in beiden einen unübersehbaren Schalk ausmachte, schüttelte er nur den Kopf.

»Nur zu, mich einsperrt und fürchterlichen Fluch Euer Haus ich belege. Davon nur flüsternd noch in Generationen die Menschen erzählen! Eurem Weib, wie ihr geht?«

»Ausgezeichnet!«, lachte Ekkelin. »Dank diesem Heiler hier. Und du willst dir wohl gleich ein Bild von der Kunstfertigkeit dieses Mannes machen, was?«

Heftig nickte die Alte, dass ihre Mähne nur so flog. »Den Dämon geschwächt er hat!«, rief sie voller Ehrfurcht. »Wie er vollbracht, ich wissen muss.«

»Kunigunde wird sich freuen, dich zu sehen, Isberga. Und wie es aussieht, eilt euch der gute Robert zu Hilfe. Ihr seht, nicht im Geringsten haltet ihr mich auf.«

Ekkelin stieg wieder in den Sattel. Jeremias blickte zur Burg. Tatsächlich galoppierte Robert de Baujeau heran. Auch er führte ein einzelnes Ross am Zügel.

Als Jeremias und Isberga gemeinsam auf dem Rücken des zweiten Pferdes hinter de Baujeau in den Burghof einritten, empfing sie fast alle Bewohner der Burg . An vorderster Front stand Maria, die Jeremias vom Gaul riss und unter wüsten Schimpfreden ob seines Leichtsinns in die Küche führte.

Aus den Augenwinkeln heraus sah er Kunigunde Isberga begrüßen und vom Pferd helfen. Dann bugsierte ihn Maria auch schon durch die Tür und er fand sich in der großräumigen Küche wieder, wo er in einen Stuhl neben dem gemauerten Herd gedrückt wurde.

Maria befreite den bandagierten Knöchel von den Leinentüchern. Die Geschwulst war fast so groß wie ein Hühnerei. »Du meine Güte, was habt Ihr jetzt nur wieder angestellt?«

»Angestellt?«, allmählich hatte Jeremias genug. Brüsk entzog er seinen Fuß den Händen Marias und sagte: »Du magst die Herrin über das Gesinde und die Küche sein, aber hiervon verstehst du nichts. Und damit das ein für alle Mal geklärt ist, ich habe überhaupt nichts angestellt! Euer Kräuterweib saß auf einem Baum und hat mich erschreckt. Dann bin ich umgeknickt und hier siehst du die Bescherung. So und jetzt geh in meine Kammer und hol das braune Gefäß vom Regal neben meiner Bettstatt. Es ist das kleinste und darum nicht schwer zu finden.«

Der mürrische Ton überraschte Maria. So kannte sie Jeremias gar nicht. Doch ein rascher Blick in sein Gesicht genügte und sie verzichtete auf eine Widerrede. Dennoch war unübersehbar, wie sie der Ton des Heilers verletzt hatte. Mit aufeinandergepressten Lippen stemmte sie sich vom Boden hoch und rief nach der Magd. Sowie das Mädchen in der Tür erschien, schickte Maria sie in Jeremias' Kammer, um besagtes Gefäß zu holen. Kaum war das Mädchen verschwunden, nahm sie eine Schüssel und füllte sie aus dem großen Topf über dem Herd mit verführerisch riechendem Eintopf.

»Esst etwas«, sagte sie und reichte ihm das dampfende Gefäß und einen Holzlöffel.

Jeremias seufzte, bedankte sich murmelnd und machte sich über den Eintopf her. Er war hungrig wie ein Bär und nach den ersten Löffeln hob sich seine Stimmung. Nachdem er die Schüssel geleert hatte, vermochte er sogar, über den heutigen Tag zu lächeln.

Die Magd kehrte zurück und er verteilte fast die Hälfte seiner Salbe auf den geschwollenen Knöchel. Anschließend bat er Maria, ihm beim erneuten Einwickeln des Gelenks zu helfen und kurz darauf war sein Fuß fürs Erste versorgt.

Sein Blick fiel erneut auf den Kessel über dem Herd und die von ihm geleerte Schüssel vor sich auf dem Tisch. »Sag, Maria, kochst du jetzt für die ganze Burg nach den Regeln des Kaschruth?«

Schnippisch blickte ihn Maria an: »Was denkt Ihr? Dass ich Zeit habe, für jeden ein extra Süppchen zu kochen? Vor allem, da ich gezwungen bin, dem Schlachter auf die Finger zu schauen, damit er nicht auf die altbewährte Methode schlachtet. Und dann muss ich jedes Stück Fleisch und Fisch in Salzwasser einlegen, damit Ihr zufrieden seid. Wie soll ich da Zeit für eine zweite Zubereitung finden? Bisher jedenfalls hat's noch keinem geschadet.«

Obwohl deutlich war, dass ihm Maria den rüden Ton noch nicht verziehen hatte, vermochte Jeremias nicht, ein leises Lachen zu unterdrücken. Er versuchte sich vorzustellen, was Isaak von Scheßlitz dazu sagen würde, erführe er, dass auf des Gaylings Burg koscher gekocht wurde.

»Verzeiht meine ruppigen Worte von vorhin, o Herrin der Gaumen- und Magenfreuden«, bemühte er sich, Maria wieder gewogen zu stimmen. »Die peinliche Lage hat mich die Beherrschung verlieren lassen.«

Maria tat, als höre sie ihn nicht und hantierte ungerührt mit irgendwelchen Gefäßen vor dem gemauerten Herd.

Jeremias seufzte. Neben der Herrin war Maria seine einzige wirkliche Vertraute in diesen Mauern. Obwohl ihm in der Burg und im Dorf mit höflichem Respekt begegnet wurde, so spürte er dennoch, dass er für diese Menschen ein Fremder war.

»Du musst es mir ja nicht unbedingt auf die Nase binden, wenn einmal nicht koscher geschlachtet worden ist«, meinte er nach einer Weile.

Maria stockte in der Bewegung und mit ungläubigem Blick wandte sie sich zu Jeremias herum. »Fallt Ihr dann nicht vor Eurem Gott in Ungnade?«

»Selbst ein Rabbi ist bisweilen auf seinen Reisen dazu gezwungen, die Herkunft einer labenden Mahlzeit nicht unbedingt zu hinterfragen«, erklärte er. Innerlich atmete er auf. Maria sprach wieder mit ihm. »Die Lehren des Talmuds bringen das Wort Jahwes den Menschen näher und ich denke nicht, dass es einen gleich zu einem Ungläubigen macht, wenn man sie nicht immer in allen Einzelheiten befolgen kann. Hältst du dich denn immerzu an die Regeln eurer Religion? Ich meine, dass ich dich noch nie die Messe besuchen gesehen habe, solange ich in diesen Mauern weile. Müsstest du nicht zumindest die Beichte ablegen, um dein Seelenheil nicht zu verwirken?«

Mit offenem Mund sah Maria den Heiler an. Nur langsam fand sie ihre Fassung wieder. »Ich bin bestimmt ein gottesfürchtiger Mensch, der Herr ist mein Zeuge. Doch wie soll ich die Zeit finden, um mehr als ein oder zweimal im Jahr die Messe in Muggendorf zu besuchen?«

»Nein, nein, du verstehst mich falsch!«, versicherte Jeremias. »Ich will dir nur aufzeigen, dass auch wir Juden unsere Regeln bisweilen ein wenig großzügiger auslegen.«

Sichtlich atmete Maria auf. »Ach so«, nickte sie. »Nun, wenn Ihr es genau wissen wollt, dann muss ich gestehen, dass der Prior in Muggendorf da ganz anderer Meinung ist. Möcht nicht wissen, was er sagen würde, erführe er, dass Herr de Baujeau für uns die Messe hält. Unser Herr Ekkelin versteht sich jedenfalls nicht besonders gut mit dem Prior, müsst Ihr wissen.«

»Und deswegen hast du Angst, von eurem Gott verdammt zu werden?« Gespannt harrte Jeremias auf Marias Antwort. Er hoffte, nicht zu weit gegangen zu sein.

Verlegen trat Maria von einem Fuß auf den anderen. »Ich weiß nicht«, sagte sie. »Der Prior scheint sich seiner Sache sicher. Wenn Ihr mich aber nach meiner Meinung fragt, dann redet der ziemlich viel Unsinn.« Entschlossen schob sie das Kinn vor und verstummte.

»Und weshalb denkst du das?«, wagte Jeremias zu fragen.

Maria schnaubte: »Weil dann Menschen wie Ihr oder Isberga Helfer des Teufels wären! Und warum? Weil ihr besser versteht, Kranke zu heilen als alle Mönche und Priester zusammen? Sie nennen es Gottes Wille, versagen ihre Heilkünste und die der anderer erkennen sie nicht an. Der Herr möge mir verzeihen, aber ich glaube nicht, dass er so grausam ist, wie seine Diener uns glauben machen wollen. Ist Euer Jahwe grausam, Jeremias?«

Die Frage überraschte ihn, weshalb er erst ein wenig überlegte, bevor er antwortete. »Bisweilen schon«, gab er zu. »Immer dann, wenn er unseren Glauben auf die Probe stellt. Denn wir sind nichts und das ist es, was wir Menschen gerne vergessen. Darum unterzieht er seinen Anhängern in gewissen Abständen Prüfungen, die man durchaus als grausam ansehen kann.«

»Hm«, schnaubte Maria mit skeptischer Miene. »Vielleicht sind ja eure Priester auch nicht besser als unsere.«

»Wie meinst du das?«

»Herr Ekkelin sagt, dass die Bischöfe und ihre Pfaffen nur der klingenden Münze und den Mächtigen dienen. In alten Zeiten hätten sie die Ritter geachtet und ihren Segen über sie gesprochen. Jetzt, da die Macht der Ritter geschwunden und die meisten verarmt sind, wenden sie ihre Gunst den Pfeffersäcken zu.«

»Sieh an«, murmelte der Heiler. Endlich erfuhr er etwas, worüber er sich seit einigen Wochen den Kopf zerbrochen hatte. Hier draußen erschien ihm das Verhältnis der Menschen zu Gott und Kirche ein anderes als in den Städten.

»Aber was fragt Ihr mich, eine einfache Magd? Von solchen Dingen verstehe ich nichts. Ich begreife nur nicht, warum hinter all den alten Bräuchen der Teufel stecken soll. Wer hier draußen lebt, lernt schnell, dass es noch mehr gibt als Hölle und Himmelreich.«

»Und was?«

»Dämonen in den Wäldern, den Lebenden wohlgesonnene und auch auf Rache und Missgunst sinnende Geister. Seelen von Gemordeten oder von Kräuterweibern wie Isberga, die auf dem Scheiterhaufen verbrannt wurden. Vor allem in den dichten Wäldern der Täler, ganz besonders aber im Dickicht des Ahornbodens, treiben es diese Geister arg«, flüsterte sie mit beschwörender Miene.

»Ahornboden?«, fragte Jeremias. »Von einem Ahornboden habe ich noch nie etwas gehört. Wo liegt der denn?«

»Einige Meilen nördlich von hier. Die Herren Ritter gehen dort regelmäßig zur Jagd.«

»Gibt es viele Rittergeschlechter in dieser Gegend?«

»Viel zu viele. Und noch mehr Burgen, Burgställe oder Wehrtürme. Fast an jeder Weggabelung. Aber eigentlich gehören sie nur einem guten Dutzend verschiedener Häuser an. Alle sind sie untereinander verschwägert oder sonst wie verwandt. Was sie nicht daran hindert, sich gegenseitig die Köpfe einzuschlagen, sobald einer von ihnen darin einen Vorteil sieht.«

»Klingt verrückt und ehrlich gesagt verstehe ich es nicht.«

»Wisst Ihr was?«, entgegnete Maria lachend. »Ich ebenso wenig. Ich weiß nur, dass unser Herr und die mit ihm befreundeten Ritter anders sind. Sie schützen einander. Aber auch darüber weiß ich nicht viel. Fragt doch Robert de Beaujeu. Früher hat er unseren Herrn stets auf seinen Ritten begleitet, jetzt ist er dazu zu alt. Aber er weiß alles über die Verhältnisse der Ritter untereinander.«

Jeremias fuhr zurück. »Ich werde mich unterstehen!«, stieß er hervor. »Ich habe jedes Mal das Gefühl, dass mich der am liebsten mit seinem Schwert aufspießen möchte, wenn er mich ansieht.«

»Ach was!«, winkte Maria lachend ab. »Warum er sich Euch gegenüber so griesgrämig gibt, weiß ich nicht. Im Grunde ist er recht umgänglich und nach allem, was Ihr für die Herrin getan habt, würde ihm nicht im Traum einfallen, Euch auch nur ein Haar zu krümmen.«

So hatte er die Sache noch gar nicht betrachtet. Im Stillen beschloss er, sich bald ein Herz zu fassen und diesen finsteren Ritter anzusprechen. »Wahrscheinlich hast du recht«, räumte er ein. »Wie lange kennst du eigentlich diese Isberga?«

»Ach«, winkte Maria ab, »seit ich die Herrin das erste Mal nach Dramaus begleitet habe. Das müsste jetzt bald zehn Jahre her sein. Früher lebten wir auf Schloss Röllinghausen, einem Lehen des Grafen von Hohenlohe.«

Darüber wusste Jeremias nur so viel, wie er sich aus den Wortfetzen der Burgbewohner oder aus Unterhaltungen zwischen Kunigunde und de Beaujeu zusammengereimt hatte.

»Wie alt ist Isberga eigentlich? Sie sieht aus wie Hundert, verfügt aber über Kräfte, die selbst jungen Frauen kaum zuzutrauen sind.«

»Lasst Euch von ihrem Äußeren nicht täuschen, das macht meiner Meinung nach das Leben in ihrer Höhle. Sie ist höchstens fünfunddreißig. Sie war schon als kleines Mädchen stark wie ein Ochse. Die Herrin meint, dass sie wahrscheinlich ein Junge hätte werden sollen, doch im letzten Moment habe sich Gott eben anders entschieden.«

»Das könnte in der Tat so sein«, murmelte Jeremias.

Als hätten sie die Worte herbeigerufen, öffnete sich die Tür und Isberga stürzte in die Küche. Sie strahlte übers ganze Gesicht und in demütiger Haltung näherte sie sich dem Heiler. »Tatsächlich getan Ihr es!«, sagte sie, kniete sich vor Jeremias und ergriff seine Hände.

»Was? Nein, nein! Steh auf! Was ist bloß in dich gefahren!«

»Dämon da noch ist, spüren ich ihn kann«, sagte sie leise. »Aber schwach geworden er ist. Wie gemacht Ihr das?«

Jeremias kratzte sich am Kopf. Er hatte Kunigunde verschiedene in warmes Wasser gegebene Kräuter inhalieren lassen und andere, Schleim- und Hustenlösende Pflanzen verordnet, die Magd dazu angehalten, das Feuer im Kamin zu keiner Stunde ausgehen zu lassen und trotzdem regelmäßig für frische Luft zu sorgen. Das sagte er.

Isberga schüttelte den Kopf: »Nicht alles das ist! Was noch Ihr gebt?«

Ratlos blickte Jeremias auf sie hinunter: »Das ist wirklich alles.«

»Noch was geben es muss!«, beharrte sie.

»Natürlich!«, ließ sich plötzlich Maria vernehmen. »Das Essen! Seit Ihr auf Dramaus seid, hat Kunigunde nichts mehr vom Schwein gegessen.«

Isbergas und Jeremias Köpfe flogen herum und starrten die Köchin mit großen Augen an. »Das Essen! Wahrhaftig!«, murmelte er betroffen.

»Essen?«, wiederholte Isberga. Fast beschwörend sagte sie: »Kein Schwein – wie in Salbe. Kaschruth.« Sie hob den Kopf und sah Jeremias fest in die Augen. »Gegen Dämon Kaschruth hilft. Erklär's mir!«

Maria lachte. »So viel also dazu, dass ich es nicht mehr so genau mit Eurem koscheren Essen halten soll. Und jetzt tut Isberga den Gefallen und klärt sie auf. Es bleibt Euch kaum etwas anderes übrig, sonst lässt sie Euch keine Ruhe.«

Nürnberg, Sitzungssaal Rathaus

Konrad Groß war frühzeitig zur Sitzung erschienen. Eine innere Unruhe trieb ihn und nun saß er an seinem angestammten Platz im großen Ratszimmer und beobachtete die eintreffenden Mitglieder des kleinen Rates. Dabei studierte er ihre Mienen, registrierte, wer mit wem plauderte oder wer sich bedeutsame Blicke zuwarf.

Unter den in Nürnberg verbliebenen 20 Männern des kleinen Rates, fanden sich einige, denen er durchaus ein Paktieren mit den Verschworenen zutraute. Allen voran Hermann Maurer, sowie Kuno Rother und Ulrich Turbrech. Diese verhielten sich in Anbetracht der Situation in der Stadt ausgesprochen merkwürdig.

Während sich die anderen im Raum verteilten und sich gegenseitig die neuesten Schauergeschichten über die Lage berichteten, saßen die drei genannten, ebenso wie Konrad Groß, auf ihren Stühlen und taten, als ginge sie das alles gar nichts an.

Die Blicke, die sie sich zuwarfen, sobald sie sich unbeobachtet wähnten, weckten in hohem Maße sein Interesse. Welche Rolle die anderen in den sich anbahnenden Unruhen spielten, war sich der alte Ratsherr auch keineswegs sicher. Berthold Tucher beispielsweise, der bis weit nach Frankreich hinein Handelsbeziehungen unterhielt und der erst im vergangenen Jahr ein Kontor in Lyon eröffnet hatte. Normalerweise hielt er sich deswegen einen großen Teil des Jahres in Frankreich auf, doch ausgerechnet in den letzten Monaten war Tucher durch sein hartnäckiges Verweilen in der Stadt aufgefallen. Er verheimlichte nicht, in Fragen der Handwerkszünfte den Vorstellungen der Zunftmeister generell nicht abgeneigt zu sein. Doch für einen Mann, der seinem Amt Schande bereitete, indem er mit den Verschworenen taktierte, kam Tucher für ihn nicht unbedingt infrage.

In diesem Augenblick betrat Ulrich Stromer das Ratszimmer. Der kleine Rat war somit vollzählig. Konrad Groß wartete nicht länger. Er erhob sich und forderte die Anwesenden mit lauter Stimme auf, sich zu ihren Plätzen zu begeben.

»Edle Herren des kleinen Rates«, begann er. »Es gibt Neuigkeiten in der Kaiserfrage.«

Gespanntes Raunen durchlief die Versammlung. »Hört, hört!«, rief einer.

»Haben sich der Markgraf und der König endlich geeinigt?«, fragte ein anderer, woraufhin einige lachten. Dann kehrte wieder Ruhe ein.

»Nein!«, Konrad Groß bedachte den Sprecher mit einem tadelnden Blick. Jedes Kind hatte inzwischen begriffen, dass Markgraf Ludwig und König Karl meilenweit von einer gütlichen Einigung entfernt waren. Als er sich der ungeteilten Aufmerksamkeit der Anwesenden sicher war, fuhr er fort: »Angesichts ihrer Uneinigkeit fanden die Kurfürsten eine weitere Möglichkeit. Sie boten den

Kaiserthron König Edward von England an. Und wenn ich meinen Informationen trauen darf, dann wäre die Wahl entschieden, sollte König Edward annehmen.«

»Unerhört!«, ließ sich Genfried Ebner vernehmen. »Ist den Kurfürsten etwa entgangen, dass König Edward einen Krieg mit Frankreich vom Zaun gebrochen hat? Sollte er die Wahl zum Kaiser annehmen, dürfte er schwerlich in der Lage sein, das Reich zu befrieden!«

»Ganz zu schweigen von den Kosten!«, meldete sich Hirschvogel zu Wort.

»Dann sollen wir wohl auch noch für die Kriegskasse Englands aufkommen?«, ereiferte sich Michael Mendel.

»Meine Herren! Haltet ein!«, unterbrach Konrad Groß den Tumult. »Das führt doch zu nichts! Noch ist nichts entschieden und wie man sagt, empfing König Edward die Offerte nicht gerade mit Begeisterung. Im Übrigen aber stimme ich Euch zu. Unserer Lage wäre eine Wahl Edwards zum Kaiser wenig zuträglich.«

»Wenig zuträglich?«, echote Jörg Tetzel. »Gelinde ausgedrückt, wohl eher eine Katastrophe. Die momentane Situation würde sich verschlimmern, allein schon wegen den zu erwartenden Abgaben für Englands Heer. Am Ende müssen wir gar Truppen nach Frankreich entsenden.«

Diese Argumente trafen auf allgemeine Zustimmung und wieder wogten aufgebrachte Stimmen durch den Saal.

Diesmal war es Berthold Tucher, der sich gegen die anderen durchsetzte: »Erkennt Ihr jetzt die Interessen der Kurfürsten? Wie wenig ihnen an einem starken Kaiser gelegen ist? Gerade jetzt gebärden sich die Landesfürsten wie Könige, verlangen unverschämte Wegzölle oder überfallen unsere Warenzüge. Ein durch einen Krieg beschäftigter Kaiser wird sie wohl schwerlich in ihre Schranken weisen. Ihr wisst, dass mich weder König Karl noch Markgraf Ludwig als Kaiser begeistern. Doch jeder von ihnen wäre besser als Edward von England.«

Die anderen verstummten. Viele nickten grimmig und jeder wandte sich Tucher zu.

»Wie Ihr seht, findet Eure Ansicht breite Zustimmung, Herr Tucher«, sagte Groß in die eingetretene Stille. »Doch halte ich es für überflüssig, zur Stunde die möglichen Folgen einer Kaiserwahl Edwards zu erörtern. Der Umstand aber, dass sich die Kurfürsten nach weiteren Kandidaten umsehen, sollte uns vor Augen führen, dass wir uns für längere Zeit auf eine Lösung gedulden müssen. Was für uns bedeutet: die Lage in Nürnberg verschärft sich. Außer den Burggrafen und ihren Männern steht niemand zwischen uns und den Verschworenen. König Karl ist nun noch weniger in der Lage, uns helfend unter die Arme zu greifen.«

»Nun, allzu viel hat uns seine Unterstützung bisher nicht eingebracht«, meinte Tucher, der sich, im Gegensatz zu den anderen, nicht wieder hingesetzt hatte. »Sehen wir von den kläglichen Bemühungen Konrads von Heideck einmal ab.«

Streng fasste Groß den Tucher ins Auge, dann sagte er: »Was nichtsdestotrotz mehr an Unterstützung darstellt, als wir bislang vom Markgrafen erfuhren. Doch im Grunde beurteilt Ihr die Situation ganz richtig: Wir sind auf uns alleine gestellt. Und dies, meine Herren, bedeutet nichts anderes, als uns den Verschworenen gegenüber verhandlungsbereit zu zeigen und uns den Rückhalt der Burggrafen zu sichern.«

Konrad Groß betrachtete die Gesichter der Ratsherren nach diesen Worten genau. Deutlicher könnte die Spaltung des kleinen Rates nicht ausfallen. Während die einen das Fortführen der Verhandlungen forderten, verlangten die anderen ein hartes Durchgreifen. Selbst kleinere Vergehen wollten sie mit Verbannung aus der Stadt ahnden.

»Verhandlungen haben bis jetzt zu nichts geführt, lasst uns die Rädelsführer endlich festnehmen und ins Loch werfen!«, hieb Volckamer in genau diese Kerbe.

»Was weiteres Öl ins Feuer zu gießen hieße. Fragt Euch vielmehr, warum die Verhandlungen stets zum Scheitern verurteilt waren. Sollten sie vielleicht von Anfang an nicht zu einem Erfolg führen?« Herausfordernd blickte Groß in die Runde.

»Worauf wollt Ihr hinaus? Denkt Ihr, dass in unseren Reihen Kräfte am Werk sind, die gegen eine friedliche Einigung mit den Verschworenen wirken?«, wandte sich Hermann Maurer an ihn.

Groß stutzte. Er fand es bemerkenswert, dass ausgerechnet Maurer diese Frage stellte. Ein Blick zu Ulrich Stromer zeigte ihm, dass seinem Schützling offenbar das Gleiche durch den Kopf ging. Mit gespannter Erwartung starrte Stromer zu Maurer.

»Mitnichten. So etwas würde mir niemals einfallen. Was ich sagen will, ist: Warum nimmt der Pfauentritt nie an einer Verhandlung teil? Ist dies noch keinem von Euch aufgefallen?«

Zufrieden registrierte Groß die Betroffenheit, die seine Worte bei den Ratsherren ausgelöst hatten. Offenbar hatten sich darüber bisher nur die wenigsten von ihnen den Kopf zerbrochen. Er hob die Arme, woraufhin die Ratsherren verstummten, und fuhr fort: »Mir jedenfalls mutet es seltsam an, dass dieser Herr Pfauentritt zwar bei keinem unserer Gespräche zugegen war, doch letztendlich sein Wort darüber entschied, welchen Erfolg diese hatten. Was wissen wir über diesen Mann? Woher kommt er, welcher Abstammung ist er?«

Wieder pure Ratlosigkeit in vielen Gesichtern. *Eigentlich ist der Rat in drei Teile gespalten*, dachte er. Die einen sympathisierten mit den Verschworenen, andere zogen eine gewaltsam herbeigeführte Entscheidung vor und dann gab es diejenigen, die nicht an einen Sieg glaubten und aufgegeben hatten. Letztere würden sich bald den sechs Ratsherren anschließen und sich außerhalb der Stadt in Sicherheit bringen.

»Immerhin können wir sagen, dass er nicht gerade über wenig Geldmittel verfügt«, meldete sich Ebner zu Wort.

»Richtig«, nickte Konrad Groß. »Außerdem ist bekannt, dass ein gewisser Migkenmockel sein Diener ist. Doch was weiter? Glaubt man den Gerüchten, so entstammt der Pfauentritt einer alten Nürnberger Patrizierfamilie, die einst in Ungnade gefallen und aus der Stadt verbannt worden ist. Darum weigert er sich angeblich, an den Verhandlungen teilzunehmen – damit wir ihn nicht erkennen. Doch frage ich euch, meine Herren, um welche Familie könnte es sich dabei handeln?«

»Viele Namen kommen mir dabei nicht in den Sinn«, nickte Hirschvogel versonnen. »Wenn ich es mir recht überlege, dann ist unter ihnen kein Angehöriger des kleinen oder großen Rates zu finden.«

Triumphierend lächelnd erwiderte Groß: »Genau. Und aus diesem Grund denke ich, dass sich hinter dem Pfauentritt eine ganz andere Person verbirgt. Auch finde ich bedenklich, dass wir nicht herausfinden können, wo er wohnt. Fast könnte man meinen, er tauche jedes Mal aus dem Nichts auf.«

»Vielleicht doch ein Jude?«, warf Mendel ein.

Einen Herzschlag lang herrschte knisterndes Schweigen, dann hallte der große Raum von vielerlei durcheinander gerufenen Worten wider. Nicht wenige davon bekundeten ihre Zustimmung. Dies hätte man schon immer gesagt oder Ähnliches.

Genfried Ebner verschaffte sich mit lauter Stimme Gehör: »Natürlich stecken in erster Linie die Juden hinter dem Aufstand! Gerade in Zeiten wie diesen! Haltet euch doch nur die Geschichten aus Basel, Bern oder dem Süden Frankreichs vor Augen! Sie vergifteten die Brunnen und verpesteten die Luft, damit die Christenheit dahingerafft wird. Ich sage euch: Halten wir es ebenso wie in den Städten am Rhein und in Frankfurt. Dort haben sich die Bürger von den Juden befreit! Lenken wir also den Unmut unserer Handwerker und Bürger gegen die Juden und nehmen wir die schützende Hand von ihrem Viertel. Das wird die erhitzten Gemüter abkühlen und anschließend sollten wir wieder in der Lage sein, die Führung der Stadt an uns zu nehmen!«

Seinen Worten folgten lautstarke Zwischenrufe der Zustimmung und des Widerspruchs.

Groß schüttelte verzweifelt den Kopf. Auch diese Versammlung geriet zur sinnlosen Debatte. Anstatt eine Lösung herbeizuführen, erging sich der Rat in fragwürdigen Mutmaßungen, Anschuldigungen und zuletzt in hilflosen Vorschlägen.

Er hatte genug. Zornig blickte er über die aufgebrachten Anwesenden. Nur wenige saßen schweigend auf ihren Stühlen. Dazu zählten außer Ulrich Stromer, Berthold Tucher, Kuno Rother, Ulrich Turbrech und Hermann Maurer.

Durchatmend erhob sich Konrad Groß, stemmte beide Fäuste vor sich auf die Tischplatte und brüllte: »Gebt endlich Ruhe!«

Die Anwesenden erstarrten. Langsam wandten sich ihm ihre Gesichter zu.

»Ich bin es leid, solch törichte Worte länger anzuhören!«

»Keiner zwingt Euch den Vorsitz zu führen!«, erwiderte Genfried Ebner. Herausfordernd starrte er Groß an.

Groß' Gestalt straffte sich, dann erst sagte er: »Uns allen ist Euer Hass gegen die Juden wohlbekannt. Mich wundert nicht, dass Ihr die Situation auszunutzen gedenkt, um die Juden ein für alle Mal aus der Stadt zu vertreiben oder sonst wie loszuwerden. Euer Hass und die Verachtung machen Euch blind und taub. Von euch anderen Herren jedoch, verwundert es mich sehr, dass Ihr Euch diesem blinden Eifer hingebt.«

Ebners Gesicht verfinsterte sich, die Adern auf den Schläfen traten unter der Haut hervor. »In Basel haben die Juden unumwunden zugegeben, dass sie für das plötzliche Sterben verantwortlich sind. Aus Mainz hört man, dass sie sich ihrer gerechten Strafe mit Gewalt zu entziehen trachteten. Bewaffnet haben sie sich, gegen jedes geltende Recht! Über 200 Christen sollen sie erschlagen haben, bevor sie sich mit ihren Familien in ihren eigenen Häusern selbst verbrannt haben! Was ich von den Juden halte, lasst also getrost meine Sorge sein«, knurrte er. »Jedenfalls wurde ich noch nicht mit dem Interdikt belegt!«

Das saß! Konrad Groß schnappte nach Luft. »Was hat dies mit unserer Situation gemein? Außerdem frage ich Euch, warum die Juden Brunnen vergiften sollten, wenn sie doch auf dasselbe Wasser angewiesen sind. Was kümmert mich, was in den fernen Städten am Rhein geschieht? Gebt dem Pöbel auch nur einen Grund nach den Waffen zu greifen – und sei es nur, um sich über die Juden und ihren Besitz herzumachen – ich garantiere Euch, dass Ihr damit einen Flächenbrand heraufbeschwört, dem selbst die Büttel der Burggrafen nichts entgegen zu setzen haben!«

Unerwarteten Beistand erhielt der alte Kaufmann durch Berthold Tucher: »Genauso sehe ich das auch! Seid keine Narren. Sicher wisst

Ihr auch, dass sich sogar der Papst gegen die jüngsten Vergehen gegen die Juden ausgesprochen hat. Und was die Geschichte in Frankfurt anbelangt, so lasst Euch sagen, dass es dort die Handwerkszünfte waren, die gegen die Juden vorgegangen sind. Schuldscheine der Patrizier und Adligen waren ihr erklärtes Ziel. Sie hatten gehofft, damit die Ratsherren in ihre Hände zu bekommen. Allein darum ging es ihnen, als sie die Juden in ihrem Viertel erschlugen, in die Häuser trieben und die dann anzündeten. Derzeit sind die Juden die Einzigen in unserer Stadt, über die wir uns keine Sorgen zu machen brauchen. Ich bezweifle stark, dass die Juden irgendetwas mit den verheerenden Seuchen in der Schweiz oder Frankreich zu schaffen haben, oder in irgendeiner Form mit den Verschworenen unter einer Decke stecken. Unter denen vertreten wenigstens ebenso viele die gleiche Ansicht wie Ihr, Herr Ebner. Und damit unterscheiden sie sich nicht im Geringsten von ihren Standesgenossen in Frankfurt.«

»Darüber hatten wir bei der letzten Sitzung hinreichend gesprochen!«, stellte sich Jörg Tetzel auf die Seite Konrad Groß'. »Bestenfalls gewinnen wir ein wenig Aufschub, sollten wir Euren Vorschlag annehmen, Herr Ebner. Keinesfalls aber sehe ich, inwiefern Euer Rat zur Lösung unserer Probleme beiträgt.«

Zweifel traten sogar in die Gesichter von Ebners Befürwortern. Erwartungsvoll richteten sie ihre Augen auf Tetzel.

Ebners Zorn schien sich zu legen und wesentlich ruhiger sagte er: »Bisher kam mir noch kein besserer Vorschlag zu Ohren. An das Risiko des genannten Flächenbrandes mag ich nicht glauben. Jedenfalls bin ich geneigt, dies Wagnis einzugehen.«

Wie Groß erwartet hatte, teilten etliche der Ratsherren diese Meinung. Wahrscheinlich, so vermutete er, befanden sich auch ihre Schuldscheine im Besitz jüdischer Geldverleiher.

Eine Weile hörte er den wild durcheinander Redenden zu, dann erhob er sich ein weiteres Mal und bemühte sich darum, die Aufmerksamkeit der Anwesenden zu gewinnen. »Meine Herren. Lasst die Juden vorerst unbescholten. Ritter Konrad von Heideck, sowie die ehrenwerten Ratsmitglieder, die sich unter seinen Schutz begaben, stehen mit König Karl in Verbindung. Da der Markgraf sowie seine Brüder mit dem Interdikt belegt sind, weckte dieser Zwist inzwischen das Interesse der Bischöfe. Triumphieren tatsächlich die Verschworenen, belegen sie die Stadt mit dem kirchlichen Bann. Unterdessen wird dafür gesorgt, dass die Verschworenen von keiner umliegenden Gemeinde Unterstützung erhalten. Außerdem befinden sich zwei bisher unerkannte Spione in den Reihen der Verschworenen. Sie werden uns über alles Wissenswerte informieren.«

Diese Worte verfehlten ihre Wirkung nicht, doch war es wieder Genfried Ebner, der seine Zweifel anmeldete: »Das hört sich vielversprechend an, Herr Groß. Doch was ist mit uns? Ich meine, wenn es zu einem gewaltsamen Umsturz kommt, was wird dann aus uns?«

Konrad Groß seufzte. *Kleine Kinder*, dachte er. *Sie sind wie kleine Kinder. Jeder Schritt, den sie tun sollen, muss ihnen vorher dargelegt werden, sonst erkennen sie ihn nicht.*

»Wir, meine Herren«, sagte er, »treffen bis dahin Vorsorge, um die Stadt jederzeit mit den Geschäftsbüchern und den Losungsgeldern verlassen zu können.«

15

Am Tor von Burg Gailenreuth bestätigte ein Knecht die Annahme de Beaujeus. Der Burgherr war tags zuvor mit seinem Bruder und ihren Knappen nach Waischenfeld aufgebrochen. Ekkelin lehnte die Einladung ab, am Mahl der Knechte teilzunehmen und die Nacht in der Burg zu verbringen, und setzte seinen Weg fort. Der Himmel war sternenklar und die leuchtende Scheibe des Mondes tauchte die Straße in fahles Licht.

Im Laufe des Rittes änderte sich das Wetter. Dicke Wolken schoben sich aus Westen kommend übers Land, bedeckten die Gestirne. Nach Köttweinsdorf, der letzten Ortschaft an der Straße vor Waischenfeld, war es nicht mehr weit, dennoch beschloss der Ritter, im Freien zu rasten. Er richtete sich ein Lager unter einer steinalten Fichte nur wenige Schritte abseits der Straße und nach drei Stunden Schlaf, sowie einem kärglichen Frühstück, brach er im Dunst der ersten Dämmerung wieder auf. Nach dem Abstieg über die abschüssige Straße ins Wiesenthal, erblickte er die Mauern Waischenfelds.

Just in diesem Moment öffnete der Himmel seine Schleusen. Ekkelin warf sich die Kapuze seiner mit Pelz gefütterten Heuke, ein ärmelloser, an der Schulter geschlossener Umhang, über, an dem ihm Kunigunde eine weite Kapuze angenäht hatte. Dann drückte er seinem Rappen die Sporen in die Seite und näherte sich im Galopp der Stadt. Eine Brücke, wenige hundert Schritte vor der Stadt, brachte ihn auf die andere Flussseite. Dumpf trommelten die Hufe seiner Pferde über die hölzernen Bohlen. Von den Zinnen der Burg hingen die Standarten verschiedener Adelsgeschlechter, legten Zeugnis vom hohen Besuch in ihren Mauern ab.

Das Stadttor war zu dieser frühen Stunde verschlossen. Auf sein Rufen hin erschien das Gesicht eines Amtmanns im Guckloch.

Ekkelin schlug die Heuke zurück, damit der Stadtbüttel sein Wappen auf dem Steppwams zu sehen bekam. Brummend öffnete der das Tor und der mürrische Gesichtsausdruck verschwand schlagartig, als ihm Ekkelin eine Münze zuwarf.

Rasch hatte er die engen und finsteren Gassen der kleinen Stadt durchquert und die Hufe seiner Pferde klapperten die gepflasterten Serpentinen zur Burg hinauf. Außer einigen Ratten, die entlang der Hauswände auf der Suche nach einem Schlupfloch vor ihm flüchteten, begegnete ihm keine Seele.

Gegenüber dem Burgtor vereinnahmten wenigstens zwei Dutzend Zelte der Turnierteilnehmer die Hochfläche vor der Stadtmauer. Sie waren in drei Reihen aufgestellt und die Schilde davor, zeigten die Wappen der jeweiligen Ritter. Oberhalb der Zelte hatten die Turniervögte die Turnierwiese herrichten lassen, daran war die Pferdekoppel angeschlossen. Träge standen die muskulösen Schlachtrösser mit hängenden Köpfen im strömenden Regen. Zwei der Tiere hoben ihre Nüstern, witterten zum Reiter und seinen Pferden. Fast hatte es den Anschein, sie wären die einzigen Lebewesen weit und breit, wenn die schemenhafte Bewegung im Burgzwinger nicht die Torwache verraten hätte. Ein Dutzend Schritte vom Turnierplatz entfernt, an der Südseite gelegen, war außerdem eine Tribüne für die höher gestellten Persönlichkeiten unter den Gästen errichtet worden.

Ekkelin zügelte sein Pferd und musterte die Wappen vor den Zelten. Auf Anhieb erblickte er die Farben Gottenhofens, Leonsteins und Wiesenthaus. Er fand weitere Schilde ihm bekannter Häuser, wie die des Landgrafen von Leuchtenberg, der Freiherren von Egloffstein und des Gottfried von Brauneck, einem Neffen Krafts von Hohenlohe, einem Lehnsherrn Ekkelins. Weiterhin sah er die Wappen der Brüder Eberhard und Poppo Groß von Rabenstein, was durchaus zu erwarten war, lag Burg Rabenstein keine Wegstunde von Waischenfeld entfernt.

Es folgten einige ihm unbekannte Wappen, doch das letzte in der ersten Reihe erschien ihm wieder vertraut. Er kniff die Augen zusammen, dann stockte er: Das Wappen der Burggrafen von Nürnberg, dem Hause Hohenzollern.

Er pfiff leise durch die Zähne, lenkte sein Pferd zum Burgtor, das Packtier folgte schnaubend. Der Wächter trat aus dem Schatten des Torbogens und verstellte ihm breitbeinig den Weg. Ekkelin hielt, schlug die Kapuze zurück, sodass der Mann sein Gesicht erkennen konnte, und sagte: »Melde deinen Herrn Ekkelin Gayling.«

»Ich werd' den Teufel tun und Eberhard von Waischenfeld oder den Grafen um diese Zeit stören«, murrte der und spie aus. »Bringt Eure Pferde meinetwegen im Stall unter, falls Ihr noch Platz findet. Weckt den Knecht, wenn nötig, er schläft bei den Tieren, dann könnt Ihr in der großen Halle auf die Herrschaften warten. Vielleicht ist schon einer der Turniervögte auf den Beinen, falls Ihr Euch für den Buhurt melden möchtet.«

»Gut«, sagte Ekkelin und lenkte seine Pferde an ihm vorbei durchs Tor. Von früheren Besuchen waren ihm die Örtlichkeiten vertraut. Die Vorburg beherbergte Ställe, Unterkünfte der Knechte und die Werkstätten der Handwerker. Im großzügig angelegten Hof, auf dem Platz zwischen den steinernen Gebäuden, drängten sich die unterschiedlichsten Karren und Kutschen. Zwischen ihnen watschelte eine Gruppe Gänse und von irgendwoher quiekte ein Schwein. Knechte und Bedienstete der hochrangigen Gäste hatten sich unter den Wagen zum Schlafen in ihre Decken gewickelt. Offensichtlich hatten die Räumlichkeiten der Burg die große Zahl der Besucher nicht zu fassen vermocht. Geweckt vom rauschenden Regen, den der ungepflasterte Boden nicht rasch genug aufnahm, schälten sie sich fluchend aus ihren durchnässten Decken und krochen mit zerknautschten Gesichtern unter den Wagen hervor.

Ekkelin hatte die schwere, eisenbeschlagene Reisekutsche des Bischofs schnell entdeckt. Weithin sichtbar prangte das golddurchwirkte Wappen des Bistums Bamberg auf dem Verschlag. Er schmunzelte. Turniere waren vom Klerus nicht gerne gesehen. Es war schon vorgekommen, dass der Papst über Teilnehmer sowie Veranstalter das Interdikt ausgesprochen hatte.

Nachdenklich sah er zu den Gebäuden der Hauptburg, zuckte mit den Schultern, stieg ab und führte seine Pferde zur Kutsche des Bischofs. Der Verschlag war geschlossen und die samtenen

Vorhänge zugezogen, doch er hegte keinen Zweifel daran, dass er wenigstens einen Bediensteten in ihrem Innern finden würde..

Immer mehr Knechte und anderes Gesinde eilten zwischen den Wagen hindurch zu den Gebäuden und flüchteten sich ins Trockene. Niemand achtete auf den Ankömmling und der Ritter erreichte unbehelligt die Kutsche. Er wickelte die Zügel seiner Tiere um die Speichen eines der Räder. Dann riss er den Verschlag mit einem Ruck auf, sodass der junge Mann im Innern erschrocken aus dem Schlaf schreckte und Ekkelin anstarrte.

Der Ritter erkannte den pickligen Jungen, obwohl seit ihrer ersten Begegnung, bei seinem letzten Besuch in Bamberg, Monate verstrichen waren. Offenbar war der Bursche in der Gunst des Bischofs aufgestiegen, da er Friedrich von Hohenlohe begleitete. Für einen flüchtigen Augenblick verriet das Weiten seiner Augen, dass der Junge ihn ebenso wiedererkannt hatte.

»Wo finde ich deinen Herrn? Sag rasch!«

Hastig kam der Lakai dem Wunsch des Ritters nach.

»So ist's recht«, sagte Ekkelin, als der Junge verstummte. »Sorge für meine Pferde, bis ich zurückkehre!«, damit wandte er sich ab, schritt über den Hof und verschwand in der Hauptburg.

Im großen Saal stieß er beinahe mit einem der Turniervögte zusammen. Im ersten Moment schenkte der dem schlicht gekleideten Ritter keine Beachtung, doch als er dessen Schwert bemerkte, das Ekkelin wie gewöhnlich auf dem Rücken trug, stutzte er.

»Werter Herr! Falls Euch der Sinn danach steht, Euch zum Buhurt zu melden, so kommt Ihr zu spät. Die Teilnehmer stehen fest«, beschied er mit verkniffenem Gesichtsausdruck.

Ekkelin verzog den Mund. »Wer sagt, dass ich an Eurem unsinnigen Buhurt teilnehmen möchte? Geht mir aus dem Weg! Ich stehe im Dienste des Bischofs und habe eine dringliche Nachricht für meinen Herrn«, damit schob er den Vogt brüsk beiseite und durchquerte den Saal.

Kurz darauf erreichte er die Tür des Bischofs. Ein Wachmann hatte es sich auf einem Stuhl neben der Tür bequem gemacht und schlief mit auf der Brust gesunkenem Kinn, mit dem Rücken an die Wand gelehnt. Leise öffnete Ekkelin die Tür – registrierte erleichtert, dass sie nicht verriegelt war – und schlüpfte ins Zimmer, ohne dabei den Wächter zu wecken. Behutsam schloss er die Tür und sah sich um.

Ein monströses Bett beherrschte den Raum und schmatzende Schnarchlaute drangen hinter den zugezogenen Vorhängen hervor. Lautlos näherte er sich dem Bett, zog den Vorhang beiseite und grinste. Bischof Friedrich von Hohenlohe lag mit weit geöffnetem Mund auf dem Rücken. Ekkelin weckte den kirchlichen Würdenträger höchst unstandesgemäß, indem er ihn an der Schulter rüttelte. Mit einem erstickten Aufschrei fuhr der in die Höhe, wobei er sich verschluckte und ihn hustend und aus geröteten Augen fassungslos anblickte. Sein Gesichtsausdruck erinnerte dabei an das des pickligen Jungen in der Kutsche. War er womöglich auf eine Erklärung gestoßen, warum der Bursche den Vorzug genoss, den Bischof auf seiner Reise zu begleiten? Ein entfernter Verwandter, oder gar ein Ergebnis fleischlicher Gelüste?

Trotz des Schreckens erlangte Friedrich von Hohenlohe rasch seine Fassung wieder. Streng blickte er dem Ritter ins Auge: »Was erlaubt Ihr Euch? Weshalb stehlt Ihr Euch um diese Zeit wie ein Mörder in meine Gemächer? Ich hoffe für Euch, dass Ihr meine Wache draußen nicht erschlagen habt!«

»Der schläft, auch ohne mein Zutun«, antwortete Ekkelin. »Im Übrigen will ich sehen, was Leonstein, Wiesenthau und Gottenhofen planen.«

»Woher soll ich das wissen? Was in Gottes Namen denkt Ihr, habe ich mit denen zu schaffen?«

Ekkelin zuckte mit den Schultern. »Ihr befindet Euch am selben Ort wie die Genannten. Und sicher vermögt Ihr, mir zu sagen, wie es ihnen bisher beim Turnier erging.«

Der Bischof grunzte geringschätzig. »Gottenhofen und Wiesenthau besiegten gestern beim Tjost ihre jeweiligen Gegner. Leonstein hingegen, hat den Mund zu voll genommen und sein Pferd und seine Waffen an Friedrich von Hohenzollern verloren. Zu seinem Unglück ist kein Jude in Waischenfeld bereit, dem Ritter das nötige

Geld zu leihen, um sein Eigentum beim Burggrafen auszulösen. Seine Spießgesellen sind dazu offenbar auch nicht in der Lage oder willens.«

»Schwingen sie irgendwelche Reden über mich?«

»Bisher kam mir nichts dergleichen zu Ohren. Es sieht vielmehr danach aus, als ob ihre freundschaftlichen Bande untereinander brüchig würden. Sie zanken sich und geben sich auch allen anderen gegenüber mürrisch und wortkarg.«

»Sieh an! Es hatte mich von Anfang an verwundert, dass sich Walch ausgerechnet auf die Seite Gottenhofens und Wiesenthaus geschlagen hatte.«

»Hm, im Moment sieht er mir danach aus, als sinne er nach Rache. Graf von Schwarzberg hat ihm letztendlich ein Schwert und einen Schild geliehen, damit er imstande ist, am Buhurt teilzunehmen. Doch eines seiner teuren Rösser wollte auch der Graf dem verarmten Ritter nicht anvertrauen.«

»Walch will ohne Pferd und Lanze am Buhurt teilnehmen?«

»Sieht so aus. Reiner Selbstmord und völlig sinnlos dazu. Das ist es, wovon ich bei unserem letzten Treffen redete. Entweder besitzen Ritter Eures Standes kein Herz oder aber keinen Verstand.«

»Stets fällt Ihr rasch Euer Urteil. Aber seid Ihr besser? Was würde der Papst von Euch denken, käme ihm zu Ohren, dass Ihr Euch dem Vergnügen hingebt, einem Turnier beizuwohnen?«

Der Bischof lief rot an, entrüstet stieß er hervor: »Ich bin hier, um mit Reichza von Schwarzberg den Kaufpreis für Waischenfeld und seiner Güter auszuhandeln. Ihr wisst, dass mir Burg, Stadt und das dazugehörige Land zustehen!«

»Allerdings«, knurrte Ekkelin. »Erinnert mich nicht daran, auf welchem Weg Ihr diesen Vorzug erlangtet.«

»Ich fürchte wirklich, dass Ihr nie begreift. Die Welt und ihre Gesetze sind in ständiger Bewegung. Passt Euch an, sonst geht Ihr unter.«

Ekkelin lächelte gequält. »Das kann Euch nicht passieren. Fett schwimmt immer oben auf.«

»Jetzt macht, dass Ihr rauskommt, ungehobelter Narr, bevor ich nach der Wache rufe. Ihr seid nicht besser als meine Brüder. Doch trotz Eurer Beleidigungen, wünsche ich Euch, dass Euch Gott, der Herr, in seiner Güte beizeiten mit Einsicht segnen möge.«

»Wir werden sehen. Bemüht Euch nicht, ich finde die Tür. Bevor ich verschwinde, möchte ich nicht versäumen, Reichza und ihrem Gemahl meine Aufwartung zu machen.«

»Seht Euch vor, auch die Burggrafen zu Nürnberg weilen in der Burg. Wahrscheinlich gehen sie als die Sieger aus diesem Turnier hervor.«

Ekkelin zuckte die Schultern. »Dann sollen sie sich mir besser nicht in den Weg stellen«, sagte er und verließ die Gemächer des Bischofs.

Der Wächter schlief noch immer. Einer Laune folgend, entwendete Ekkelin dessen Schwert und Dolch und verbarg sie in einer Kammer am Ende des Ganges.

Zurück in der Halle winkte er einen der Bediensteten zu sich und trug ihm auf, Graf Günther von Schwarzberg und seiner Gemahlin Reichza, Ekkelin Gayling zu melden.

Der Diener bat um einen Augenblick Geduld und verschwand. Nach kurzer Zeit kehrte er zurück und fordert den Ritter auf, ihm zu folgen. Mit forschem Schritt führte er Ekkelin zu den Gemächern des Paares, öffnete die Tür und nachdem er den Gast gemeldet hatte, zog er sich zurück.

Neben Reichza, der Tochter des Konrad von Schlüsselberg, und ihrem Mann, dem Grafen von Schwarzberg, sah er sich ihrer Schwester Agnes, der Witwe des Heinrich von Plauen gegenüber. Mit Agnes hatte er nicht gerechnet. Ihre Blicke trafen sich, hielten sich einen Augenblick lang fest und beschworen Erinnerungen an eine lange zurückliegende Zeit herauf.

»Welch unerwarteter, aber willkommener Besuch«, sagte Reichza.

Ekkelin riss seinen Blick von Agnes los und wandte sich ihr zu. »Mein treuer Freund Richard de Beaujeu sagte mir, dass Ihr Euch auf Burg Waischenfeld aufhaltet. Allein schon um der alten Zeiten willen, musste ich vorbeischauen.«

»Was uns umso mehr erfreut, als dass uns bekannt ist, wie Ihr mit den Hohenzollern steht, die sich derweil in diesen Mauern befinden«, richtete Agnes das Wort an den Gast. Sie schenkte dem Ritter ein warmherziges Lächeln. »Wilde Gerüchte verbinden sich inzwischen mit Eurem Namen. Johann von Hohenzollern berichtete, dass Ihr letzten Winter zu Nürnberg das Leben König Karls vor den Klingen gedungener Mörder bewahrt haben sollt.«

»Ein vorher nicht bedachter Umstand zwang mich dazu, meine Liebe. Im Übrigen wurde schon immer viel über mich geredet.«

Agnes schmunzelte und in Reichzas Augen blitzte es amüsiert. »Was hat Euch dazu bewogen, ausgerechnet zu diesem Zeitpunkt in der Nähe König Karls zu weilen?«, hakte Reichza nach.

»Ich war auf der Suche nach einem Heiler, der dazu bereit war, mich nach Dramaus zu begleiten. Kunigunde lag zu dieser Zeit schwer erkrankt nieder«, wich er höflich aus.

Reichza lachte übermütig auf, dann sagte sie: »Ihr wart noch nie um eine Antwort verlegen, doch diese will ich gelten lassen.«

»Nun lasst den Mann doch erst einmal eintreten!«, ergriff jetzt Graf Günther das Wort, schob sich an den Frauen vorbei und reichte Ekkelin die Hand. »Ich heiße Euch auf Burg Waischenfeld willkommen, Ekkelin Gayling. Ich freue mich, einen treuen Verbündeten meines verstorbenen Schwiegervaters kennenzulernen. Nach allem, was mir Reichza erzählte, dürfen wir wahrscheinlich nicht erwarten, dass Ihr Euch am Buhurt beteiligt – oder doch?« Trotz der freundlichen Worte strahlte sein Gesichtsausdruck kühle Reserviertheit aus.

Ekkelin zeigte seine Zahnreihen: »Mitnichten. Seht es mir bitte nach, dass ich mich nicht am Turnier beteilige, auch wenn Ihr dies zu Ehren Konrads ausrichtet.«

»Ich wäre arg enttäuscht, Ekkelin Gayling, wenn sich Eure Gesinnung derart geändert und Ihr Euch zum Glücksritter gewandelt hättet«, sagte Agnes, wobei sie auf ihn zuschritt. »Euch hingegen kaum verändert und wohlbehalten obendrein wiederzusehen, versüßt mir den leidigen Grund meiner Anwesenheit in diesen Mauern in erfreulicher Weise. Lange Jahre liegen zwischen unserem letzten Treffen und seit Vaters Tod, habe ich von Euch nichts mehr gehört. Sagt, wie ist es Euch und Kunigunde seither ergangen? Ihr erwähntet vorhin, dass Euer Weib krank war. Ich hoffe doch, dass sie inzwischen wieder genesen ist.«

»Doch, sie ist gottlob wieder auf den Beinen. Die Freude, Euch zu sehen, ist ganz auf meiner Seite und wie stets erhellt Euer Liebreiz den Tag. Kunigunde und unsere Tochter lassen Euch ihre Grüße ausrichten«, erwiderte Ekkelin, nahm ihre Hand und führte sie mit einer galanten Verbeugung an die Lippen.

Agnes lachte. »Ihr seid mit jeder Faser der Alte geblieben«, stellte sie fest. »Seid Ihr den ganzen Weg wirklich nur geritten, um uns mit Schmeicheleien ein wenig zu erheitern?«

»Aber selbstverständlich meine Teure! Wie könnt Ihr anderes annehmen?« Ekkelin tat entrüstet. Gleichzeitig spielte ein schelmisches Lächeln um seine Mundwinkel.

»Du hast recht, Schwesterherz«, griff Reichza den Faden auf, wobei sie neben Agnes trat und ihr eine Hand auf die Schulter legte. »Ekkelin Gayling würde niemals seine Beweggründe geradeheraus nennen.« Sie wandte sich dem Ritter zu. »Mein Gemahl hat recht, drängen wir also nicht länger in Euch, sondern heißen Euch willkommen. Seit Vaters Tod kehrten uns die meisten früheren Verbündeten den Rücken. Es tut wahrlich gut, zu sehen, dass es nicht jeder so hält.« Damit reichte sie ihre Hand dem Ritter.

»Ich danke Euch.« Wieder verneigte sich Ekkelin. »Seit dem Fall Neidecks und dem Tod Eures Vaters, sind die Zeiten rau geworden. Ich bitte Euch jedoch, urteilt nicht allzu streng über Eure alten Bundesgenossen. Ihnen fehlt die starke Hand Eures Vaters in ihrem Rücken und sie sind nun dem Wohlwollen der neuen Mächtigen ausgeliefert. Euer Vater hat noch immer viele Freunde in dieser Gegend. Es mag Euch vielleicht trösten, wenn ich sage, dass sie es den neuen Herren des Landes nicht gerade leichtmachen, das Erbe der Schlüsselberger anzutreten.«

»Im Besonderen Ihr selbst, nehme ich an.«

»Wo denkt Ihr hin!«, wehrte Ekkelin ab. »Gleichwohl sie wenig Gefallen an meinen Diensten haben«, räumte er augenzwinkernd ein.

»Habe ich dir zu viel versprochen, als ich dir von diesem Mann erzählte?«, wandte sich Reichza vergnügt an ihren Gemahl, der dem Wortwechsel schweigend zugehört hatte.

Graf Günther schüttelte den Kopf. »Ich hatte nicht den leisesten Zweifel an deiner Beschreibung. Doch lasst uns nicht länger herumstehen, setzen wir uns. Ihr leistet uns doch Gesellschaft, Ekkelin Gayling?«

»Natürlich macht er das!«, beschied Agnes, bevor Ekkelin vermochte, den Mund zu öffnen. »Unbedingt müsst Ihr berichten, wie sich die Verhältnisse hierzulande verändert haben. Unter den Teilnehmern des Turniers beobachtete ich viele neue Spannungen. Die Blicke, die sie sich gegenseitig zuwerfen, wenn sie denken, dass es keiner sieht, sind voller Missgunst.«

»Auch ich dulde keinen Widerspruch, lieber Gayling. Ich dürste geradezu nach Klatsch und Tratsch aus meiner Heimat. Vor allem, wenn sie zur Abwechslung einmal aus dem Mund eines ehrlichen Mannes stammen«, sagte Reichza und verschränkte ihre Arme mit entschlossenem Gesichtsausdruck vor der Brust.

Angesichts dieser Übermacht gab sich Ekkelin geschlagen und so setzte er sich mit den Töchtern des Konrad von Schlüsselberg und dem Grafen von Schwarzberg an den groben Tisch vor dem Kamin. Ein Knecht brachte geräuchertes Fleisch, frisches Brot und mit Wasser verdünnten Gewürzwein. Während sie aßen, schilderte Ekkelin die veränderten Gegebenheiten im Lande. Vom Zerfall des Bundes, wie die kleinen Ritter und Ministeriale verarmten und wie sich Bischöfe und Burggrafen nach dem Tode Konrad von Schlüsselbergs die gewinnträchtigsten Ländereien einverleibten. Sie ließen sich von den reichen Kaufleuten das sichere Geleit über ihre vor Jahresfrist gewonnenen Straßen vom ersten Tage an teuer entlohnen, ohne dass ihre Lehnsmänner jemals einen Pfennig davon sahen.

Auch Reichza wusste für ihn Neues zu berichten. Dabei bestätigten sich die Worte des Bischofs, als sie sagte, dass sich die freundschaftliche Gesinnung zwischen Leonstein, Gottenhofen und Wiesenthau merklich getrübt hatten, seit ihr die einstigen

Waffenbrüder ihres Vaters das letzte Mal begegnet waren. Und zuletzt gestand ihm Agnes, wie sie darunter litt, den ehemaligen Besitz ihres Vaters ausgerechnet an den Bischof von Bamberg verkaufen zu müssen. Sie machte keinen Hehl daraus, dass sie Friedrich von Hohenlohe aus ganzem Herzen verabscheute. So verrann die Zeit. Durch die Fenster dringende Geräusche und Stimmen verrieten, dass der Beginn des Buhurts nicht mehr lange auf sich warten ließ.

»Meine Damen, verehrter Graf, das waren viele Worte für einen einfachen Mann wie mich und ich hoffe, Eure Neugier ausreichend befriedigt zu haben«, sagte Ekkelin. »Ich hörte, dass Walch von Leonstein gestern recht unglücklich beim Tjost ausschied und heute ohne Pferd und Lanze am Buhurt teilnimmt. Wenn Ihr gestattet, möchte ich mir das gerne ansehen.«

Graf Günther breitete die Arme aus und sagte: »Ihr seid unser Gast! Noch sind wir die rechtmäßigen Eigentümer dieser Mauern. Bewegt Euch auf Burg Waischenfeld also nach Belieben. Die Vorbereitungen dürften bald abgeschlossen sein und wir wollen den Beginn des Kampfes nicht unnötig durch unser Fehlen hinauszögern. Wenn Ihr so gut seid und einige Augenblicke wartet, begleiten wir Euch zur Turnierwiese.«

»Es wäre mir eine Ehre«, erwiderte Ekkelin.

»Ausgezeichnet!«, der Graf klatschte in die Hände und erhob sich. »Dann wollen wir uns zurecht machen, meine Damen«, sagte er und wandte sich zur Tür. Agnes und Reichza rückten ihre Stühle zurück, standen ebenfalls auf und folgten dem Grafen. Zuvor aber beugte sich Agnes über den Tisch zu Ekkelin und raunte augenzwinkernd: »Früher gabt Ihr Euch nicht so steif, mein Lieber.«

»Ich habe dazugelernt«, gab der ebenso leise zurück. Für einen Augenblick sahen sie sich aus nächster Nähe in die Augen. Dann, wie auf ein geheimes Kommando hin, lächelten beide.

Ohne ein weiteres Wort wandte sich Agnes ab und folgte Ihrer Schwester.

D er Regen hatte aufgehört. Dennoch hingen schwarze Wolken tief über der Landschaft. Auf dem Turnierplatz herrschte reges Treiben. Keine Spur mehr von der beschaulichen Stille bei Ekkelins Ankunft. Die von einer Plane überdachte Tribüne der adligen Gäste war zur Hälfte gefüllt. Graf Günter und Reichza von Schwarzberg, ihre Schwester Agnes von Plauen und Ekkelin Gayling strebten zu den Plätzen der Gastgeber. Eberhard von Waischenfeld, der bisher in Abwesenheit seines Herrn, den gefallenem Konrad von Schlüsselberg, das Regiment über Burg und Stadt geführt hatte, befand sich unter den Anwesenden. Ebenso der Burggraf Johann von Hohenzollern, wie Ekkelin feststellte. Vergeblich sah er nach dessen Bruder Arnold und Friedrich, Johanns Sohn. Vermutlich legten ihnen die Knappen gerade ihre Rüstungen für den bevorstehenden Buhurt an.

Johann von Hohenzollerns Züge vereisten, als er sich von seinem Sitz erhob, um Graf von Schwarzberg und den Damen seinen Gruß zu entrichten, und er dabei Ekkelin erkannte. »Sieh an!«, zischte er, nachdem er sich vor den Damen verbeugt hatte. »Ekkelin Gayling. Lange haben sich unsere Wege nicht mehr gekreuzt. Gleichwohl mir viele Stimmen einzureden versuchen, dass Ihr Euch häufig innerhalb Nürnbergs Mauern herumtreibt.«

Ekkelin kniff die Augen zusammen. »Müssten sich dann unsere Wege nicht öfters kreuzen?« Ein unterschwelliges Grollen schwang in seiner Stimme. Reichza und Agnes warfen sich warnende Blicke zu, denn sie kannten Gayling von Kindesbeinen an.

»Erlaubt die Frage, welcher Hundsfott behauptet, ich triebe mich herum, wo auch immer?«, fügte er hinzu und trat näher an den Burggrafen heran.

»Meine Herren!«, drängte sich Günther von Schwarzberg zwischen Ekkelin und den Hohenzoller. »Ich darf Euch daran erinnern, dass Ihr beide Gast auf dieser Burg seid und Euch dementsprechend zu benehmen habt. Wenn es Euch danach dürstet, Eure Meinungsverschiedenheiten auszutragen, dann bitte ich Euch, meldet Euch zum Buhurt. Anderenfalls lasst Eure Klingen stecken.«

Der Burggraf hob abwehrend die Hände. »Keine Sorge, lieber Graf. Nichts liegt mir ferner, als mich mit dem Lakaien eines Hohenlohers zu schlagen. Ich bedaure, wenn ich die Damen erschreckt haben sollte.« Damit setzte er sich wieder hin, ohne Ekkelin eines weiteren Blickes zu würdigen.

Kaum merklich entließ Ekkelin die angehaltene Luft, wandte sich wortlos ab und folgte seinen Gastgebern zu ihren Plätzen. Nur Reichza, die ihm am nächsten stand, spürte die Anspannung des Ritters..

»Ich sehe und staune! Auch in Sachen Beherrschung habt Ihr dazugelernt«, flüsterte ihm Agnes ins Ohr, als sie sich setzten.

»Und? Gefallen Euch diese Veränderungen?«, fragte Ekkelin. Er hielt seine Stimme nicht gedämpft, sodass sich Reichza und ihr Mann verwundert ansahen.

»Sehr!«, bestätigte Agnes unumwunden und schenkte dem Ritter ein liebevolles Lächeln.

»Ich habe zwar keine Ahnung, worüber ihr zwei redet, auf jeden Fall möchte ich Euch danken, dass Ihr Euch trotz des offenen Affronts des Burggrafen zurückgehalten habt«, sagte Günther.

»Ihr müsst mir nicht danken, werter Graf. Für alles gibt es eine Zeit.«

Graf von Schwarzberg nickte zufrieden und lehnte sich wieder in seinen Sitz zurück, während sich Ekkelin dem bunten Treiben zwischen den Zelten der Turnierteilnehmer zuwandte. Knappen und Knechte liefen geschäftig hin und her, einige führten die inzwischen gesattelten und gerüsteten Schlachtrösser am Zügel vor die Zelte ihres jeweiligen Herrn. Ekkelin sah den Turniervogt, der ihm im großen Saal der Burg begegnet war, in Begleitung eines Herolds. Die Tribüne füllte sich zusehends mit den übrigen Gästen. Vornehmlich Mitglieder des benachbarten Kleinadels und ihre Diener sowie die Gemahlinnen der Turnierteilnehmer und ihre Zofen.

Das Erscheinen des Bischofs zog die Aufmerksamkeit aller Anwesenden auf sich. Seine massige Gestalt und das prächtige Gewand sorgten dafür, dass er kaum zu übersehen war. Der pickelige Junge begleitete ihn, ebenso jener Wächter, den Ekkelin schlafend vor des Bischofs Gemach vorgefunden hatte. Sein zorniger Gesichtsausdruck und das Fehlen seiner Waffen zwangen ein schalkhaftes Schmunzeln auf Ekkelins Züge.

In diesem Augenblick fanden die Blicke des Bischofs den Ritter und in der Annahme, Ekkelins Schmunzeln gälte ihm, lächelte er verschmitzt zurück, sagte aber wohlweislich nichts. Den Burggrafen zu Nürnberg grüßte er hingegen überschwänglich, bevor er seine Leibesfülle umständlich zwischen den Gästen hindurch zu seinem Platz manövrierte und sich ächzend eine Reihe hinter den Gastgebern und Ekkelin niederließ. Sein Diener blieb dicht neben ihm stehen. Dessen angstvolle Blicke, mit denen er immer wieder zu Ekkelin herüber schielte, entgingen dem Ritter keineswegs. Dennoch tat er so, als ignoriere er den Burschen.

Jetzt traten einige Teilnehmer des Turniers fertig gerüstet aus ihren Zelten und winkten den Pferdeknechten, die sofort, die gesattelten Rösser am Zügel führend, herbeieilten und ihren Herren in den Sattel halfen. Zu diesen ersten Recken zählten Friedrich, der Sohn des Burggrafen und sein Oheim Alfred. Außerdem Landgraf von Leuchtenberg, der ihnen dicht auf dem Fuß folgte.

Unter dem jubelnden Beifall der Zuschauer, ritten die übrigen Turnierteilnehmer in rascher Folge auf die Wiese. Jetzt erst bekam Ekkelin seine ehemaligen Bundesgenossen Wiesenthau, Gottenhofen und Leonstein zu Gesicht. Letzterer stapfte zu Fuß und grimmig dreinblickend zum Turnierplatz. Als Rüstung hatte er einen offenen Helm gewählt, der zum Schutz für Hals und Nacken mit einer Beckenhaube versehen war. Zwar bot dieser Helm weniger Schutz als ein geschlossener, doch gewährte er eine bessere Rundumsicht und erleichterte das Atmen.

Gezwungen, von Beginn an ohne Pferd zu kämpfen, hatte Leonstein seine Rüstung dementsprechend gewählt. Er trug einen schlichten Schuppenpanzer über dem Steppwams, Arme und Hände bedeckten Unterarmschienen und Plattenhandschuhe. Wäre er zu Pferd, hätte er unter dem Schuppenpanzer sicher ein knielanges Kettenhemd getragen,, wie es bei seinen Widersachern der Fall war. Doch würde das zusätzliche Gewicht seine Beweglichkeit beeinträchtigen. Und genau darin lag sein einziger Vorteil, wenn man angesichts der gerüsteten Schlachtrösser überhaupt davon reden durfte.

In Anbetracht der kunstvoll beschlagenen Rüstungen der Hohenzollern oder anderen Herren, wirkte Leonstein wie ein Bauernlümmel. Selbst Gottenhofens und Wiesenthaus Rüstungen waren um ein Vielfaches prächtiger als die ihres Kameraden. Doch allein der Glanz einer Rüstung gab noch keinen guten Streiter. Wenn es Leonstein gelang, seinen Gegner vom Pferd zu werfen, bevor ihm die Puste ausging, hatte er gute Aussichten, den Kampf für sich zu entscheiden. Ekkelin waren die Kampfkünste des Walch von Leonstein hinreichend vertraut, um zu wissen, dass jeder der anderen Teilnehmer in ihm einen respektablen Gegner finden würde.

Er erhob sich und drehte sich unvermittelt zum Lakaien des Bischofs um, der mit vor Schreck geweiteten Augen zusammenzuckte. Ekkelin tat, als sehe er Friedrich von Hohenlohe erst jetzt, grüßte knapp, aber der Etikette entsprechend, dann wandte er sich an dessen Diener: »Du hast für meine Pferde gesorgt, so, wie ich dir aufgetragen habe?«

Nach einem Blick zu seinem Herrn, den dieser mit einem kaum merklichen Nicken entgegnete, erwiderte er: »Ja, Herr, ich habe Futter und Wasser besorgt. Beide Tiere stehen noch bei der Kutsche. Außerdem habe ich mir erlaubt, sie abzusatteln und Euer Gepäck mit Erlaubnis meines Herrn in der Kutsche verstaut.«

»Wunderbar!«, meinte Ekkelin. Dann an den Bischof gewandt: »Ich danke für Eure Großzügigkeit. Wäret Ihr nun auch so gütig und würdet Eurem Diener erlauben, mein Packpferd zu satteln und vor die Tribüne zu bringen?«

Dem fleischigen Gesicht des Bischofs, war die Neugier deutlich anzusehen. Dennoch verkniff er sich zu fragen, zu welchem Zweck und gab nach kurzem Zögern sein Einverständnis.

Ekkelin verneigte sich und setzte sich. Aus den Augenwinkeln bemerkte er die finstere Miene des Burggrafen, der den Wortwechsel zwischen ihm und dem Bischof aufmerksam beobachtet hatte.

»Verratet Ihr mir, was Ihr vorhabt?«, raunte ihm Agnes zu, als er wieder neben ihr Platz genommen hatte. Auch Reichza beugte sich näher heran, um die Antwort zu verstehen.

Ekkelin lächelte. »Wenn es die Turniervögte erlauben, möchte ich dies Pferd dem glücklosen Walch für den Buhurt leihen, sofern er dies von mir annimmt.«

Er hatte leise gesprochen, dennoch hatte Graf von Schwarzberg die Worte gehört. »Euch ist bewusst, dass Ihr Euer Ross dabei aufs Spiel setzt?«

»Sicher«, erwiderte Ekkelin. »Ein gutes Tier außerdem. Ausdauernd, kräftig und klug. Seinen Verlust würde ich nur schwer verschmerzen. Aber auch wenn sich unsere Wege getrennt haben, so war mir Walch in vergangenen Tagen ein tapferer Begleiter. Er hat eine reelle Möglichkeit verdient, um sein Eigentum von den Hohenzollern zurückzugewinnen.«

Daraufhin erwiderte der Graf nichts. Ob ihn die Worte des Ritters beschämten, oder sie ihn nicht berührten, war ihm nicht anzusehen.

In diesem Moment unterband ein schallender Trompetenstoß jegliche Unterhaltung unter den Zuschauern.

Nachdem Ruhe eingekehrt war, trat einer der Vögte zwei Schritte vor und verkündete mit weithin tragender Stimme: »So höret nun die Regeln des heutigen Buhurts, den die liebliche Reichza von Schwarzberg und ihre edle Schwester Agnes von Plauen zu Ehren ihres Vaters Konrad von Schlüsselberg an diesem Ort austragen lassen!«

Die Regeln unterschieden sich von Turnier zu Turnier und wurden von den Turniervögten jedes Mal aufs Neue bestimmt. So waren beim heutigen Buhurt Stiche mit dem Schwert sowie Hiebe in den Unterleib nicht gestattet. Auch durfte nur mit der flachen Klinge nach dem Gegner geschlagen werden. Begonnen wurde zu Pferd und mit der Reiterlanze, die um ein Beträchtliches leichter und kürzer war als eine Lanze für den Tjost. Gekämpft wurde so lange, bis ein letzter Recke auf den Beinen stand. Auch wenn jeder gegen jeden antrat, so durfte immer nur Mann gegen Mann gefochten werden. Die ersten Paarungen waren vorher durch das Los bestimmt worden.

Wer gegen diese Regeln verstieß, so mahnte der Turniervogt eindringlich, der werde unter Schimpf und Schande von der Burg gejagt. Sein Pferd, Waffen und die Rüstung, hatte er dem mit unfairen Mitteln besiegten Gegner als Wiedergutmachung zu überlassen. Zwei Dutzend Armbrustschützen, die sich in diesem Augenblick um die Turnierwiese herum postierten, verliehen den Worten des Vogtes den nötigen Nachdruck.

Gerade wollte der Vogt das Turnier für eröffnet erklären, da zog der zurückkehrende Junge seine Aufmerksamkeit auf sich. Er hielt Ekkelins Pferd am Zügel und blieb unschlüssig vor der Zuschauer-tribüne stehen. Der Vogt schloss verblüfft den Mund und starrte zu dem Jungen hinüber.

Auch die meisten anderen sahen erwartungsvoll zu dem ein-geschüchtert dreinblickenden Burschen und dem nervös tänzelnden Pferd. Haltung und Temperament des Tieres riefen anerkennendes Nicken unter den anwesenden Kennern hervor. Während jeder gespannt darauf wartete, dass sich der Junge erklärte, zog Ekkelin die allgemeine Aufmerksamkeit auf sich.

Der berüchtigte Ritter schob sich durch die Zuschauerreihen, nahm dem Jungen die Zügel aus der Hand und, ohne die teils feind-seligen Blicke zu beachten, schritt er auf Walch von Leonstein zu.

Die Überraschung in dessen Zügen währte nur kurz. Miss-trauisch sah er dem ehemaligen Bundesgenossen entgegen. Aus den Gesichtern Gottenhofens und Wiesenthaus hingegen sprach offene Feindschaft. Gottenhofens Hand schnellte zum Schwertgriff und nur der mahnende Ruf des Turniervogts ließ ihn innehalten.

Eine Armeslänge vor Walch verhielt Ekkelin. Sein Blick haftete unentwegt in dessen Augen. »Walch von Leonstein! Wir trennten uns im Streit. Dennoch frage ich dich: Willst du dies Pferd von mir als Leihgabe für die Dauer dieses Buhurts annehmen?«

Diesen Worten folgte erstauntes Raunen aus der Menge. Doch sogleich trat wieder gespannte Stille ein. Jeder wollte hören, was Leonstein erwiderte. Deutlich war ihm anzusehen, wie er mit seinen Gefühlen rang. Das Misstrauen in seinen Zügen behielt nach wie vor die Oberhand.

»Was verlangst du dafür?«, ließ er sich endlich vernehmen.

»Nichts, außer einen guten Kampf, und dass du dein Bestes gibst«, antwortete Ekkelin.

»Und wenn ich verliere und du dein Pferd nicht wieder erhältst?«, diesmal unterstrich ein grimmiges Grinsen seine Worte.

»Dann verlierst du einen Buhurt und ich ein Pferd. Nichts weiter.«

Das Grinsen in Walchs Gesicht wurde breiter: »Erinnerst du dich der Worte, die wir uns bei unserem Abschied schworen?«

»An jede Silbe.«

»Wie steht es damit, wenn ich annehme?«

»Wie du weißt, liegt das ganz bei dir. Forderst du Genugtuung, so stehe ich dir jederzeit zur Verfügung. Ob du mein Angebot annimmst oder nicht.«

Walch nickte zufrieden und sich besinnend, blickte er zu Boden. Ekkelin nutzte die Gelegenheit und sah in die Gesichter der übrigen Ritter. Gottfried von Brauneck sowie die Freiherren von Egloffstein grüßten ihn freundlich. Die Brüder Groß von Rabenstein nickten verhalten, ebenso die ihm unbekannten Ritter.

Die Burggrafen indes, ebenso der Landgraf von Leuchtenberg, verzogen keine Miene. Mit verächtlich nach unten gezogenen Mundwinkeln schienen sie darauf zu warten, dass es endlich weiterging. Die Ritter Gottenhofen und Wiesenthau hatten merklich Mühe, sich im Zaum zu halten. Es war ihnen allzu deutlich anzusehen, wie gern sie sich auf den Gayling gestürzt hätten.

Unerschrocken erwiderte Ekkelin den Blick der einstigen Verbündeten. Hier stand er unter dem Schutz des Grafen von Schwarzberg und dem der wachsamen Turniervögte, dennoch würde er die beiden Ritter nach dem Ende des Buhurts im Auge behalten. Er kannte die Verschlagenheit eines Gottenhofen zu Genüge und beging nicht den Fehler, diesen Umstand zu unterschätzen.

»Du wirst doch nicht die Hilfe dieses Verräters annehmen!«, spie der unvermittelt hervor. Er schien Ekkelins Anblick nicht länger wortlos ertragen zu wollen.

Walch wirbelte herum, deutete mit dem Zeigefinger auf Gottenhofen und sagte mit klarer Stimme: »Halt dein Maul. Mit dir rechne ich später ab, wenn wir uns auf dem Turnierplatz gegenüberstehen!«

Ekkelin hatte Mühe, sich seine Freude nicht anmerken zu lassen. Mit unbewegter Miene wartete er auf Leonsteins Antwort.

Der wandte sich an die Turniervögte: »Ist es mir erlaubt, das Angebot des Gayling anzunehmen?«

Der ältere der beiden Vögte, der dem Ekkelin im großen Saal begegnet war, näherte sich, bedachte Ekkelin mit einem missmutigen Blick, dann nahm er das Pferd in Augenschein. »Es ist als Streitross ausgebildet«, erklärte Ekkelin.

»Euch ist bewusst, dass der Sieger Pferd und Waffen vom Besiegten fordern darf?«, fragte der in barschem Ton.

»Gewiss.«

»So sei es!«, rief der Vogt in die Runde. »Walch von Leonstein soll erlaubt sein, das Pferd des Gayling für die Dauer des Buhurts zu reiten. Ich bitte die edlen Ritter nun darum, die Plätze einzunehmen, damit das Kampfspiel beginne.«

Die Zuschauer jubelten.

»Ich kann dir leider nicht mit einer Lanze dienen«, sagte Ekkelin zu Walch.

»Pah!«, stieß der verächtlich hervor. »Ich muss nur nahe genug an meine Gegner rankommen.«

»Ich werde den Ausgang des Buhurts nicht abwarten«, sagte Ekkelin und reichte Walch die Zügel. »Ich warte bei den Mauern der Ruine Schlüsselberg auf dich. Sehe ich dich nicht bis Sonnenuntergang, so weiß ich, dass du ein weiteres Pferd, Schwert und Schild verloren hast.«

»Wenigstens sind's dann nicht meine eigenen«, murrte Walch zur Antwort. Damit schwang er sich in den Sattel, zog sein Schwert, klopfte dreimal mit dem Knauf auf die Außenseite seines Schildes, dann folgte er seinen Gegnern auf die Turnierwiese.

Ekkelin begab sich zurück an die Seite Reichzas und ihrer Schwester.

Agnes drückte seine Hand, als er sich wieder setzte. Günther von Schwarzberg beugte sich herüber und meinte: »Das war in der Tat eine großherzige Geste. Reichza hat wahrlich nicht übertrieben, als sie mir von Euren Tugenden erzählte. Solltet Ihr Euer Pferd einbüßen, dann biete ich Euch an, eines von meinen als Ersatz auszuwählen.«

Ekkelin zog eine Augenbraue in die Höhe. »Darauf komme ich möglicherweise zurück, werter Graf. Aber urteilt nicht zu vorschnell nach dem Offensichtlichen. Ich kenne die Fähigkeiten einiger Männer dort unten auf dem Platz. Unter ihnen halte ich Leonstein für den stärksten Streiter. Er hat die Kraft eines Ochsen und gelernt, ein Schwert zu *führen* und nicht nur damit herumzuhacken.«

»Ihr macht mich in der Tat gespannt, wie sich Euer Leonstein heute schlägt«, erwiderte der Graf vergnügt und blickte wieder zu den Rittern auf der Turnierwiese. Die bildeten zwei sich gegenüberstehende Reihen zu je sechs Reitern an den Stirnseiten des Kampfplatzes und machten sich für den Angriff mit vorgehaltener Lanze bereit. Ausgenommen Leonstein, der die Zügel zwischen seine Zähne genommen hatte, um die Hände für Schild und Schwert frei zu haben.

»Ganz zu schweigen davon, dass ein Gayling niemals eines seiner geliebten Pferde nur einer längst gebrochenen Freundschaft wegen aufs Spiel setzen würde«, flüsterte Agnes in diesem Augenblick in Ekkelins Ohr. »Ihr geht davon aus, dass der gute Walch diesen Buhurt gewinnt. Habe ich recht?«, fügte sie ebenso leise hinzu und schmiegte sich in nicht damenhafter Manier an den Ritter.

»Wie gewöhnlich bleibt Eurem Scharfsinn nichts verborgen, teure Gräfin«, raunte Ekkelin, sich darum bemühend die Wärme ihres Körpers zu ignorieren.

»Ihr vergesst, dass auch ich um die Geschicklichkeit Walchs weiß«, sagte sie. Dann drückte sie sich fester an Ekkelins Seite, seufzte leise, sodass außer dem Ritter niemand etwas mitbekam und sagte: »Habt Ihr Euch nie gefragt, wie unser beider Leben verlaufen wäre, entstammtet Ihr oder ich einem anderen Geschlecht? Wo wären wir zu dieser Stunde, hätte es nicht den Unterschied unseres Geburtsstandes gegeben?«

Ekkelin drehte den Kopf und sah Agnes in die Augen. »Ihr seid ungerecht. Ich bedaure den frühen Tod Eures Gemahls, doch Ihr vergesst, dass auch ich einem Weib die Treue geschworen habe, wie Ihr zuvor Eurem Gemahl. Was hätte sein können, hat keine Bedeutung, nur das, was ist. Schwelgen wir in unseren gemeinsamen Erinnerungen und belassen es dabei.«

Agnes senkte den Blick. »Ihr habt recht. Verzeiht mir.«

Lächelnd drückte Ekkelin ihre Hand, dann wandte er sich wieder dem Geschehen auf dem Turnierplatz zu.

Die Anspannung der Reiter übertrug sich auf die Pferde, nervös stampften sie mit den Hufen. Das einsetzende Trompetensignal erlöste sie und mit trommelndem Hufschlag preschten die Rösser unter dem tosenden Beifall der Zuschauer aufeinander zu. Die Ritter richteten die Spitzen ihrer Lanzen auf den heranstürmenden Gegner aus, genau auf den Punkt zwischen oberem Schildrand und dem darüber hinausragenden Kopf. An ihrer Haltung erkannte Ekkelin deutlich, dass sie sich für den Anprall der gegnerischen Lanze wappneten. Fast jeder von ihnen hielt den Schild leicht schräg vor der linken Seite, damit die Lanzenspitze besser daran abglitt.

Nur Walch von Leonstein bildete erwartungsgemäß eine Ausnahme. Sein vom Los bestimmter Gegner in diesem ersten Durchgang war ein Ritter namens Otto von Hagendorn, von dem Ekkelin bis zum heutigen Tag nichts gehört hatte.

Tief über den Hals seines Pferdes hängend, fixierte Leonstein die auf seine Körpermitte gerichtete Lanze. Selbst zu Pferd gereichte ihm die leichte Rüstung zum Vorteil.

Mit einer akrobatischen Meisterleistung tauchte er unter der Lanze hinweg, indem er sich fast gänzlich auf die rechte Seite seines Tieres legte. Ein überraschtes Ah tönte aus den Mündern der Menge, als der sicher geglaubte Lanzenstoß ins Leere ging. Im selben Augenblick saß Walch wieder aufrecht im Sattel. Den Schild vor den Körper gehalten, hieb er mit dem Schwert über dessen

Rand hinweg, und mit einem weithin hörbaren Geräusch traf seine flache Klinge auf den Helm des Gegners. Dann waren die beiden Ritter aneinander vorbei und die Menge johlte.

Graf Günther klatschte anerkennend Beifall, dem sich die meisten Gäste auf der Tribüne anschlossen. Als Walchs Gegner nach diesem Hieb deutlich im Sattel schwankte, abrutschte und scheppernd auf dem Boden aufschlug, kannte die Begeisterung der Zuschauer keine Grenzen. Lediglich Johann von Hohenzollern wohnte dem Geschehen mit ausdrucksloser Miene bei.

Sein Sohn und sein Bruder hatten ihre Gegner soeben vom Pferd gestoßen, dabei waren ihre Lanzen zersplittert. Achtlos warfen sie die nutzlosen Hölzer fort, zogen die Schwerter und schlugen weiter auf ihre Gegner ein.

Otto von Hagendorn erholte sich von seinem Sturz. Doch kaum stand er wieder auf den Beinen, traf ihn ein neuerlicher Schlag auf den Helm. Der Ritter fiel wie ein gefällter Baum und blieb reglos am Boden liegen. Seine Knappen eilten mit einer Trage herbei und knieten neben ihrem besinnungslosen Herrn nieder.

»Wenn er wieder zu sich gekommen ist, sagt ihm, dass ich als Sieger dieses Waffengangs sein Pferd und seine Waffen einfordere«, sagte Walch mit lauter Stimme. Die Knappen blickten zu den Turniervögten, deren zustimmendes Nicken die Rechtmäßigkeit von Walchs Forderung bestätigte. Leonstein schwang sich aus dem Sattel und griff sich die Lanze des Besiegten. Dann sah er nach dem Ausgang der Kämpfe. Solange kein weiterer Sieger aus den anderen Paarungen hervorging, musste er sich laut den Regeln gedulden, bis sich ein neuer Gegner für ihn fand.

Sein Interesse galt in erster Linie Fritz von Gottenhofen, dessen erster Gegner Johannes von Egloffstein war. Mit grimmiger Genugtuung sah er, dass Gottenhofen im zweiten Durchgang mit der Lanze, den Egloffstein im vollen Galopp aus dem Sattel stieß. Der Schmerzensschrei des Freiherrn gellte über den Platz. Seine anschließenden Bemühungen wieder auf die Beine zu kommen, waren umsonst. Das rechte Bein knickte jedes Mal ein, wenn er sein Gewicht darauf verlagerte. Er war dazu gezwungen, sich geschlagen zu geben, und humpelte auf seine Knappen gestützt von der Turnierwiese.

Gottenhofen wendete sein Pferd, suchte nach einem neuen Gegner. Dass Walch mit vorgelegter Lanze herangaloppierte, gewahrte er erst wenige Herzschläge vor dem Aufprall. Zwar gelang es ihm, seinen Schild hochzureißen, dennoch warf ihn der Stoß aus dem Sattel. Beim Sturz zerbrach der Schaft seiner Lanze und fluchend zog er sein Schwert, wobei er sich auf die Beine bemühte.

Walch ließ ihn keinen Atem schöpfen, schon war er bei ihm und stieß ihn mit seiner Lanze immer wieder zu Boden. Irgendwann warf Walch die Lanze achtlos zur Seite, sprang aus dem Sattel und schlug mit kreisendem Schwert auf Gottenhofen ein. Dessen schwere Rüstung, die wiederholten Stöße gegen seine Brust, das ständige Hochrappeln, forderten ihren Tribut. Seine Bewegungen wirkten fahrig und kraftlos. Immer häufiger durchbrach die Klinge Leonsteins die Deckung Gottenhofens, traf die flache Seite der Klinge scheppernd auf Gottenhofens Helm. Schlag auf Schlag prasselte auf ihn nieder, sein Schädel dröhnte und ihm drohte schwarz vor Augen zu werden. Plötzlich knallte die gegnerische Klinge mit voller Wucht vor die Sehschlitze seines Helms, ohne dass er den Angriff vorher hatte kommen sehen. Wie zuvor schon Walchs erster Gegner, so stürzte nun Fritz von Gottenhofen wie ein Sack zu Boden.

»Auch sein Pferd und seine Waffen fordere ich ein, wie die von jedem von euch!«, rief Walch in die Runde. Seine Worte gingen im begeisterten Jubel der Zuschauer unter. Er holte sein Pferd und zog sich in den Sattel. Ein neuer Gegner wartete auf ihn. Diesmal bekam er es mit Friedrich von Hohenzollern zu tun, dem jüngsten der Burggrafen, der ihm Genugtuung für den gestrigen Tjost schuldete.

Mit zufriedener Miene beobachtete Ekkelin den Verlauf des Turniers. Graf Günther von Schwarzberg war   mittlerweile vollends auf

Seiten Leonsteins, dessen Mut und Kampfkunst ihn begeisterten. Gestern der geschlagene und beschämte Ritter des niederen Adels und heute aussichtsreicher Kandidat für den Sieg beim Buhurt. Diese unverhofften Wendungen waren es, die der Graf bei einem Turnier so liebte, wie er Ekkelin über das Gejohle der Menge hinweg zurief.

Walch schlug sich so, wie Ekkelin von ihm erwartet hatte. Seine Kraft und unerschöpfliche Ausdauer ließen seine Gegner verzweifeln. Selbst Friedrich von Hohenzollern, der als ein geschickter Fechter galt, geriet nach kurzem Schlagabtausch in erste Bedrängnis. In seiner Not versuchte er durch einen Hebel mit der Klinge, Walch das Schwert aus der Hand zu drücken. Doch der erfahrene Haudegen kehrte den Hebel mit einer beiläufigen Bewegung um und schon landete das Schwert des Hohenzollern zwischen den Hufen seines Pferdes. Im gleichen Moment packte Walch den jungen Burggrafen an dessen Schildarm, ließ sein Pferd rückwärts gehen und zerrte Friedrich aus dem Sattel. Kaum lag der Überrumpelte im Matsch, war Walch bei ihm und donnerte seinen Schwertknauf auf dessen Helm.

Nur Alfred von Hohenzollern schien in Ekkelins Augen in der Lage, Leonsteins Siegesmarsch Einhalt zu gebieten. Der Burggraf hatte ebenfalls drei seiner Gegner geschlagen, darunter Gottfried von Brauneck und Konrad von Egloffstein. Seinen dritten Sieg erfocht er gegen einen der von weither angereisten Glücksritter, deren Namen Ekkelin genauso wenig sagten, wie ihre Wappen. Dennoch lieferte er dem Hohenzollern einen spannenden Zweikampf, in dem Alfreds Erfahrungen im Kampf den Ausschlag gaben. Seinen nächsten Gegner fand der Burggraf in Dietrich von Wiesenthau, der mit letzter Kraft Poppo Groß von Rabenstein bezwungen hatte. Dietrich hatte seine Lanze eingebüßt und damit die Waffe, die er am trefflichsten zu führen verstand. Ekkelin kannte den Wiesenthau als geschickten Bogen- und Armbrustschützen, doch mit Schild und Schwert war er für Alfred von Hohenzollern kein ernst zu nehmender Gegner. Wiesenthau war sich dieser Tatsache bewusst, wie seine defensive Haltung verriet. Er schien sich damit zu begnügen, den

Angriffen des Burggrafen auszuweichen oder sie zu blocken, und auf eine Lücke in der Deckung des Gegners zu warten.

Die Hälfte der Teilnehmer war ausgeschieden, fast alle Zuschauer fieberten dem Ausgang des Buhurts mit Spannung entgegen. Die meisten Knechte, Mägde sowie Handwerker und Bürger der Stadt hatten Walch zu ihrem Liebling unter den Streitern auserkoren. Lauthals feuerten sie ihn an, quittierten jeden Treffer seines Schwertes mit jubelndem Beifall und pfiffen seine Gegner aus, wenn es ihnen gelang, Walchs Attacken zu kontern. Seine schäbige Rüstung und der Umstand, dass er den ersten Kampf ohne Lanze bestritten hatte, brachte ihm die Gunst der Leute ein.

Für Ekkelin wurde es Zeit. Ein Blick in die Runde bestätigte ihm, dass alle Augen auf die Kämpfenden gerichtet waren. In diesem Moment ging Dietrich von Wiesenthau nach einem fürchterlichen Hieb an den Hals zu Boden und die Zuschauer auf der Tribüne sprangen jubelnd von ihren Sitzen. Ekkelin zögerte nicht länger, und wenige Augenblick später hatte er die Tribüne hinter sich gelassen und strebte dem Burgtor zu.

Sein Reitpferd fand er, wie vom Lakaien des Bischofs beschrieben. Seine Sachen waren ordentlich in der Kutsche verstaut und nach nur wenigen Minuten hatte er sein Ross damit beladen. Er konnte nur hoffen, dass Walch das Glück weiterhin die Treue hielt, da er sonst dazu gezwungen wäre, ein Packtier zu kaufen. Bis zur Ruine Schlüsselburg war es nicht weit. Die halbe Meile Fußmarsch flussabwärts waren kein Problem, doch bis nach Heroldsberg auf Schusters Rappen kam für Ekkelin nicht infrage. Nachdem er seine Sachen ordentlich auf dem Rücken des Pferdes verschnürt hatte, löste er die Zügel, wandte sich zum Gehen und erstarrte in der Bewegung. Ein entschuldigendes Lächeln trat in sein Gesicht und entwaffnend breitete er die Arme aus. Agnes von Plauen war ihm nachgegangen und stand mit vorwurfsvollem Gesichtsausdruck keine zwei Schritte vor ihm.

»Ein weiterer Punkt, in dem Ihr Euch nicht geändert habt«, sagte sie. »Habt Ihr erfahren, was Ihr wollt, so habt Ihr Euch schon früher gerne wie ein gewöhnlicher Dieb davongestohlen. Kommt es Euch denn nicht in den Sinn, dass Ihr damit irgendjemanden verletzen könntet, oder ist Euch dies egal?«

»Weder noch, meine Liebe«, erwiderte Ekkelin. »Doch in Anbetracht der offensichtlichen Feindschaft, mit der mir einige Eurer Gäste begegnen, halte ich es für klüger, Burg Waischenfeld noch vor dem Ende des Buhurts den Rücken zu kehren.«

»Ohne Euch von mir und meiner Schwester zu verabschieden?«

»Verzeiht. Daran, wie sehr Euch dies verletzen könnte, habe ich in der Tat nicht gedacht. Ich wollte lediglich, dass mein Aufbruch keine unnötige Aufmerksamkeit erregt.«

Agnes lächelte säuerlich, wischte sich mit einer raschen Bewegung über die Augen, dann sagte sie: »Schon gut, mein teurer Ekkelin. Ihr wisst sehr wohl, dass ich Euch nicht wirklich böse sein kann. Außerdem habe ich damit gerechnet.«

»Ja, ich gebe zu, ich habe Euch unterschätzt, meine Liebe. Richtet Eurer Schwester und Eurem Schwager meine Grüße und meinen Dank für die Gastlichkeit aus. Wenn es unser Schicksal ist, sehen wir uns wohlbehalten wieder. Dann, so hoffe ich, in weniger feindseliger Gesellschaft und in glücklicheren Tagen.«

»Dafür bete ich«, sagte Agnes und trat an den Ritter heran. »Glück auf all Euren Wegen und ein langes Leben.«

»Das wünsche ich auch Euch.« Dann umarmte er die Gräfin und drückte sie fest an sich. Nach einer Weile lösten sie die Umarmung, nahmen sich bei den Händen und sahen sich einige Atemzüge lang in die Augen. Agnes presste die Lippen aufeinander, nickte, wandte sich ab und schritt ohne ein weiteres Wort, zurück zur Turnierwiese, von der die Beifallsbekundungen und Schmährufe der Zuschauer zu ihm herüberwehten.

Ekkelin sah der einstigen Geliebten hinterher, bis sie durch den Torbogen der Vorburg verschwunden war. Mit einem schweren Seufzer nahm er die Zügel seines Pferdes wieder auf. Vor dem Tor wandte er sich nach rechts und folgte dem Weg, der ihn einige Stunden zuvor hergeführt hatte. Die Stadt empfing ihn ebenso ausgestorben wie in den frühen Morgenstunden. Offenbar weilte jeder Bürger, der laufen konnte, auf dem Turnierplatz vor der Burg .

Nur öffentliche Hinrichtungen oder das Verbrennen von Ketzern, Hexenmeistern und Juden erfreute sich größerer Beliebtheit.

Am Stadttor traf er den Wächter vom Morgen wieder. Jetzt verstand er dessen griesgrämige Laune. Wegen des Wachdienstes war es dem Mann nicht möglich, sich auf dem Turnierplatz zu vergnügen. Als er in Ekkelin aber den spendablen Ritter von heute Morgen wiedererkannte, erhellten sich seine Gesichtszüge.

»Ihr wollt uns bereits verlassen, edler Herr? Ist der Buhurt schon vorüber? Verratet Ihr mir, wer gewonnen hat?«, bestürmte er Ekkelin, sobald der in Hörweite gekommen war.

Ekkelin lachte: »Welche Frage soll ich dir als erste beantworten? Der Kampf ist noch nicht entschieden, ich denke aber, dass den Sieg Walch von Leonstein und Burggraf Alfred von Hohenzollern unter sich ausmachen werden. Bist du nun zufrieden?«

»Ja Herr«, beeilte sich der Wächter zu versichern. Sich verbeugend, öffnete er das Tor.

Ekkelin setzte sich in Bewegung. Bevor er an dem Wächter vorüber war, sagte er: »Sollte Walch von Leonstein siegreich bleiben, so wird er dieses Tor mit seiner Siegesbeute noch vor dem Dunkelwerden passieren. Gut möglich, dass sich der eine oder andere geschlagene Ritter sein verlorenes Eigentum zurückholen möchte. Ich würde es dir nicht vergessen, wenn du etwaige Ritter, die ihm folgen, eine falsche Richtung nennst, falls sie dich fragen, welchen Weg er eingeschlagen hat.«

Der alte Scharwächter hatte mit großen Augen zugehört. Jetzt nickte er heftig und beteuerte: »Ihr könnt Euch auf mich verlassen, mein Herr.«

Zufrieden nickte Ekkelin, dann führte er sein Pferd hinter sich her zum Tor hinaus. Kurz darauf überquerte er die Brücke und gelangte am jenseitigen Ufer zur Weggabelung. Folgte man der Straße linker Hand, so brachte sie einen über Plankenfels bis nach Bamberg. Rechts hinunter, nach Süden, führte sie den Reisenden nach dem Anstieg und zwei Meilen zu einer weiteren Gabelung, die auf der Hochebene zwischen Rabenstein und Oberailsfeld gelegen war.

Ekkelin folgte der Straße bis an den Fuß des Anstiegs, der auf die weitgehend baumlose Hochebene führte. Hier schlug er sich in das Gehölz entlang des Flusses und wenig später erreichte er den Schlüsselstein, eine an einen liegenden Schlüssel erinnernde Felsformation, auf deren Rücken die Reste der Burg Schlüsselberg in den Himmel ragten.

Während Ekkelin sein Pferd zwischen den Bäumen hindurch den steilen Hang bis zum Gipfel des Schlüsselsteins führte, brach die Sonne durch die Wolken. Das regennasse Land dampfte unter ihren Strahlen. Er suchte sich zwischen den Mauerresten einen bequem aussehenden Platz, der ihm eine unverstellte Rundumsicht über die Landschaft erlaubte, breitete eine Decke über eine bemooste Stelle am Boden aus und ließ sich behaglich grunzend darauf nieder. Er hatte noch einige Stunden Zeit, bevor er mit dem Erscheinen Leonsteins rechnen durfte. Eine ausgezeichnete Gelegenheit, ein wenig Schlaf nachzuholen. Den rechten Zeitpunkt zu verpassen, fürchtete er nicht, denn sollte sich jemand seinem Standort nähern, würde sich sein Ross bemerkbar machen.

Als er erwachte, näherte sich die Sonne den Hügelkuppen und Felsspitzen im Westen. Der Ritter erhob sich und dehnte die Glieder. Sein Pferd rupfte hinter dem Felsplateau lustlos an saftig aussehenden Gräsern.

Vor dem Tor zu Waischenfeld tat sich etwas. Einige Reiter tauchten aus dem Torschatten in das abendliche Sonnenlicht. Ekkelin erkannte die Farben der Hohenzollern sowie die der Ritter Wiesenthau und Gottenhofen. Sie hatten es offenbar eilig, die Stätte ihrer Niederlage hinter sich zu lassen, denn kaum hatten sie die Brücke passiert, trieben sie ihre Tiere zum Galopp und verschwanden aus Ekkelins Blickfeld. Er wartete. Wenige Augenblicke später sah er sie wieder. Sie hatten den Beginn der Steigung erreicht und trieben ihre Tiere unvermindert an. Fluchend zerrten die Knechte die ledigen Pferde an den

Zügeln hinter sich her, die sich wiehernd gegen das eingeschlagene Tempo sträubten. Bevor die Gruppe Reiter hinter den Bäumen der nächsten Biegung verschwand, studierte Ekkelin ihre Gesichter. Sie erweckten nicht den Eindruck, die Sache mit dem Buhurt auf sich beruhen zu lassen. Dann waren sie an Ekkelins Standort vorüber gezogen und hinter der nächsten Kuppe verschwunden. Nur kurze Zeit später folgte ihnen Walch von Leonstein, dessen Knappe sechs Schlachtrösser mit sich führte. Die erbeuteten Rüstungen und Waffen waren auf den Rücken dreier Rösser verstaut.

»Wie du siehst, besitze ich deinen Gaul noch«, grinste Walch, schwang das linke Bein über den Hals des Pferdes auf die rechte Seite und glitt geschmeidig aus dem Sattel.

»In der Tat und mir deucht, dir war ein Pferd nicht genug.«

Walch lachte und wischte sich den Schweiß von der Stirn. »Dank dir habe ich reichlich Beute gemacht. Aber zunächst gilt es, zwischen uns noch eine Sache zu klären.«

Ekkelin nickte: »Wie willst du es haben?«

Walch legte seinen Schwertgürtel ab, zog den Dolch, warf ihn achtlos zur Seite, trat dann nahe an Ekkelin heran und sagte: »Ohne Waffen. Verloren hat, wer zuerst am Rücken liegt.«

»So sei es. Was wollen wir einsetzen?«, Ekkelin öffnete die Riemen seines Schwertgehänges und legte es zusammen mit seinem Dolch zu Boden.

Walch blinzelte vergnügt zu Ekkelins Pferd: »Dein Schlachtross gegen zwei von meinen Tieren. Was sagst du?«

»Ich nehme an. Aber ich wähle mir später die Pferde selbst aus.«

Walch bleckte die Zähne: »Wenn es dir gelingt, mich nieder-zuwerfen, verrate ich dir sogar, welche Tiere ich als die wertvollsten erachte.«

Der Knappe nahm die Pferde und führte sie abseits.

Ekkelin nickte Walch zu: »Bist du bereit?«

»Nur zu!«, bestätigte der und näherte sich ihm in geduckter Haltung. Plötzlich sprang er vor. Als hätte er dessen Absicht vorausgesehen, wich Ekkelin seitwärts aus, ergriff Leonsteins ins Leere stoßende Rechte, zog sie mit ganzer Kraft an sich, umging mit der freien Hand Walchs Deckung, packte ihn am Hals und warf sich mit einem Satz nach vorne. Walchs Oberkörper riss es nach hinten, einen Augenblick hing er waagrecht in der Luft, bevor er mit einem dumpfen Schlag zu Boden schlug. Ungläubig starrte er zu Ekkelin hinauf. »Verdammt!«, stieß er hervor. »Ich liege am Rücken.«

»Sieht ganz so aus«, bestätigte Ekkelin. »Ich hoffe, du hattest damit deine Genugtuung und gibst jetzt Ruhe«, meinte er und streckte dem am Boden Liegenden die Hand entgegen.

Brummend ergriff Leonstein diese und ließ sich auf die Füße ziehen. »Nun, du bist ausgeruht, während ich meine Kräfte beim Buhurt verbraucht habe. Sonst hättest du mich nie so leicht von den Füßen gestoßen.«

»Selbstverständlich. Wenn du willst, biete ich dir einen weiteren Gang.«

»Nein, bei Gott. Für heute habe ich genug. Das hier diente nur der Vollständigkeit halber. Damit sind der Worte damals in der Grotte genüge getan. Nimm dir zwei Gäule und wir sind miteinander im Reinen«, erwiderte Walch und winkte seinem Knappen. »He Martin! Ich schulde dem Gayling zwei Gäule. Bring sie her, damit er sie sich ansehen kann!«

Martin tat wie ihm geheißen und führte das halbe Dutzend Schlachtrösser zu den Rittern. Ekkelins Pferd war inzwischen ebenfalls herbeigetrottet, da es seinen Stallgefährten unter den anderen Rössern erkannt hatte.

»Sind prächtige Tiere darunter«, sagte Ekkelin anerkennend.

»Ja, aber keines von denen kann sich mit deinem messen. Sieh dir mal die beiden an! Gehörten den Hohenzollern und sind meiner Meinung nach die besten.«

Ekkelin musste dem Leonstein recht geben. Die Schlachtrösser der Burggrafen waren sicher ein kleines Vermögen wert. Ein Hengst und eine Stute. Trotzdem sah er sich jedes Tier gründlich an, bevor er sagte: »Also gut Walch, ich entscheide mich für die Stute des Hohenzollern, den Hengst magst du behalten.«

»Eine gute Wahl. Doch stehen dir zwei Pferde zu.«

»Nicht heute«, beschied Ekkelin. »Zwei zusätzliche Pferde sind hinderlich genug. Ich komme ein andermal darauf zurück, wenn es dir nichts ausmacht.«

Walch zuckte die Schultern: »Solange du für das Futter aufkommst, das es frisst, bis du es abholen kommst, soll es mir recht sein.«

Ekkelin lachte. Der hitzköpfige Walch hatte seinen Sinn für Humor nicht verloren. »Was ist? Stehen wir hier noch länger rum, oder bereiten wir uns eine kleine Mahlzeit zu?«, schlug er vor. Die Sonne war fast gänzlich hinter den Hügeln im Westen verschwunden.

»Dagegen ist nichts einzuwenden«, stimmte Walch zu. »Zwischen den Mauerresten findet sich bestimmt ein geschützter Platz für ein Feuerchen. Martin, such trockenes Holz zusammen und bring es dann her!«

»Ja, Herr«, antwortete Martin und verschwand zwischen den Bäumen.

»Mit Essbarem kann ich leider nicht dienen«, gestand Walch.

»Wenn dir und deinem Knappen geräuchertes Lammfleisch, hartes Brot und saurer Wein genügen, dann seid ihr meine Gäste. Auf jeden Fall empfehle ich dir, heute nicht weiter zu reiten. Könnte gut sein, dass eine unliebsame Überraschung auf der Straße auf dich wartet.«

Walch spie aus. »Dessen bin ich mir wohl bewusst. Dieser Hundsfott von Gottenhofen und sein Speichellecker Wiesenthau. Sie waren so plötzlich vom Turnierplatz verschwunden, ebenso die feinen Herren Burggrafen, dass sie nur gemeinsam aufgebrochen sein konnten. Wollen wohl ihre Pferde und Waffen wiederhaben.«

Ekkelin nickte: »Sie kamen nicht lange vor dir hier vorbei. Ich ging davon aus, dass du vor ihnen aufbrichst.«

»Wäre ich gerne«, knurrte Walch. »Aber als Sieger des Buhurts konnte ich mich nicht so einfach aus dem Staub machen. Graf von

Schwarzberg hat mir gar ein Lehen angeboten. Hätte noch nie einen so geschickten Streiter erleben dürfen, wie er meinte. Als ich endlich meine Sachen packen konnte, waren die Burggrafen, Gottenhofen und Wiesenthau schon verschwunden. Wenigstens haben die Turniervögte dafür gesorgt, dass sie meine Pferde und Waffen nicht mitgenommen haben.«

Während sie sprachen, schritten sie auf der Suche nach einem Platz, der es ihnen erlaubte, ein Feuer zu schüren, ohne dass dies weithin sichtbar war, zwischen die Mauerreste der Schlüsselbug. Am besten schienen die Reste des Burgfriedes dafür geeignet. Die abgetragenen Außenmauern ragten in doppelter Mannshöhe empor und eine halbe Stunde später saßen sie um ein gemütlich knisterndes Feuer. Ekkelin teilte seine Vorräte in drei gleich große Teile auf und schweigend aßen sie, bis sie den letzten Krümel vertilgt hatten. Erst als der Schlauch Wein seine vierte Runde unter ihnen machte, unterbrach Leonstein die Stille.

»Was wolltest du eigentlich auf Burg Waischenfeld?«, fragte er.

»Reichza und Agnes besuchen. Was dachtest du denn?«

Mit verkniffener Miene nickte Walch: »Schon recht. Warum solltest du mir auch vertrauen? Auf jeden Fall kamst du bestimmt nicht, um mir dein Pferd für den Buhurt zu leihen.«

»Ganz recht – das war keineswegs mein Anliegen«, bestätigte Ekkelin und führte den Weinschlauch an die Lippen. »Gleichwohl du durchaus einer der Gründe warst, der mich herführte.« Damit reichte er den Schlauch an Walch weiter.

»Wie gewöhnlich«, brummte Walch und schüttelte den Kopf. »Noch immer muss man dir jedes verdammte Wort aus der Nase ziehen.« Dann nahm er einen kräftigen Schluck und verzog den Mund. »Teufel noch mal, was für eine saure Brühe.«

»Ich hatte dich gewarnt«, schmunzelte Ekkelin, der sich hütete, den Wein in großen Zügen zu trinken. »Was ist eigentlich zwischen dir, Gottenhofen und Wiesenthau?«

Walch blinzelte und reichte den Schlauch an Martin weiter, der bisher kein einziges Wort von sich gegeben hatte. »Warum soll ich dir mehr erzählen als du mir?«

»Du vergisst, dass du es warst, der sich gegen mich gestellt hat. Wenn dir an meinem Vertrauen etwas liegt, musst du schon den Anfang machen. Meinst du nicht auch?«

Nachdenklich starrte Walch ins Feuer, legte einen Ast nach, dann sah er Ekkelin in die Augen. »So gesehen, muss ich dir recht geben«, gestand er ein.

Ekkelin entgegnete nichts, hielt seinen Blick weiterhin auf Walch gerichtet.

»Also gut«, sagte der nach einer Weile. »Du hast gewonnen. Immerhin schulde ich dir noch etwas für das Pferd.« In monotonem Tonfall schilderte er die Ereignisse, die sich nach ihrer letzten Zusammenkunft, bei der der Bund zerfallen war, zugetragen hatten.

Walch, Fritz von Gottenhofen und Dietrich Wiesenthau hatten sich zusammengetan und waren mit ihren Waffenknechten nach Böhmen aufgebrochen. In den dichten Wäldern auf der Fernstraße nach Prag brachten sie binnen einer Woche zwei lohnende Kaufmannszüge auf. Fünf vermögende Kaufherren gerieten in ihre Gewalt, zudem drei Wagenladungen Gewürze und Wein aus Italien und vier weitere mit feinen Leinenstoffen. Nicht zu vergessen die erhebliche Summe in klingender Münze, die die Handelszüge benötigten, um die zahllosen Zölle für Brücken und Geleitsstraßen auf ihrem Weg zu entrichten.

Die Ritter sandten die Diener der Kaufherren zu ihren Familien zurück, damit sie die Lösegeldforderung überbringen konnten, während sie heimwärts gen Franken zogen. Unterwegs gelang es ihnen, den Großteil der Beute auf den Märkten der Städte Hof, Coburg und Bayreuth zu veräußern, sodass sie die hinderlichen Wagen bald loswurden. Die Gefangenen verbrachten sie in aller Heimlichkeit nach Schloss Wiesenthau, die Verhandlungen mit deren Angehörigen übernahm Fritz von Gottenhofen.

Hier kam es zum ersten Bruch. Entgegen den Erwartungen verliefen die Verhandlungen überraschend zügig. Walch erfuhr davon erst, als Gottenhofen und Wiesenthau ihn auf seiner Burg besuchten, um ihm seinen Anteil am Lösegeld zu überbringen. Die Geiseln hatten sie angeblich schon freigelassen.

Walch unterbrach seinen Bericht und starrte grimmig ins Feuer. Ekkelin schwieg ebenfalls und wartete geduldig, dass Leonstein fortfuhr. »Sie haben mich beschissen und das sagte ich ihnen geradeheraus«, stieß er nach einer Weile hervor. »Als sie daraufhin beteuerten, nicht mehr Lösegeld bekommen zu haben, und dass der Spatz in der Hand besser sei als die Taube auf dem Dach, wusste ich, dass ich recht hatte. Andernfalls hätten sie Genugtuung von mir gefordert, da ich sie unumwunden Lügner genannt hatte.«

Walch griff abermals zum Weinschlauch und nachdem er den Schlauch abgesetzt hatte, erzählte er den Rest seiner Geschichte. Nach diesem Vorfall trennten sich ihre Wege. Nach einigen Wochen kamen ihm Gerüchte zu Ohren, demnach sich Wiesenthau und Gottenhofen an den unterschiedlichsten Turnieren beteiligten. Nicht ein einziges hatten sie ausgelassen. Leonstein fand heraus, dass sich seine einstigen Gefährten richtiges Stechzeug hatten anfertigen lassen. Für ihn war das der letzte Beweis, von seinen Kameraden übervorteilt worden zu sein. Wie anders hätten sie sich sonst solch teure Rüstungen leisten können? Vor einer Woche erfuhr er von dem Turnier in Waischenfeld und beschloss, teilzunehmen. Wie erhofft, traf er dort auf Wiesenthau und Gottenhofen, die ihn öffentlich demütigten, nachdem er sich zum Tjost gemeldet hatte, ohne eine geeignete Rüstung zu besitzen. Lediglich eine Lanze hatte er sich leisten können. Sein Hufschmied hatte einen Haken seitlich an Walchs altem Brustpanzer angebracht, damit er die schwere Tjostlanze einhaken konnte. Sein Pech war nur, dass ihm Friedrich von Hohenzollern als erster Gegner zugeteilt wurde, gegen den er in diesem Waffengang den Kürzeren zog. Er wäre lieber beim Buhurt gestorben, als auf diese Weise geschlagen und gedemütigt abzuziehen. Ohne das unverhoffte Erscheinen Gaylings, wäre es wahrscheinlich auch so gekommen.

»Mehr habe ich nicht zu sagen. Verrätst du jetzt, was du auf Burg Waischenfeld gesucht hast?«

»Ich wollte herausfinden, was ihr, damit meine ich dich und deine ehemaligen Spießgesellen, im Schilde führt«, erwiderte Ekkelin.

»Und?«

»Von dir weiß ich's nun. Was die beiden anderen angeht, so denke ich, dass ich mich vorsehen sollte.« Er hob ebenfalls den Blick und fasste Leonstein ins Auge. »Was ist, schließt du dich uns wieder an?«

Walch schien einige Augenblicke darüber nachzudenken. Schließlich schüttelte er den Kopf: »Nein. Dein Angebot ehrt mich, doch vorerst muss ich mich um meine Lehen kümmern. Außerdem missfällt mir der Gedanke, im Verlaufe nur eines Jahres gleich zweimal die Seiten zu wechseln. Ich hoffe, du verstehst das.«

»Absolut. Es ist spät geworden. Lass uns ein wenig schlafen. Wir haben für einige Meilen den gleichen Weg. Ich schlage vor, dass wir bei Tagesanbruch gemeinsam aufbrechen. Nur für den Fall, dass jemand auf uns wartet und wir uns verteidigen müssen.«

»Einverstanden«, sagte Walch.

Nürnberg 1348, 1. Juni

»Glaub nicht, dass noch wer kommt. Was meinst du'?«, fragte Veit und musterte dabei das heller werdende Firmament.

»Woher soll ich das wissen?«, gab Pankraz gereizt zur Antwort. Warum sprach der Kerl immer aus, was er angestrengt zu verdrängen suchte? »Der Kurier wurde sicher aufgehalten, also warten wir.«

Veit ließ ein unwilliges Schnauben hören, schlang seine Heuke enger um sich und starrte wieder durch die Zweige ihres Verstecks. Seit Mitternacht kauerten sie in dem Schlehengestrüpp nahe der Straße Richtung Erlangen und Bamberg.

Pankraz gefiel die endlose Warterei ebenso wenig wie dem Gefährten. Hoffentlich kam dieser verfluchte Kurier des Bischofs überhaupt. Bei Tageslicht war es unmöglich, ihren geheimen Weg zurück in die Stadt zu benutzen. Als wäre dies allein nicht schon übel genug, hatte sich ihm die Kühle der Nacht schmerzhaft in die Knochen gekrallt und im Stillen fluchte er vor sich hin. Sicher, von Bamberg bis Nürnberg war ein langer Weg und mit Risiken war das Reisen zu jeder Tages- oder Nachtzeit verbunden, aber allmählich verlor er die Geduld.

Allein die Vorstellung an weitere bevorstehende Stunden, ließ ihn erschauern. Und zur Krönung des Ganzen zerkratzten ihm die dornigen Zweige das Gesicht oder verfingen sich in den Haaren. Von den Schwärmen blutgieriger Mücken ganz zu schweigen.

Angesichts dieser Aussichten erschien es ihm am vernünftigsten, gar nicht erst zu denken und sein Augenmerk einzig auf das Erscheinen des Boten zu richten. Was ihm gelänge, brächte Veits dämliches Gebrabbel ihn nicht ständig davon ab.

Plötzlich fesselte eine Bewegung am Rande des Blickfeldes seine Aufmerksamkeit. Angestrengt starrte er zu der Stelle der Straße, wo sie sich in der langsam weichenden Dunkelheit verlor. Hatte er sich womöglich getäuscht? Wunschgedanken?

Nein! Jetzt sah er deutlich einen sich bewegenden Schatten. Die verschwommenen Umrisse eines Reiters lösten sich mit jedem weiteren Schritt des Pferdes aus dem morgendlichen Zwielicht.

Pankraz schielte kurz zu Veit, dessen angespannte Haltung verriet, dass auch er den Reiter bemerkt hatte.

»Woran erkennen wir, ob's der Richtige ist?«, raunte er.

»Die Stelle ist vereinbart. Ist's unser Mann, wird er sein Pferd anhalten und warten«, flüsterte Pankraz.

»Und wenn's 'ne Falle ist?«

Pankraz verdrehte die Augen. »Was meinst du, weshalb du mich begleitest, hä?«, schnauzte er mit gedämpfter Stimme. »Um mir beim Tragen einer Botschaft zu helfen, oder was? Ist's 'ne Falle, dann weißt du hoffentlich, was zu tun ist. Jetzt halt die Klappe und lass uns sehen, ob's der Richtige ist!«

»Schon gut.«

Beide fixierten sie den Reiter. Die Gestalt war in einen schwarzen Umhang oder Mantel gehüllt. Eine weite Kapuze bedeckte den Kopf. Nach einigen Augenblicken hatte Pankraz keinen Zweifel mehr, dass es sich um den Erwarteten handelte. Je näher er dem Schlehengestrüpp kam, in dem sich Veit und er verbargen, desto langsamer ließ er das Tier gehen. In Höhe ihres Verstecks zügelte er sein Pferd. Die beiden Waffenknechte wechselten einen bedeutungsvollen Blick und mit einem Handzeichen gab Pankraz zu verstehen, zu warten.

Veit nickte, lockerte seinen Dolch in der Scheide, dann lauerten sie auf eine Aktion des Reiters. Der hatte mittlerweile seine Hände vor sich auf den Sattel gelegt und in offenbar entspannter Haltung blieb er unbeweglich auf seinem Pferd sitzen. Das Tier schnaubte ein wenig, scharrte mit dem Huf und verhielt mit hängendem Kopf.

Wieder sahen sich die Knechte an und im stillen Einvernehmen erhoben sie sich. Ohne sich darum zu bemühen leise zu sein, durchbrachen sie das Gestrüpp. Pankraz in gerader Linie, Veit im Abstand zweier Armeslängen rechts dahinter. So gelangte er hinter den Rücken des Reiters und gab damit Pankraz die nötige Deckung.

»Gott zum Gruß, Reisender! Der Herr wache über Euren Wegen. Besonders solltet Ihr von Bamberg kommen«, sagte Pankraz, so wie es ihm Ekkelin aufgetragen hatte.

»Ebenso wie über die deinen, Wartender vor Gott«, kam die richtige Antwort.

Pankraz entspannte ein wenig und fuhr wie angewiesen fort: »Nur der rechte Reisende, vermag den Wartenden zu erlösen.«

Der Reiter nickte, langte in eine Öffnung seines schwarzen Umhangs, holte ein gerolltes Pergament hervor und streckte es Pankraz entgegen.

Er nahm die Schriftrolle und ohne ein weiteres Wort wendete der Reiter sein Pferd und ritt die Straße zurück.

»Das war's also«, murmelte Pankraz. Dann lauter an Veit: »Meinst du, wir können es noch wagen, den Weg über die Mauer zu nehmen?«

Skeptisch sah Veit sich um. »Zu hell. Besser wir nehmen das Neutor. Ist Manfrieds Schicht.«

Pankraz brummte verdrossen. Ihm gefiel das nicht. Manfried war beileibe nicht der einzige Gewaltdiener der Stadt, der sich den Verschworenen angeschlossen hatte. Einerseits war das für ihre Sache sicher ein Gewinn, andererseits gab Pankraz nicht viel auf die Loyalität solcher Burschen. Was, wenn Manfried mittlerweile der Meinung war, dass es um die Sache der Verschworenen keineswegs so günstig bestellt war wie zu Beginn? Was, wenn er sie ohne Vorwarnung festnehmen ließ, sobald sie das Tor erreichten?

Aber all das behielt er für sich. Sie schritten auf der Straße kräftig aus.

»Sieht so aus, als ob's nun nicht mehr lange dauert. Was denkst du?«, sagte Veit unvermittelt. »Wie?«, Pankraz wusste nicht, worauf der Kamerad anspielte.

»Na, der Aufstand. Jedenfalls hoffe ich, dass es bald losgeht.«

»Ach, das! Ja, das glaube ich auch«, entgegnete er knapp.

»Wundert mich ohnehin, dass der Herr dich mit solchen Aufgaben betraut. Warum vertritt ihn Migkenmockel bei den Verschworenen und nicht du, wenn er nicht in der Stadt weilt? Du könntest dir auch 'nen Bar ankleben und Körnersäckchen in die Backen schieben.« Die Vorstellung schien ihn zu belustigen und er kicherte vor sich hin.

Pankraz blies die Backen auf. »Gibt schon 'nen Unterschied, ob ich den Waffenrock meines Herrn trage und einen Kaufmannszug überfalle, oder eine Ansprache als bürgerlicher Geck vor versammelter Mannschaft halte«, blaffte er. »Das Gebaren edler Herrschaften liegt mir nicht. Müsste ich unseren Herrn als Pfauentritt in Nürnberg vertreten, wäre ich ihm nicht ähnlicher als du dem Migkenmockel.«

»Hm«, brummte Veit. »Da ist was dran.«

Pankraz war klar, dass Veit noch etwas einfallen würde, womit er ihm auf die Nerven gehen konnte. Sie hatten es nicht mehr weit bis zum Stadttor und ihn beschäftigte im Augenblick ein anderes Problem.

»Weißt du, manchmal zerrt es mir schon an den Nerven, dass wir immer erst kurz davor gesagt bekommen, was wir tun sollen, aber nie weshalb.«

Pankraz seufzte. Immer dasselbe mit den Zwillingen. In brenzligen Situationen konnte man sich felsenfest auf sie verlassen. In allen anderen Lebensbereichen aber, reduzierten sich diese gewaltigen Streiter auf einen schweigsamen Thomas, der seine Meinung zumeist mit bei- oder abfälligem Grunzen bekannt gab und seinen umso schwatzhafteren, dafür hoffnungslos einfältigen Bruder Veit. Im Augenblick zöge Pankraz durchaus Thomas in der Wahl seines Begleiters vor.

»Stimmt doch!«, raunte Veit nach einer Weile. »Kann mich nicht erinnern, dass uns Ekkelin jemals früher als einen Tag zuvor etwas von seinen Plänen gesagt hat.«

Pankraz seufzte ein weiteres Mal. Es half ja doch nichts. »Mein lieber Veit«, entgegnete er, nicht ohne einen verbissenen Unterton. »Finde dich damit ab, dass unser Herr uns über die eigentlichen

Zusammenhänge seiner Aufträge im Unklaren lassen *will*. Du kannst trotzdem beruhigt sein, es dauert bestimmt nicht mehr lange.«

»Wirklich! Das wäre toll!« Veit klatschte in die Hände.

Pankraz gelang es nicht, ernst zu bleiben. Der Anblick dieses Hünen, der im Augenblick an ein glückliches Kind erinnerte, ließen ihn kurz auflachen.

Unvermittelt verdüstere sich Veits Gesichtsausdruck, er verlangsamte den Schritt. »Woher weißt du das eigentlich?«

Resigniert schüttelte Pankraz den Kopf und klopfte mit der Hand auf das Pergament unter seinem Wams. »Weil ich im Gegensatz zu dir meine Zeit nicht mit Wunschträumen verplempere, sondern aufmerksam beobachte und deswegen in der Lage bin, mir meinen eigenen Reim zu machen.«

Veit glotzte ihn nur verständnislos an.

Solche Begriffsstutzigkeit stellte Pankraz' Geduld auf eine harte Probe. Sie hatten die Mauern Nürnbergs beinahe erreicht. Linker Hand thronte die Kaiserburg über der Stadt. Inzwischen war es fast gänzlich hell geworden. Abrupt blieb er stehen und stemmte die Fäuste in seine Seiten.

Veit stakste zögernd einige Schritte weiter, dann verhielt er.

Pankraz wartete, bis ihn Veit ansah. »Du willst es ja nicht anders, also sperr deine dreckigen Ohren auf!

Weißt du, was du manchmal bist? Nein? Ein blöder Einfaltspinsel! Das bist du! Ein Taugenichts, der wie dein Bruder das Glück hat, einem Herrn dienen zu dürfen, der euer spärliches Talent erkannt und gefördert hat. Einen Herrn, der sich um euch kümmert und für euch sorgt. Sag mir, wann musstest du oder wir anderen jemals darben?«

Pankraz holte Luft und mit Genugtuung stellte er die Betroffenheit in Veits Gesicht fest. *Vielleicht fruchtet's ja*, dachte er. Dann herrschte er: »Na, sag schon! Wann hat es dir jemals an irgendwas gemangelt?«

»Äh... N- nie.«

»Da hast du's! Was willst du eigentlich? So ist eben die Welt. Es gibt Herren und Knechte. Das hast du doch begriffen - oder?«

»J- ja...«

»Und wenn du dich selbst betrachtest – was glaubst du dann zu erkennen?«

»Blöde Frage! 'Nen Knecht natürlich.«

Triumphierend fasste Pankraz Veit ins Auge: »Begreifst du's nun?«

»Was?«

»Dämlicher Hornochse! Dass du als Knecht kein Anrecht darauf hast, die Pläne deines Herrn zu kennen, geschweige denn zu verstehen. Sei in Gottes Namen einfach nur dankbar, einem Herrn wie Ekkelin dienen zu dürfen. Mehr Glück vergönnt unseresgleichen das Schicksal nicht. Hör also mit deinen blöden Fragen auf und mach deine Arbeit!«

Verwundert furchte Veit die Stirn: »He, mal langsam! Was willst du damit sagen? Das mache ich doch die ganze Zeit! Meine Arbeit, meine ich. Ich wollte nur wissen, woher du weißt, dass es bald losgeht.«

»Ich weiß es doch nicht wirklich«, entgegnete Pankraz tonlos. Der Kerl brachte ihn um den Verstand. »Ich bin nur deiner Meinung und glaube auch, dass es bald so weit ist. Frag jetzt nicht, woher ich das weiß, aber diese Botschaft vom Bischof hat damit zu tun. Nach ihrem Inhalt wird sich der genaue Zeitpunkt richten.«

»Wirklich?«

»Ja! Bist du jetzt zufrieden und gibst endlich Ruhe?«

»Klar«, Veit zuckte die Schultern. »Können wir dann weitergehen?«

Pankraz Augen weiteten sich, seine Halsschlagader schwoll an. Er schnaufte mehrmals vernehmlich durch und sagte gepresst: »Aber gerne.«

Schweigend stapften sie das letzte Stück des Weges nebeneinanderher und erreichten bald das Neutor. Nur ein Wächter stand vor dem geöffneten Zwinger. Beim Näherkommen musterte Pankraz den Wachmann. Es war nicht Manfried. Doch zur Umkehr war es zu spät, der Mann beobachtete sie bereits genau.

»Was ist euer Begehr?«, rief er sie an, als sie nur wenige Meter voneinander trennten, und verstellte ihnen mit einsatzbereiter Hellebarde den Weg.

Pankraz öffnete den Mund für eine Erwiderung, als jemand aus dem Innern des Zwingers rief: »Da seid ihr ja endlich. Habt euch mächtig Zeit gelassen. Möchte nicht in eurer Haut stecken, wenn ihr das vor dem Rat erklären müsst. Herr Tucher hat mich beauftragt, euch sogleich zu ihm zu geleiten!« Manfried eilte auf sie zu.

»Du kennst diese Burschen?«, wandte sich der Torwächter an ihn.

»Ja, die hatten einen wichtigen Botengang für die Ratsherren zu erledigen. Herr Tucher erwartet sie dringlichst«, entgegnete Manfried.

»Konnt' ich ja nicht riechen«, erwiderte der Wächter. Mit einem Wink zu den Knechten sagte er: »Gut, ihr könnt passieren!«

Manfried begleitete sie durch den Zwinger und ein Stück in die Stadt hinein. Nur, um keinen Argwohn zu erwecken, wie er sagte, dann kehrte er auf seinen Posten zurück.

Obwohl sich seine Befürchtungen als unbegründet erwiesen hatten, war Pankraz froh, Manfried wieder loszuwerden.

Zielstrebig schritt die wohlbekannte Gestalt des Pfauentritts über den Milchmarkt in Richtung Maxplatz. Die meisten ihm begegnenden Bürger, Handwerker, Marktweiber, Mägde und sogar Bettler warfen ihm verstohlene Blicke zu. Sein entschlossener Gesichtsausdruck indes sorgte dafür, dass er unbehelligt blieb. Sein Weg führte ihn am Haller Tor vorbei und nahe der Pegnitz gelangte er zu einer alten Lagerhalle, die sich bröckelnd und unbeachtet an die Stadtmauer lehnte.

Lediglich an jenen Tagen, an denen der Scharfrichter seinem Handwerk nachging, zog es die Bürger Nürnbergs an diesen Ort. Ansonsten mieden sie diese Gegend mit denselben eifrigen Bemühungen wie die Siechkobel vor der Stadt. Und so begegnete Ekkelin auf dem letzten Stück des Weges keiner Menschenseele.

Wie erwartet, fand er die wurmstichige Tür verschlossen, doch wurde auf sein Klopfen hin geöffnet. Migkenmockels verschmitztes Gesicht tauchte im Rahmen auf.

»Wir hatten uns schon gesorgt, Herr«, sagte er.

»Es gab noch etwas klarzustellen«, erwiderte der Gayling und zog den Kopf ein, um sich nicht an der niederen Tür zu stoßen. Drinnen traten ihm Pankraz sowie die Zwillinge Veit und Thomas mit einem Gruß auf den Lippen entgegen.

»Ist die erwartete Kunde eingetroffen?«, kam Ekkelin gleich zur Sache.

Pankraz nickte, zog die versiegelte Schriftrolle unter seinem Wams hervor und reichte sie dem Ritter.

In der Mitte der Stube stand ein wackliger Tisch, auf dem eine Kerze im Luftzug flackerte. Ekkelin erbrach das Siegel, entfaltete das Pergament, strich es glatt und las bedächtig. Er benötigte eine Weile, dann hielt er das Pergament über die Flamme der Kerze und sah zu, wie es hell auflodernd verbrannte.

Die Knechte warteten gespannt darauf, dass sich der Ritter erklärte. Jetzt, da er aufblickte, bemerkte er ihre erwartungsvollen Gesichter. Schmunzelnd setzte er sich auf den Schemel, stützte die Ellenbogen auf den Tisch, sah vergnügt in die Augen seiner Knechte und sagte: »Genau zur rechten Zeit. Der Markgraf beehrt in Begleitung seiner Brüder, den Herzögen von Bayern, am vierten Juni Nürnberg.« Er verstummte, seine Augen suchten die Migkenmockels. Dann fuhr er fort: »Ab dieser Stunde ist es besser, wenn sich Veit und Thomas in der Öffentlichkeit nicht mehr blicken lassen. Pankraz brauche ich für eine besondere Aufgabe. Doch erwarte ich für die Nacht auf den dritten Juni, also morgen Nacht, das Eintreffen unserer Freunde Jörg Fuchs von Bimbach, Götz Holz von Jacksberg und Fritz Streitberger von Gunzenhausen. Du gehst ihnen entgegen und geleitest sie in die Stadt. Du wirst sie als einfache Hirten verkleidet treffen, die einen Karren mit Schafwolle lenken, die sie angeblich auf dem Wochenmarkt verkaufen wollen. Das sollte wenig Aufsehen bei den Torwachen erwecken.«

Ekkelin zog seine Börse hervor, fischte zwei Münzen heraus und reichte sie Migkenmockel: »Falls es den Wachen einfällt, unter der Schafwolle nachsehen zu wollen. Das dürfte mehr als ausreichen, um ihre Neugier im Zaum zu halten.«

Die Anspannung, die seine Worte ausgelöst hatte, hing in der Luft. Ihrem Geschmack nach, warteten sie schon zu lange auf diesen Augenblick. Jetzt endlich wurde ihre Geduld belohnt.

»Und was sollen wir tun, Herr?«, fragte Pankraz.

Ekkelin verzog das Gesicht zu einem breiten Grinsen, seine Augen blitzten. Er erhob sich, trat gemächlich hinter Pankraz, legte seine Hände auf dessen Schultern und erwiderte: »Jetzt, meine Getreuen, fahren wir die Ernte unserer Arbeit ein.« Er wandte sich zu Migkenmockel herum, der bei der Tür stand, und fuhr fort: »Beim Sturm auf das Rathaus führst du die Verschworenen an, trägst ihre Fahne vorneweg, als wäre es die unsrige.«

»Ihre Fahne?«, Migkenmockel vermochte die Freude seines Herrn nicht nachzuempfinden.

Ekkelin, offenbar belustigt ob des verdatterten Gesichtsausdrucks Migkenmockel, lachte. Schließlich sagte er mit der Miene eines nachsichtigen Vaters: »Ich erklär's dir. Mittlerweile bist du in der Stadt bekannt wie ein bunter Hund. Unter den Verschworenen bringt dich jeder mit mir in Verbindung. Sehen sie dich während des Sturms an ihrer Spitze, wird ihnen mein Fehlen im Eifer des Gefechts nicht auffallen. Sie werden davon ausgehen, dass du wie gewöhnlich in meiner Nähe weilst. Außerdem dachte ich, dir könnte ein wenig Messerarbeit gefallen. Schließlich streuen euch die Scharwächter bestimmt keine Rosen auf den Weg, wenn sie die Flucht ihrer Herren decken – oder hat sich deine Gesinnung in den letzten Tagen gewandelt?«

»Nein, Herr, mitnichten«, versicherte Migkenmockel. Ein erleichterter Ausdruck huschte um seine Mundwinkel. Plötzlich erstarrten seine Züge: »Was meinet Ihr damit, dass die Scharwächter die Flucht der Ratsherren decken?«

Auch Pankraz und die Zwillinge horchten auf. Soweit ihnen bekannt war, galt die Gefangennahme der Ratsherren als das erste Ziel der Verschworenen.

»Zeigt meine Schule endlich Wirkung. Du fängst wahrlich an, mitzudenken«, spottete Ekkelin. Dann beugte er sich vor und sagte leise: »Weil ich unseren werten Ratsherren, kurz vor dem Sturm der

Verschworenen, eine Warnung zukommen lasse. So knapp davor, dass ihnen kaum eine andere Wahl bleibt, als auf ihren geheimen Notplan zurückzugreifen.«

Freundlich bedachte er seine verständnislos dreinblickenden Knechte mit einem langen Blick, bevor er fortfuhr: »Ich gab mein Wort, ihnen die Möglichkeit zur Flucht zu gewähren. Gleichwohl ich dies ohnehin beabsichtigte. Na los! Haltet keine Maulaffen feil! Kommt näher zusammen. Es ist nun an der Zeit, dass ihr alles erfahrt!«

Dicht drängten sich die drei Knechte um ihren Herrn, der mit leiser eindringlicher Stimme seinen Plan erläuterte.

Eine halbe Stunde später schlüpfte der Pfauentritt aus der Tür der verwaisten Lagerhalle und begab sich zu den Kreuzgängen des Dominikanerklosters. Er hatte wichtige Neuigkeiten mitzuteilen.

Die Schatten der Gebäude krochen über das Straßenpflaster, die Dämmerung senkte sich über die Dächer. Eine Prozession Bettelmönche zog dem Patrizierviertel entgegen. Ihre Gesichter unter Kapuzen verborgen, schritten sie schweigend am Kirchenschiff von St. Ägidien vorüber. Normalerweise hätte der ungewöhnliche Zug die Neugier der ihnen begegnenden Leute geweckt, doch dieser Tage war jeder nur mit sich selbst beschäftigt. Mehr als zufällige Blicke voller Desinteresse zogen die Mönche nicht auf sich. Hätte sie aber irgendwer näher in Augenschein genommen, wäre dem Betreffenden das gänzlich unstandesgemäße Schuhwerk aufgefallen, das die Füße der Bettelmönche zierte. Ein aufmerksamer Beobachter hätte die Spitzen von Schwertscheiden bemerkt, die hin und wieder unter dem Saum ihrer Kutten hervorlugten. Und mit sicherlich großer Verwunderung hätte ein Betrachter reagiert, wenn er sich vergegenwärtige, wohin die Mönche ihre Schritte lenkten. Doch all dies blieb von den Bürgern Nürnbergs unbemerkt.

Vor dem Anwesen Ulrich Stromers verhielt die Prozession. Zwei der Mönche bauten sich links und rechts vom Tor auf, die Übrigen bildeten mit den Rücken zur Mauer einen Halbkreis. Einer der Mönche trat hervor und streifte seine Kapuze zurück. Zum Vorschein kam das Gesicht von Konrad Groß, der zum Tor schritt und den Türklopfer betätigte. Nachdem ihm kurze Zeit später geöffnet worden war, trat er ein. Seine Begleiter folgten. Sie hatten ebenfalls die Kapuzen zurückgeschlagen und ähnelten keineswegs einem Haufen Bettelmönche.

Dann schloss sich das schwere Tor hinter ihnen und Hubert führte Konrad Groß in das Arbeitszimmer seines Herrn.

»Ich hoffe, Ihr verfügt über wahrlich triftige Gründe, dass Ihr mich zu diesem Mummenschanz nötigt«, grollte Groß, ohne sich lange mit einer Begrüßung aufzuhalten, und warf sich ächzend in einen der Sessel vor dem Schreibtisch. »Ein Mann meines Alters sollte sich nicht über feuchte Gänge aus seinem Haus stehlen müssen.«

»Verzeiht«, lächelte Stromer, wobei er seinem Gast einen Becher Gewürzwein reichte. Dann setzte er sich in den anderen Sessel und fuhr fort: »Aber ich muss davon ausgehen, dass die Verschworenen mein Haus beobachten.«

»Ah«, machte Groß. »Und wie erklärt Ihr Euren Bewachern das Erscheinen eines halben Dutzends Bettelmönche?«

Stromer zuckte mit den Achseln: »Ein Mann meines Standes sollte doch unter gegebenen Umständen gewisse Dinge regeln. Ich finde jedenfalls nichts Ungewöhnliches daran, für den Fall meines Ablebens, meine Güter dem Orden der Bettelmönche zu vermachen.«

»Verstehe. Dann nehme ich an, dass uns nicht mehr allzu viel Zeit bis zum offenen Aufstand vergönnt ist.«

»Davon gehe ich aus. Allerdings war es mir nicht möglich, den genauen Zeitpunkt zu erfahren.«

»Seid Ihr wenigstens in der Lage, mir zu sagen, woran es hapert?«

»Daran, dass ein gewisser Pfauentritt nicht zulässt, dass ich den Treffen beiwohne. Und niemand unter den Verschworenen wagt es, ihm zu widersprechen. Zwar gab er sein Wort, dem Rat zum rechten Zeitpunkt eine Warnung zukommen zu lassen, mehr vermochte ich allerdings nicht in Erfahrung zu bringen.«

»Der Pfauentritt!«, schnappte Konrad Groß. »Nicht im Traum denke ich daran, mich auf das Wort dieses Menschen zu verlassen.«

»Das kann ich Euch nicht verdenken und ich fürchte, Eure Erwartungen enttäuscht zu haben.«

Nachdenklich kratzte sich Groß am Kinn. »Redet keinen Unsinn. Ohne Euch wären uns die Namen der Verräter in unserer Mitte kaum bekannt. Sehen wir von Hermann Maurer einmal ab, der ganz offen sein doppeltes Spiel treibt. Ich erzählte Euch ja, dass er mich vor einigen Wochen aufsuchte und mir die Namen Rother und Turbrech präsentierte. Er scheint nicht viel auf die Fähigkeiten der Verschworenen zu geben und spekuliert wohl darauf, dass sie sich, selbst nach einer erfolgreichen Übernahme der Obrigkeit, nicht lange werden halten können. Ohne Euch, gäbe es aber niemanden, der mir die Worte eines Maurers bestätigt oder widerlegt.

Natürlich gebe ich zu, dass ich mir von Eurem Einfluss mehr erhofft hatte. Dies beruht jedoch auf meiner Fehleinschätzung und sicher nicht auf Euerm Versagen. Legt also die Leichenbittermiene ab und sagt, weswegen Ihr mich habt rufen lassen.«

Stromer seufzte. Dann berichtete er in knappen Sätzen, was er bei den letzten Unterredungen mit den Verschworenen erfahren hatte, welche Männer zu einem bestimmten Zeitpunkt die Stadttore zu besetzen hatten und wo sich die Übrigen sammelten. Ein gewichtiger Teil des Planes sah vor, die Ratsherren in ihre Gewalt zu bringen. War dies vollbracht, würden sie sich in vorher festgelegte Gruppen aufteilen und systematisch die Türmer, Tor- und Scharwächter aufstöbern und unschädlich machen. Man hatte angeblich eine hohe Summe zusammengetragen, um nötigenfalls die Burggrafen für ihr Stillhalten zu entlohnen. Nach Stromers Kenntnissen war der Zeitpunkt des Umsturzes für Pfingsten geplant.

»Pfingsten, hm«, grummelte Groß.

»Das hieße frühestens übermorgen«, sagte Stromer

»Da bliebe uns wahrlich nur wenig Zeit, um angemessen zu reagieren. Allein daran könnt Ihr ersehen, wie wenig Wert das Wort dieses Pfauentritts für uns hat. Abgesehen davon, dass ich ohnehin nicht glaube, dass er ist, wer er vorgibt zu sein. Aber wie dem auch sei, ich denke, dass wir noch ein wenig Aufschub erhalten haben. Heute Morgen erreichte den Rat die Kunde, dass der edle Markgraf Ludwig von Brandenburg sowie die Herzöge von Bayern unsere Stadt mit ihrer Aufwartung beehren.«

Bevor Stromer etwas zu sagen vermochte, sprach Groß weiter: »Der Tross erreicht Nürnberg voraussichtlich am vierten Juni im Laufe des Vormittages. Bei der großen Anzahl Bewaffneter, wie sie in Begleitung des Markgrafen und der Herzöge zu erwarten sind, halten sich die Verschworenen mit Sicherheit bis nach ihrem Abzug zurück. Das verschafft uns ausreichend Zeit, um uns mit den Geschäftsbüchern und Geldern in Sicherheit zu bringen. Wir sollten uns vielleicht sogar an den Markgrafen wenden. Sicher ist er so freundlich und überlässt uns einige seiner Ritter als Geleit.«

»Endlich eine erfreuliche Botschaft«, erwiderte Stromer, hob seinen Becher zu einem Salut und führte ihn an die Lippen.

Groß trank ebenfalls. »Lasst uns einen Augenblick über diesen Pfauentritt sprechen. Hat er Euch seit jenem Tage ein weiteres Mal aufgesucht?«

Mit Grauen erinnerte sich Ulrich Stromer an dessen denkwürdigen Besuch vor einigen Wochen. Damals war der ihm, ebenso wie jetzt Konrad Groß, gegenübergesessen.

»Der Mann ist wahrlich nicht der, für den er sich ausgibt«, sagte er.

»Richtig. Ihr teilt seither meine Meinung, der Pfauentritt und Ekkelin Gayling seien dieselbe Person«, bestätigte Groß. »Worauf ich hinauswill, ist Folgendes: Wenn es uns schon misslingt, den Aufstand zu verhindern oder in seinem Keim zu ersticken, so sollte es uns wenigstens vergönnt sein, Nürnbergs ärgsten Widersacher in unsere Hände zu bekommen, ihn in seinem Unterschlupf zu stellen und, wenn nötig, an Ort und Stelle aufzuspießen.«

»Ein durchaus versöhnlicher Gedanke«, gab Stromer zu. »Doch denkt Ihr denn, dass ich Euch nicht augenblicklich davon in Kenntnis setzen würde, wenn ich auch nur die leiseste Ahnung davon hätte, wo der Pfauentritt zu finden ist?«

»Keineswegs, mein werter Stromer«, beschwichtigte Groß. »Lasst mich anders beginnen. Wenn es sich bei unserem Pfauentritt tatsächlich um den berüchtigten Placker handelt, dann weilt er nicht ohne seine Getreuen in der Stadt. Erzählt mir mehr von den Männern, die sich ständig in seiner Nähe aufhalten.«

Stromer nickte verdrossen, leerte seinen Becher und schenkte nach. Was hatte er Konrad Groß nicht schon berichtet? Ihm fiel nichts ein. Dennoch, nachdem weiterhin der erwartungsvolle Blick seines Gastes auf ihn ruhte, tat er dem Kaufmann den Gefallen. »Nun, da ist dieser Migkenmockel. Ein kleiner drahtiger Kerl, an seinem wilden Rotschopf nicht zu verkennen. Seinem Leumund zu Folge ein übler Raufbold.

Ihn findet man stets in der Nähe seines Herrn. Aber sosehr ich mich auch besinne, fällt mir kein weiteres Gesicht ein, das ich in Verbindung mit dem Pfauentritt nennen kann. Sehe ich von den anderen Köpfen der Verschworenen einmal ab. Ich denke dabei an Männer wie den Geißbart und seine Brüder sowie an Johann von Sulzbach und die übrigen Zunftmeister.

Ihr sagtet damals doch selbst, dass Ekkelin drei Waffenknechte begleitet hatten, als er den Mord an König Karl vereitelte. Von solchen Männern bekam ich bis jetzt nicht das Geringste zu sehen.«

Groß schnaubte verächtlich: »Sprecht mir nicht so. Eben dies deucht mir nach der Gerissenheit eines Gayling. Wie immer er sich auch verkleiden mag, er rechnet damit, beobachtet zu werden. Der gerissene Hund hält seine wichtigsten Helfer irgendwo in der Stadt versteckt – sogar vor den Augen der Verschworenen.« Groß verstummte und mit einer heftigen Bewegung knallte er den Becher auf den Tisch. »Ich wäre ohne zu zögern bereit, meinen rechten Arm zu opfern, wenn ich mich irrte. Begreift Ihr nun, wie sehr ich davon überzeugt bin, dass niemand anderes als Nürnbergs Erzfeind hinter der durchtriebenen Organisation der Aufrührer steckt!

Allein schon dieser Migkenmockel zeigt mir, dass ich recht habe. Damals in meinem Haus sah ich den Gayling und seine Knechte lange genug, um einen verwilderten roten Haarschopf deutlich erkennen zu können. Welch sonderbarer Zufall – denkt Ihr nicht auch?

Nein, nein! Für mich besteht in dieser Sache keinerlei Zweifel! Doch frage ich mich, wer ihm außer den Verschworenen behilflich ist. Seine Männer benötigen Unterkunft und Nahrung. Er oder dieser Migkenmockel vermögen dies nicht alleine zu besorgen, ohne aufzufallen. Sie sind zu bekannt, als dass sie sich häufig mit ihren Leuten treffen könnten.«

Tief ausatmend lehnte er sich zurück. Dann fuhr er mit leiserer Stimme fort: »Glaubt mir, alle zog ich auf der Suche nach einer Antwort in Betracht. Sicher gehen ihm unter den Gemeinen und niederen Bürgern nicht gerade wenige zur Hand, allein schon, um uns Pfeffersäcken eins auszuwischen. Aber bei so einer Sache und über so einen langen Zeitraum, bedarf es großes Vertrauen und auch Einfluss. Alles, für was der Gayling steht, möchte ich vom ganzen Herzen ausgemerzt wissen. Für alle Zeit vom Angesicht der Erde getilgt. Dennoch wäre ich der Letzte, der ihm seine Intelligenz abspräche, indem ich seine Helfer im Kreise der Gemeinen suchte. So beleuchtete ich alle Schichten unserer Bürger, schloss eine nach der anderen aus, bis nur noch zwei Möglichkeiten übrigblieben.«

Jetzt beugte er sich Stromer entgegen und sagte mit beschwörender Stimme: »Zunächst sind da unsere ehrenwerten Burggrafen, die bisher keine Gelegenheit versäumten, sich Privilegien und Rechte gegen unsere Stadt anzueignen. Auch wenn die Hohenzollern mit den Hohenlohern in ständiger Fehde leben, so traue ich diesen adligen Rittern durchaus zu, mit einem Lehnsmann ihrer Widersacher gemeinsame Sache zu machen, versprächen sie sich davon einen Vorteil.«

Wieder verstummte er. Und als er Stromers zweifelnden Gesichtssaudruck bemerkte, lächelte er zustimmend. »Ganz recht!«, fuhr er fort. »Ich weiß genau, was Ihr jetzt denkt. Klingt irgendwie konstruiert – nicht wahr?

Ich selbst tendiere auch mehr zur zweiten Möglichkeit, die mir nach meinen Überlegungen geblieben war. Und zwar den Juden!« Mit einem verschmitzten Augenzwinkern schob er nach: »Ebenso ist beides denkbar.«

Stromer blieb vorerst sprachlos. Trotz aller Argumente und besseren Wissens hatte er bisher mit sich darüber gehadert, wer sich hinter dem Pfauentritt verbarg. Ihm waren die Lebensumstände, vor allem die finanziellen Mittel solcher Ritter durchaus geläufig. Es war für ihn daher kaum vorstellbar, dass ein Ritter seine bescheidenen Güter sich selbst überließ. Des Gaylings Lehen lagen über ein weites Gebiet verstreut. Es galt nach dem Rechten zu sehen, neidische Nachbarn davon abzuhalten Vieh zu stehlen oder sich die Ernte unter den Nagel zu reißen. Nein, das alles würde der Gayling nicht sich selbst überlassen, nicht über einen längeren Zeitraum hinweg und schon gar nicht, wenn dabei kaum klingende Münze heraussprang.

Allein dagegen standen die Aussagen, dass der Pfauentritt nicht eben unerhebliche Geldmittel für die Sache der Verschworenen gegeben habe, wie Stromer mittlerweile von unterschiedlichen Seiten zu Ohren gekommen war. Das passte nicht zusammen.

Dennoch hatte er auf einmal das Gefühl, dass der alte Groß die ganze Zeit über richtig gelegen hatte. Ob es an den Argumenten lag oder an dieser felsenfesten Überzeugung, die in jedem Wort des Kaufmanns mitgeschwungen hatte, Stromer wusste es nicht zu sagen. Aber unter diesem Blickwinkel schien alles einen Sinn zu ergeben.

»Demnach sollten wir unsere Spitzel nach Fremden Ausschau halten lassen, leerstehende Häuser, Schuppen und Lagerhallen inspizieren. Außerdem kann es nicht schaden, diesem Migkenmockel mehr Aufmerksamkeit zu widmen«, sagte er.

»Richtig«, bekräftigte Groß und griff nach dem Wein. »Ich habe bereits alles Nötige in die Wege geleitet. Falls das alles nichts nützt, kennt Ihr den Notplan, auf welchem Wege die Stadtgelder und die Ratsherren aus der Stadt zu bringen sind. Dennoch möchte ich, dass Ihr Euch bei Markgraf Ludwig und den Herzögen von Bayern dafür einsetzt, dass sie der rechtmäßigen Stadtobrigkeit zur Seite stehen.

Viel mehr vermögen wir im Augenblick nicht zu tun.

Ihr wisst, was von Euch erwartet wird, sollte sich der Ausgang der Unruhen gegen uns wenden, und ich weiß ebenso, dass Ihr mein Vertrauen in Euch nicht enttäuschen werdet.

Was ich Euch jetzt noch zum Abschied zu verkünden habe, mag Euch nicht gerade gefallen, doch hoffe ich, dass Ihr den Wunsch eines alten Mannes nach Ruhe verstehen könnt. Ich beabsichtige, die Stadt bereits morgen zu verlassen, noch vor dem Eintreffen des Markgrafen. Sollte es zum Äußersten kommen, so fürchte ich, dass dem meine müden Knochen nicht mehr gewachsen sind.

Wenn Ihr etwas Neues über den Pfauentritt erfahrt, gebt meinen Söhnen oder Knechten Bescheid. Und zu guter Letzt rate ich Euch, schafft Eure Geschäftsbücher sowie die wertvollen Gegenstände und Gelder aus dem Haus. Bringt sie irgendwo in Sicherheit. Selbst wenn Euch die Verschworenen als einen der ihren betrachten, schützt Euch das noch lange nicht vor Plünderung. Denkt daran, sobald Markgraf Ludwig und seine Brüder die Stadt wieder verlassen, ist es zu spät!«

Kurz nach Mitternacht, war in den meisten Häusern Nürnbergs nicht an Nachtruhe zu denken. Wie ein Lauffeuer hatte sich die Kunde verbreitet, dass der Zeitpunkt des Aufstands feststehe. Dennoch vermochte kaum eine Seele, diesen zu beziffern. Gegen Ende der Versammlung in den Kreuzgängen hatte der Pfauentritt erklärt, dass sie Spitzel der Ratsherren in ihrer Mitte hätten. Darum sei es nicht möglich, allen diesen Zeitpunkt zu nennen. Doch jeder der Verschworenen hatte seine Aufgabe erhalten, kannte seinen Platz, wenn es darauf ankam. Sie hatten ab dieser Stunde an nichts weiter zu tun, als auf das Signal zum Losschlagen zu warten. Anschließend hatte der Pfauentritt die Versammlung für geschlossen erklärt und sich mit den Zunftmeistern zurückgezogen.

In gespannter Erwartung auf das Unvermeidliche trieb es die Verschworenen sowie ihre Gegner und eine große Zahl Unparteiischer auf die Straßen und in die Schankstuben. Und wie gewöhnlich gerieten einige Hitzköpfe aneinander, aber von der Obrigkeit war in dieser Nacht nichts zu sehen.

Pankraz und die Zwillinge hielten sich im Schutz der verlassenen Lagerhalle verborgen. Sobald die verbündeten Ritter eintrafen, würden sie alle Hände voll zu tun bekommen. Umso überraschter zeigte sich Pankraz, dass ihn zu dieser Stunde ausgerechnet Migkenmockel weckte.

»Solltest du nicht heute Nacht die Ankunft gewisser Herren vor der Stadt erwarten?«, knurrte er schlaftrunken und rieb sich die Augen.

»Bin schon so gut wie weg. Zuvor aber soll ich euch sagen, dass die Stadtwächter den Befehl erhielten, im Morgengrauen alle leerstehenden Gebäude zu durchsuchen. Packt also zusammen und geht in unser altes Versteck, die Kammer unter der Synagoge.«

»Verdammt!«, brummte Pankraz, wobei er die Decke zurückschlug. »Und wer sagt das?«

»Manfried hat's kurz nach der Versammlung erfahren und sogleich gemeldet.«

»Ausgerechnet!«, frotzelte Pankraz. Die Sache stank immer mehr, dennoch weckte er die Zwillinge.

Zur gleichen Stunde herrschte ungewohnte Betriebsamkeit im Wirtshaus »Zum roten Ross« in dem Städtchen Heroldsberg.

»Verrate uns doch wie du es anstellst, über die Runden zu kommen?«, wandte sich Fritz Steinberger von Gunzenhausen zwischen zwei Löffeln Eintopf an Gottwin. »Jedes Mal, wenn ich deine Gastfreundschaft genieße, finde ich dein Wirtshaus verwaist und verlassen vor. Sag bloß, du bestreitest dein gesamtes Auskommen aus dem Erlös, den dir unsere Gefälligkeiten einbringen? An wen verschacherst du eigentlich das ganze Zeugs?«

Götz Holz von Jacksberg und Jörg Fuchs von Bimbach hielten in ihrem Essen inne und richteten ihre Augen unverwandt auf Gottwin, der soeben mit zwei Schläuchen Wein und vier Krügen in Händen in den Schankraum zurückkehrte.

»Völlig richtig!«, griente er, wobei er seine begehrte Last behände zwischen die Ritter auf dem Tisch abstellte. Dann schenkte er sich einen Becher Wein ein, reichte den Schlauch weiter an Jörg Fuchs und fuhr mit einem Augenzwinkern fort: »Wie, denkt Ihr, wäre es mir sonst möglich, Euch und Eure Genossen jederzeit bei mir zu beherbergen? Ich führe ein bescheidenes Dasein, wie Ihr zweifelsohne seht. Und um kein Aufsehen unter den Bürgern Heroldbergs zu erregen, oder Anlass für überflüssiges Gerede zu geben, stelle ich meine Gasträume für Familienfeiern oder andere Festlichkeiten zur Verfügung. Meine vorzügliche Küche genießt einen hervorragenden Ruf und ich lasse mir deshalb meine Dienste reichlich entlohnen. Allein davon lässt sich anständig leben, zum größten Teil jedenfalls. Um aber auf Eure Frage zurückzukommen«, Gottwin zog eine Augenbraue hoch und blinzelte schelmisch. Dann sagte er: »Wie war die doch gleich noch mal?«

Die Ritter stutzten kurz, sahen sich an, dann lachten sie wie auf Kommando aus vollem Hals. Schon von jeher waren ihnen die undurchsichtigen Geschäfte dieses vermeintlichen Schankwirts nicht recht geheuer. Obwohl er sich als vertrauenswürdiger Gehilfe erwiesen hatte, gaben Gottwins Machenschaften und Verbindungen den Bundesgenossen Rätsel auf. Er ließ sich nie irgendein Detail aus der Nase ziehen. Vor Jahren hatten die Ritter einen Betrag von zehn Gulden zusammengelegt, der demjenigen unter ihnen gehören würde, dem es gelang, Gottwin zum Reden zu bringen.

»Deine Küche ist wirklich nicht schlecht«, keuchte Jörg Fuchs mit tränennassen Augen.

Fritz Steinberger winkte ab und nachdem er wieder Atem geschöpft hatte, meinte er: »Ich hätte darauf wetten können, auf diese Frage keine klare Antwort zu erhalten. Lassen wir das!

Hast du besorgt, um was wir dich gebeten haben?«

Gottwin gab sich betont entrüstet: »Wie könnt Ihr danach fragen? Habe ich Euch oder irgendeinen anderen aus dem Bund jemals enttäuscht?«

Götz Holz, der sich schon wieder seiner Schüssel zugewandt hatte, hob den Kopf. Sein Gesicht verfinsterte sich. »Bislang nicht. Wie aber steht es nun mit deiner Zuverlässigkeit, da du es mit einem gespaltenen Bund zu tun hast?«

Gottwin schnappte nach Luft. Es war nicht zu erkennen, ob ihn die grimmige Miene Götz' in irgendeiner Form einschüchterte oder ihn allein die Frage an sich derart brüskierte. Er sprang auf, stemmte die Fäuste in seine fleischigen Hüften und wetterte los: »Was fällt Euch ein? Kündigt gerade zwei Tage vorher Euer Kommen an, mit einer Liste, die ich zu besorgen habe, schlagt Euch dann den Wanst voll, sauft meinen teuren Wein und es fällt Euch nichts Besseres ein, als mich zu beleidigen?«

Die heftige Reaktion überraschte selbst Götz. Während Gottwin mit roten Backen Atem holte, verschluckte er sich und rang hustend nach Luft. Dessen ungeachtet fuhr Gottwin fort: »Damit dies endgültig geklärt ist: Ich diene niemanden aus den Reihen Eures sogenannten Bundes! Im Grunde ist mir der Bund völlig egal. Einzig dem Gayling bin ich verbunden. Ihm gilt meine Treue. Verscherzt es mit dem Gayling, und meine Tür bleibt Euch verschlossen. Und dies gilt auch für jeden anderen!«

Vergnügt warfen sich Jörg Fuchs und Fritz Steinberger vielsagende Blicke zu. Sie hatten schon geglaubt, die beiden würden diesmal auf ihren gewohnten Streit verzichten. Dabei bekamen sich Gottwin und der meist griesgrämige Götz jedes Mal in die Wolle, trafen sie aufeinander. Inzwischen nahm niemand der Gefährten diese belanglosen Streitigkeiten mehr ernst. Das Gezanke war wie ein alter Brauch, den man zu gegebener Zeit zelebrierte.

Götz Holz, der sich mit einem kräftigen Schluck Wein von seinem Hustenanfall befreite, erlangte seine Fassung zurück und brummte ungerührt: »Plustere dich nur nicht so auf! Du wärest nicht der erste, der plötzlich seine Meinung ändert. Welchen Beweis, außer deinem armseligen Wort, willst du uns denn für deine unverbrüchliche Treue geben? Um deinetwillen wünsche ich dir, dass sich seit unserem letzten Treffen nichts an deinen Ansichten geändert hat.«

»Ihr macht mir keine Angst, Ihr aufgeblasener Großbauer!«, spie Gottwin dem Ritter entgegen und verschränkte die massigen Unterarme vor der Brust. »Denkt von mir aus, was Ihr wollt, aber glaubt nicht, dass ich aus Angst vor Euch schlottere. Der Karren, ein ausgeruhter Esel und zwei Dutzend Ballen Schafwolle stehen im Stall für Euch bereit. Wie von Euch gewünscht. Doch erlaubt, dass ich mich jetzt in meine Kammer zurückziehe. Für heute habe ich von Eurer geschätzten Anwesenheit genug.« Dann langte er in den Kragenausschnitt seines Hemdes, holte ruckartig ein zusammengefaltetes, versiegeltes Pergament hervor und warf es zwischen die Ritter auf den Tisch. »Dies soll ich Euch von Ekkelin übergeben.«

Mit dem letzten Wort wirbelte er herum und verließ mit erhobenem Kopf die Gaststube. Wenig später verrieten die knarrenden Deckenbretter, Gottwins schwere Schritte zu seiner Kammer. Wummernd landete eine Tür in ihrem Schloss, dann erfüllte eine gespenstische Stille den Schankraum.

»Was ist denn mit dem los?«, unterbrach Jörg Fuchs die plötzliche Stille. »So rasch hat der doch noch nie klein beigegeben.«

»Umso besser«, brummte Götz Holz, strich mit einem Stück Brot den Rest des Eintopfes aus seiner Schale und stopfte es sich in den Mund. »Ich traue dem Kerl nicht«, sagte er kauend.

»Was du nicht sagst«, lächelte Fritz Steinberger. »Manchmal frage ich mich, ob du überhaupt jemandem traust.«

Götz schluckte den Bissen hinunter, sah Fritz aus schmalen Augen an und entgegnete: »Nun, du siehst mich doch hier sitzen, oder? Das sollte deine Frage ja beantworten.«

Fritz Steinberger kniff den Mund zusammen und runzelte die Stirn. Schließlich glätteten sich seine Züge und er sagte: »Hm. So gesehen, hast du recht. Aber findest du nicht, dass du in Bezug auf Gottwin übertreibst?«

»Und wenn schon. Diese Sache ist so groß, dass ich für meinen Teil schon längst die Übersicht verloren habe, wer von allen

Beteiligten in welche Details eingeweiht ist oder nicht. Der Gedanke, mein Leben in die schmierigen Hände einer Krämerseele wie diesem feisten Wirt zu legen, schmeckt mir nicht.«

»Dies scheint deinem Appetit aber keinen Abbruch zu leisten«, feixte Jörg Fuchs, wobei er sich den dritten Becher Wein einschenkte. Vor ihnen lag weitaus mehr als nur ein gewagtes Räuberstück. Ohne Übertreibung konnte man ihr Unterfangen glattweg als reinen Wahnwitz bezeichnen.

»Ich wundere mich nur..«, sprach Jörg nach einem großzügigen Schluck unbekümmert weiter, »...wie es dir gelingt, trotz deines Misstrauens, die Speisen dieses Wirtes so bedenkenlos in dich hineinzuschaufeln.«

Zwei Tropfen Wein rannen verstohlen durch das Gewirr seiner Barthaare, während er Götz Holz zuprostete.

»Beschrei das nur nicht!«, meldete sich Fritz Steinberger zu Wort. »Nicht auszudenken, zu was für einem Gespött wir würden, sollten wir uns von einem Wirt niederer Herkunft bereits vor dem Ziel unserer Reise vergiften lassen. Noch unsere Enkel müssten sich die Spottverse über unsere Dummheit gefallen lassen.«

Götz Holz knallte seinen Becher auf den Tisch, wischte sich mit dem Handrücken über den Mund und rülpste. Dann stahlen sich einige erheiterte Linien in sein Gesicht und er sagte versöhnlich: »Hört schon auf mit diesem Blödsinn. So weit reicht mein Misstrauen gegen Gottwin auch wieder nicht. Wenn er das täte, könnte er sich gleich die Pulsadern aufschneiden. So einen Verrat ließe Ekkelin nicht ungesühnt. Das wissen wir und ganz bestimmt auch dieser Wirt. Außerdem scheint er durchaus Freude an seiner Existenz zu haben, in meiner Gegenwart einmal ausgenommen. Nein, meine Freunde. Gottwin deucht mir keineswegs nach einem Mann, der seinem Leben ein vorzeitiges Ende setzen möchte.«

»Wenn du das so siehst, warum lässt du ihn dann nicht endlich mal in Ruhe?«, bohrte Jörg Fuchs nach.

»Wie ich schon sagte, verliere ich die Übersicht. Ich habe keine Ahnung, was dieser Wirt von unseren Plänen weiß - oder besser noch – wissen darf! Darum will ich ihn jetzt auch nicht um mich haben.

Er soll von uns keine Dinge aufschnappen, die nicht für seine Ohren bestimmt sind. Schließlich kann mir niemand erzählen, Gottwins Dienste und Gastfreundschaft stünden uns ebenso zur Verfügung, wenn er sich nicht einen einträglichen Gewinn davon verspräche.«

»Wohl wahr«, bestätigte Jörg Fuchs. Dem hatte auch Fritz Steinberger nichts hinzuzufügen und im Grunde war es ihm auch egal. So füllten sie sich ein weiteres Mal die Becher und saßen eine Weile schweigend an dem Tisch, in dessen Mitte die nach wie vor versiegelte Botschaft Ekkelins darauf wartete, geöffnet zu werden.

Erst als die Kerze fast heruntergebrannt war, sagte Jörg Fuchs: »Sehen wir also nach, was uns Ekkelin mitzuteilen hat.« Dabei nahm er das zusammengefaltete Pergament und erbrach das Siegel. Während er angestrengt die Schrift zu entziffern suchte, hingen die Augen seiner Gefährten gespannt auf seinem Gesicht.

Seine Miene verriet, dass ihm offenbar nicht alles gefiel, was er zu lesen bekam. Schließlich sah er auf und sagte: »Bis auf eine Kleinigkeit bleibt alles so wie vorher besprochen. Wir verstecken unsere Kleidung, Waffen und Ausrüstung unter der Schafwolle auf dem Karren. Als Schäfer getarnt ziehen wir von hier aus nach Nürnberg, wo wir am vereinbarten Platz auf Migkenmockel treffen, der uns sicher an der Torwache vorbei in die Stadt führen wird.«

»Und welche Kleinigkeit hat sich nun geändert?«, brummte Götz Holz.

Jörg Fuchs seufzte: »Der Zeitpunkt unseres Treffens ist einen Tag früher als ursprünglich angedacht. Wir sind spät dran, meine Freunde.«

»Teufel noch mal!«, entfuhr es Fritz Steinberger. Die Miene des Götz verfinsterte sich zusehends, als ihm dämmerte, was die Botschaft für sie bedeutete.

»Es geht bereits auf Mitternacht zu«, sagte Steinberger schwermütig.

»Du sagst es!«, nickte Jörg, faltete das Pergament zusammen und erhob sich. »Dann lasst uns in den Stall gehen und uns für die Abreise fertig machen. Wenn wir keine weitere Zeit verlieren, dürften wir es bis zum Morgengrauen vor die Tore Nürnbergs schaffen.«

18

Nürnberg, 3. Juni 1348

Die Juden Nürnbergs taten dieser Tage alles Erdenkliche, um nur ja kein Augenmerk auf sich und ihren Stadtteil zu lenken. Außerhalb seines Viertels bekam man einen Juden nicht zu Gesicht.

Wir ducken uns wie geprügelte Hunde! Mit aufeinandergepressten Lippen starrte Isaak von Scheßlitz mit auf seinem Rücken verschränkten Händen aus dem bleiverglasten Fenster seiner Schreibstube auf die unbelebte Straße. Was blieb ihnen auch anderes übrig und zugleich darauf zu hoffen, dass die aufgeheizte Stimmung der Bürger nicht gegen sie umschlug? Die Ereignisse in den Städten entlang des Rheins zeigten bitterlich, wie schnell dies jederzeit geschah. Immer waren es die Juden, die für den Ausgleich jeden Leids unter den Christen herhalten mussten.

Das war nur eine der Sorgen, die sein Gemüt dieser Tage plagten. Einer Erlösung gleich holte ihn das zaghafte Klopfen an der Tür der Stube aus den Tiefen seiner Gedanken. Seufzend wandte er sich vom Fenster ab. Die Tür öffnete sich und in den entstandenen Spalt schob sich der Kopf seines Dieners. »Herr Hans Pfauentritt, wünscht Euch zu sprechen«, verkündete er.

Ein schwerer Seufzer entfuhr der mageren Brust Isaaks, war doch seine Verbindung mit dem Ritter eine jener Sorgen, die ihm den Schlaf raubten. Er hatte nicht damit gerechnet, dass sich Ekkelin Gayling vor der erwarteten Revolte nochmals bei ihm sehen ließ. In den vergangenen Wochen hatte er ihn nicht zu Gesicht bekommen und hätte wahrlich nichts dagegen gehabt, wäre dies so geblieben. Wenigstens so lange, bis dieser unsägliche

Aufruhr vorüber war. Doch Jahwe hatte offenbar andere Pläne mit ihm.

»Nun, dann bitte unseren Gast herein«, gebot er.

Der Diener verschwand, öffnete kurz darauf vollends die Tür und mit seinem, dem Rabbiner so vertrauten, unergründlichen Lächeln, trat Ekkelin ein. Die beiden Männer begrüßten einander und nachdem sie sich gesetzt hatten, eröffnete der Rabbiner das Gespräch: »Es ist einige Wochen her, seit wir uns zum letzten Mal gegenübersaßen. Nehmt es mir nicht übel, aber ich hatte nicht damit gerechnet, Euch so kurz vor dem Aufstand in meinem Haus begrüßen zu dürfen.«

Ekkelin zuckte mit den Schultern und entgegnete: »Ergeht Euch nicht in unnötigen Gedanken. Ich nehme Euch weit weniger übel als Ihr ahnt. Ich möchte Euch meinen Dank aussprechen, was Ihr für mich und meine Leute auf Euch genommen habt. Vor allem gilt Euch mein Dank dafür, dass Ihr mir Euren Heiler Jeremias anvertraut habt. Seine Anwesenheit auf Dramaus wirkt wahre Wunder auf das Wohlbefinden meines Weibes.«

Unmerklich verlor Isaak von Scheßlitz' Gesicht an Farbe. Mit den Jahren hatte er genügend Gelegenheit erhalten, den berüchtigten Gayling näher kennenzulernen. Und er hatte nicht wenige Dinge an diesem Mann entdeckt, die ihm gefielen. Ebenso war ihm aber nur zu bewusst, zu welchen Taten der Ritter fähig war.

Dass ihm Ekkelin jedoch dankte, beschämte den betagten Rabbi. »Ich bitte Euch«, sagte er, nicht ohne Mühe. »Das – das ist nicht der Rede wert.«

»Nein, nein. Seid Euch gewiss, ihr tatet weit mehr als ich Euch in Anbetracht Eurer Situation zugetraut hätte«, entgegnete der Ritter.

Diese doppeldeutigen Worte, und das unbewegliche Gesicht verunsicherten Isaak. Plötzlich aber, und dies brachte ihn gänzlich aus der Fassung, schlug sich Ekkelin auf den Schenkel und lachte aus vollem Hals.

Hilflos breitete Isaak die Arme aus und sagte: »Was habe ich gesagt, dass Ihr Euch darüber so köstlich amüsiert?«

Von einem Moment zum nächsten verschwand der heitere Gesichtsausdruck und mit todernster Miene beugte sich Ekkelin zu ihm rüber. Tiefschwarze Augen nahmen seinen Blick gefangen.

»Habt keine Furcht. Denkt Ihr denn wirklich, Ihr oder diese feisten Nürnberger Pfeffersäcke vermögen es, mich hinters Licht zu führen? Mitnichten. Nichts von dem, was sich in den letzten Monaten in dieser Stadt oder auf meinen Lehen ereignete, geschah ohne mein Wissen.«

Triumphierend sah der Ritter dem Rabbi ins Gesicht und lachte abermals, was nicht dazu beitrug, diesen zu beruhigen. Schon fuhr der Gayling fort: »Wem, glaubt Ihr, habt Ihr es zu verdanken, dass Euch Jeremias' Schreiben überhaupt erst erreicht hat, wenn nicht meiner Person? Ihr kennt doch Jäcklein, den fahrenden Händler, von dem Ihr dies Schreiben erhieltet. Er ist ein gern gesehener Gast auf meinen Gütern und er würde mir kein Schreiben vorenthalten, das ihm jemanden anvertraut, der unter meinem Dache weilt.«

Isaaks Kinn klappte herunter, mit offenem Mund starrte er Ekkelin an. Der Ritter wusste alles. Wozu seine Angst weiter zu verbergen suchen?

»Sagte ich nicht bereits, dass Ihr nichts zu befürchten habt?«

Isaak schluckte, dann endlich schien er seine Stimme wiedergefunden zu haben: »Wie soll ich das verstehen? Ihr selbst sagtet doch eben, dass Ihr meinen Verrat durchschaut habt. Mir ist durchaus bewusst, was mich erwartet. Doch bitte ich Euch: Treibt nicht Eure grausamen Spielchen mit mir.«

Schwer atmete der Ritter auf, presste die Lippen aufeinander, dann erhob er sich plötzlich und schritt in dem Raum auf und ab. Schließlich verhielt er, schüttelte den Kopf und sah dem Rabbiner ins Gesicht: »Ihr wisst, was über mich erzählt wird. Dass ich mit dem Teufel im Bunde wäre, an zwei weit voneinander entfernten Orten gleichzeitig auftauchen, mein Ross wie einst Pegasus durch die Lüfte galoppieren könnte, und dass ich keine Gelegenheit auslasse, den Pfeffersäcken eins auszuwischen. Ist es nicht so?«

Zögernd nickte der Rabbiner.

»Kam Euch je zu Ohren, dass ich zu irgendeiner Gelegenheit mit irgendjemand gespielt habe?«

Wieder dieser bohrende Blick. Diesmal schüttelte Isaak den Kopf.

»Wollte ich Euch für Eure Tat bestrafen, wäre dies längst geschehen. Und schon gar nicht würde ich mich vorher bei Euch für irgendeinen Dienst bedanken. Ihr nahmt große Gefahren in Kauf, indem Ihr mir und meinen Leuten Hilfe gewährtet, als wir dieser bedurften. Selbst als Euch Konrad Groß gezwungen hat, mir einen Spitzel unterzuschieben, gabt Ihr mir ausgerechnet einen Mann wie Jeremias zur Seite. Seht mich nicht auf diese Weise an, Rabbi. Auch wenn ich die Worte nicht kenne, die Ihr gewechselt habt, so bin ich mit dem Zweck des Besuchs des Ratsherrn in Eurem Haus durchaus vertraut. In den Gewölben der Synagoge befand sich damals noch Veit in Eurer Obhut. Leicht hättet Ihr meine Leute an die Büttel des Rates verkaufen können, hättet nur behaupten müssen, ich hätte Euch dazu gezwungen. Ich habe wahrlich keinen Grund, Groll gegen Euch zu hegen. Was immer Ihr den Pfeffersäcken von mir auch berichtet habt, niemals gereichte mir dies zum Nachteil und ich schätze, Ihr wart mir und meinen Zielen von weit größerem Vorteil als denen der Ratsherren. Sind wir uns jetzt darüber einig, wie wir zueinanderstehen?«

Isaak von Scheßlitz rang nach Worten, sein Wortschatz schien sich gänzlich verflüchtigt zu haben. Alle möglichen Gräuel hatte er erwartet, und nun dies.

Auf einmal verstand er Jeremias' Entscheidung. Vor ihm stand ein christlicher Ritter und sprach Worte, die er, zumindest nach Isaaks Verständnis, gar nicht auszusprechen in der Lage sein dürfte. Ein in christlichem Glauben erzogener Ritter, dessen Vorfahren und Väter das Kreuz genommen und selbst gegen Glaubensbrüder in die Schlacht gezogen waren, und für die ein Jude normalerweise weniger wert war als der räudigste Ackergaul. Aber das traf auf den Gayling nicht zu, wie er jetzt verwundert erkannte. In diesem Moment begriff Isaak Jeremias' Beweggründe aus tiefster Seele.

»Ihr beschämt mich und ich gestehe, dass ich im Augenblick nicht weiß, was ich sagen soll«, brachte er nach einer Weile heraus. Seine Augen überzog ein feuchter Glanz.

Ekkelin schmunzelte: »Es ist nicht nötig, dass Ihr sprecht. Ich kam außerdem zu Euch, um Euch zu warnen, falls mein Vorhaben scheitert. Gelingt mir meine Rache, werden sich die Dinge auch für euch Juden zum Guten wenden. Dennoch solltet Ihr für eine Flucht aus der Stadt bereit sein. Ihr werdet die warnenden Zeichen erkennen, wenn es an der Zeit ist.«

Isaak von Scheßlitz erlangte allmählich seine Fassung wieder. Zurück blieben Scham und das Gefühl weicher Knie. »Ihr seid in der Tat ein bemerkenswerter Mann. Mich wundert nicht länger, dass bisher keiner Eurer Gegner schlau aus Euch geworden ist. Mir selbst bleibt Ihr ein versiegeltes Buch, trotz ‚oder gerade wegen, Eures Großmutes.«

Ekkelin zuckte mit den Schultern: »Ihr Bürgerlichen, ob Christ oder Jude, werdet uns Ritter niemals begreifen. Wie wollt Ihr mit Eurem durch hohe Mauern begrenzten Blick auch erkennen, wessen man unseren Stand beraubt. Warum also lange darüber debattieren?«

»Da habt Ihr wohl recht. Möglicherweise leben wir in zu verschiedenen Welten, obwohl der Herr Eure Schritte häufig aus Eurer Welt, in die unsere gelenkt hat.«

»Fürwahr!«, lachte Ekkelin.

»Wie dem auch sei, ich danke Euch im Namen der gesamten Gemeinde für Euren Rat. Vielleicht denkt Ihr, dass es vermessen von mir ist, dennoch möchte ich Euch darum bitten, mir wenigstens zu erläutern, weshalb Ihr Euch so für die Sache der Handwerker und Gemeinen zu Nürnberg einsetzt. Was ist Euer Lohn dafür?«

Diese Frage brannte schon lange in dem Rabbiner. Bisher hatte ihn die Furcht vor dem Unmut des Ritters über seine Neugier daran gehindert, sie zu stellen. Selbst jetzt war er sich nicht sicher, ob er sich damit nicht zu weit vorwagte. Seine Befürchtungen schienen indes unbegründet, denn freundlich sah ihm der Gayling ins Gesicht. Alle Härte, die vor wenigen Augenblicken in diesen Zügen gestanden hatte, war verschwunden. Dieser Ritter, mit seinen vielen Facetten, würde ihm immer ein Rätsel bleiben.

»Das ist eine lange Geschichte, Rabbi. Sie beginnt mit dem Fall der Burg Neideck und dem Tod des Edelfreien Konrad von Schlüsselberg. Zu lang, als dass ich sie Euch von Anfang an erzählen könnte. Doch sollt Ihr wissen, dass mit dem Tod des Schlüsselbergers ein empfindliches Gleichgewicht gestört wurde. Ein Gleichgewicht, welches ich wieder auszugleichen gedenke. Die Handwerker und ihre Nöte spielten mir zum rechten Zeitpunkt in die Hände. Ihr seht also, auch ich verstehe es, unterschiedliche Parteien mit verschiedenen Interessen für die meinen zu benutzen. Doch nun entschuldigt mich, dringliche Angelegenheiten bedürfen der Figur des Pfauentritts. Vergesst nicht, Euch am morgigen Tag in euren Häusern einzusperren. Viel Gesindel wird die Gunst der Stunde nutzen, wenn die Handwerker das Rathaus stürmen.«

»Das hätten wir also«, schnaufte Fritz Streitberger. Dabei legte er das letzte Bündel seines Gepäcks ab. Seine Begleiter, Götz Holz und Jörg Fuchs, taten es ihm gleich. Selbst die Zwillinge, Migkenmockel und der alte Pankraz hatten mit zugelangt, um alles an Ausrüstung und Waffen auf einmal vom Karren in die Keller der Synagoge zu schaffen.

»Ich verschwinde!«, sagte Migkenmockel und wandte sich zur Treppe. »Ich schaffe den Karren und die Wolle weg.«

»Ist gut«, erwiderte Pankraz.

»Nun denn, meine Herren!«, wandte er sich an seine Gäste, die deutlich vom Staub der Straße gezeichnet waren. »Thomas und Veit zeigen Euch, wo Ihr Eure Lager findet und wo Ihr Euch am Fluss erfrischen könnt. Dann schlage ich vor, dass wir keine weitere Zeit mehr verlieren. Es gibt 'ne Menge zu besprechen und vorzubereiten. Unsere Zeit ist knapp bemessen.«

»Wir hatten nichts anderes erwartet«, meinte Jörg Fuchs.

»Dann zeigt uns mal die erlesenen Gemächer, in die ihr uns einzuquartieren gedenkt«, schmunzelte Fritz Streitberger und nahm sein Gepäck vom Boden.

»Auf!«, blaffte Götz Holz die Zwillinge an. Die Muskeln seines Stiernackens traten deutlich unter dem Leinenstoff hervor und die Halsschlagadern schwollen an. »Bewegt euch! Das Waschen am Fluss können wir uns schenken, dazu ist noch genug Zeit, wenn wir hier fertig sind!«

Die Zwillinge grinsten. »Nun, dann folgt uns!«, entgegnete Veit unbekümmert. »Eine Kammer haben wir extra für Euch von den Ratten gesäubert und wenn Ihr zusammenrückt, findet Ihr sicher genügend Platz.« Dann führten er und sein Bruder die Ritter zu einem steinernen Durchlass im hinteren Teil der Säulenhalle.

Pankraz lächelte. Ihm war der raue Ton des Götz vertraut. Er blieb in der Halle und bereitete derweil die anstehende Unterredung vor. Dazu holte er einige Kerzen, die er auf einen mannshohen Mauervorsprung stellte, und schob einen massiven Tisch direkt davor. Zwei Schläuche mit wasserverdünntem Wein und ausreichend Holzbecher lagen bereit, dazu gab es geräucherten Schinken und Brot. Zuletzt breitete er eine von ihm selbst angefertigte Straßenkarte Nürnbergs auf der Tischplatte aus, setzte sich auf einen Hocker und wartete.

Lange brauchte er sich nicht zu gedulden, dann standen die drei Ritter und seine zwei Kameraden wieder vor ihm. Mit einer einladenden Geste deutete Pankraz auf Schinken, Brot und Wein. Die Gäste griffen zu. Kauend und aus ihren Bechern schlürfend traten sie vor den Tisch und betrachteten die vor ihnen ausgebreitete Karte.

»Ekkelin meinte, wir erführen die Einzelheiten von dir«, sagte Jörg Fuchs zwischen zwei Bissen zu Pankraz. Seine Gefährten wandten ihre Blicke gespannt auf den Waffenknecht.

»Ganz recht«, bestätigte der und erhob sich. »Erlaubt, dass ich euch anhand dieser Karte zeige, wie wir vorgehen. Hier befindet sich das Rathaus«, er deutete auf einen Punkt in der Mitte der Karte und sah seinen Zuhörern eindringlich in die Gesichter. Erst als diese mit Nicken oder Blicken bekundeten, dass sie ihm folgten, fuhr er fort: »Mir gelang es, in den letzten Tagen von der Stadtwache zu erfahren, auf welchem Wege die Losungsgelder aus der Stadt geschafft werden sollen. Die Ratsherren halten für diesen Zweck einen Handelskahn an der Anlegestelle unterhalb des Fleischerhauses bereit – hier!« Pankraz zeigte die betreffende Stelle auf seiner Karte.

»Zu Beginn des Aufstandes lässt Ekkelin den Ratsherren eine Warnung zukommen, die sie veranlassen wird, die Losungsgelder zusammen zu raffen, und sich augenblicklich zum Fluss zu begeben. Wir erwarten sie genau hier!«, wieder deutete er auf eine bestimmte Stelle. Sein Blick suchte die der Ritter und nachdem sie den erwiderten, wanderte sein Finger weiter über die Karte und er erläuterte: »Wir haben hölzerne Barrikaden in diesen beiden Durchlässen zwischen zwei Häusern versteckt. Damit schließen wir die Ratsherren und ihre Begleiter zwischen Plobenhof und Fleischerhaus ein. Mit Armbrüsten dürfte es nicht schwer für uns sein, die Scharwächter auszuschalten, welche die Ratsherren und die Stadtkasse begleiten werden.«

Die Ritter nickten zustimmend. Das Überraschungsmoment lag auf ihrer Seite, zudem wären sie von den Barrikaden geschützt. Blieb die Frage wie sich die Bürger verhielten, wenn sie von dem Überfall etwas mitbekamen.

Als hätte Pankraz diese Gedanken gehört, sagte er: »Das einzige Problem scheint mir wie sich die Knechte des Konrad Groß verhalten, die sich in großer Zahl hier im Plobenhof aufhalten. Ich persönlich glaube, dass sie den Patriziern zur Hilfe eilen.«

»Nicht, wenn sie damit beschäftigt sind, dass Eigentum ihres Herrn zu retten«, grunzte Götz Holz von Jacksberg und zog dabei geräuschvoll den Rotz nach oben. Als er die fragenden Blicke auf sich spürte, wandte er sich an Pankraz: »Ist das Dach dieses Plobenhofs mit Stroh oder mit Ziegeln gedeckt?«

Pankraz begriff sofort, worauf der Ritter anspielte. Ziegel waren ein wenig verbreiteter Baustoff und zudem teuer. Nur wenige Dächer der Stadt waren mit Ziegeln gedeckt.

»Mit Stroh!«, antwortete er grinsend.

»Na bitte«, meinte Götz Holz mit einem vielsagenden Blick in die Runde.

Jörg Fuchs nickte grimmig: »Das Löschen eines anständigen Feuers beschäftigt mitunter Dutzende von Männern über eine ganze Weile. Da bleibt kaum eine Hand frei. Könnt ihr Pech besorgen?«

»Soviel Ihr wollt!«, erwiderte Pankraz. Dann wandte er sich an die Zwillinge: »Besorgt zwei kleine Fässer und versteckt sie noch heute beim Plobenhof. Morgen ist es dafür vielleicht zu spät.« Wortlos verließen die Brüder die unterirdische Halle und ließen Pankraz allein mit den Rittern zurück.

»Ich nehme an, wir benutzen den Kahn für unsere Flucht aus der Stadt«, ergriff Fritz Streitberger das Wort.

»Allerdings. Die Stadttore werden zu diesem Zeitpunkt bereits von den Verschworenen eingenommen sein und ganz bestimmt hätten die etwas dagegen, uns einfach so mit den Losungsgeldern aus der Stadt zu lassen. Ein kleines Problem können auch noch die Fleischer darstellen, die bisher auf der Seite der Ratsherren standen. Aber mit denen als Geiseln in unseren Händen, schätze ich, lassen uns auch sie in Ruhe.«

»Hat's überhaupt noch genügend Wasser in der Pegnitz?«, wollte Fritz Streitberger wissen. »Hat schließlich lange nicht geregnet«, schob er nach.

»Der Oberlauf ist bis Mögeldorf tatsächlich nicht mehr zu befahren, von kleineren Fischerbooten einmal abgesehen. Doch ab Mögeldorf flussabwärts ist's mit dem Handelskahn kein Problem – zumindest derzeit noch nicht«, bestätigte Pankraz. Die Frage Streitbergers war durchaus berechtigt. Während der heißen Sommermonate, war die Pegnitz von jeher kaum mit schweren Kähnen zu befahren.

»Nun, dann ist alles klar, bis auf die Frage: Wann geht's los?«, Jörg Fuchs von Bimbach klatschte in die Hände.

»Morgen, bei Anbruch der Nacht. Falls der Markgraf und die Herzöge wie angekündigt eintreffen.«

»Wenigstens müssen wir nicht allzu lange in dieser stinkenden Stadt verweilen«, knurrte Götz. »Wo zum Teufel steckt eigentlich der Gayling? Bekommen wir den vorher noch zu Gesicht?«

»Ich fürchte nein«, schüttelte Pankraz den Kopf. »Das Risiko, zusammen mit Euch gesehen zu werden, ist zu groß. Verläuft alles wie vorgesehen, treffen wir meinen Herrn an einer bestimmten Stelle außerhalb der Stadtmauern.«

Jörg Fuchs lachte auf: »So ein tolles Stück hat es noch nicht gegeben! Ich frage mich schon eine ganze Zeit, wie es Ekkelin gelungen ist, sich das Vertrauen der Verschworenen zu erschleichen, und auch noch zu ihrem Anführer gemacht zu werden. Sag schon, Pankraz, wie hat der alte Haudegen das angestellt?«

Der Knecht winkte ab: »Genau genommen hat sich alles irgendwie ergeben. Als wenn dies das Schicksal schon lange bestimmt hätte. Hauptrabbiner Isaak von Scheßlitz war den Handwerksmeistern der Zünfte kein Unbekannter. Und als sich die unzufriedenen Handwerker nach dem Tod Kaiser Ludwigs organisierten, und sich diesen ersten Verschworenen einige Bürgerliche zuwandten, ließ sich Ekkelin von Isaak dem Schwertmacher als der bürgerliche Hans Pfauentritt vorstellen. Auf diese Weise erlangte er Zugang zum Kreis der Verschworenen.«

»Aus dem Mund irgendeines anderen würde ich diese Geschichte niemals glauben«, meinte Jörg Fuchs. »Aber lange genug kenne ich die Geschicke eines Gayling, um zu wissen, dass er stets zur rechten Zeit am rechten Ort weilt.«

»Beschrei 's nicht!«, polterte Götz Holz und pochte dreimal mit den Knöcheln seiner Faust auf den Tisch. »Sehen wir besser zu, dass wir unsere Waffen herrichten und uns mit dem Ort des Geschehens vertraut machen, anstatt hier unnütze Reden zu schwingen«, sagte er und erhob sich, ohne eine Antwort oder Zustimmung abzuwarten.

4. Juni 1348, Pfingsten

Fanfaren schmetterten in der Ferne, beendeten die erwartungsgeladene Stille über der morgendlichen Stadt. »Der Markgraf, der Markgraf kommt!«, ertönte der Ruf der Torwache. Es klang wie eine Erlösung. Irgendwer nahm den Ruf auf, trug ihn mit voller Stimme weiter zum nächsten und so fort, bis die Kunde letztlich jedes Haus erreicht hatte. Köpfe reckten sich aus Fenstern, Volk strömte in Straßen und Gassen und schon preschten die ersten Reiter zwischen die Menschen Nahe des Tores.

»Macht Platz. Platz für den Markgrafen von Brandenburg und die Herzöge von Bayern!«, riefen sie, drängten mit den Pferden die Schaulustigen zurück, bis die mit den Rücken an die Wände der Häuser gepresst standen.

Kurz darauf folgte der Tross des Markgrafen und der Herzöge. Schwer bewaffnete Ritter in glänzenden Rüstungen trabten auf prächtig herausgeputzten Schlachtrössern und unter trommelnden Hufen durch die Straßen. Der Markgraf selbst ritt in zweiter Reihe. Banner flatterten im Wind, Pferde wieherten ungestüm. Die Massen wichen zurück, soweit sie es vermochten . Wer konnte, schlüpfte in einen Hauseingang oder in die Mündung der nächsten Gasse. Ohrenbetäubend hallte der hundertfache Hufschlag zwischen den Mauern der Häuser wider. Unter dem aufgewirbelten Staub verdunkelte sich die Sicht. Erst am Fuß der Bergstraße, unterhalb der Veste, zügelten die Vordersten ihre dampfenden Pferde, erklommen die Steigung zur Burg in angemessenen Schritt. Der Markgraf und seine Brüder setzten sich an die Spitze. Erste Hochrufe begleiteten die Berittenen auf ihrem Weg. Nürnberg vibrierte unter dem Jubel seiner Bürger. Unbemerkt eilten die Boten der verschworenen Zunftmeister von Haus zu Haus, überbrachten ihren Anhängern das lang erwartete Kommando.

Die vordersten Reiter hatten den halben Berg hinter sich gebracht, als sich das Burgtor öffnete. Gefolgt von einem Dutzend gepanzerter Reiter kamen die Burggrafen Albrecht und Johann von Hohenzollern sowie dessen Sohn Friedrich dem Markgrafen und den Herzögen entgegen. Sie hatten es sich nicht nehmen lassen, diese Ankunft in ihren kostbaren Prunkrüstungen aufzuwarten. Unter der gleißenden Sonne funkelten sie wie streitbare Engel, die auf die Erde herabgestiegen waren. Erst am Fuß des Sandsteinfelsens, auf dessen Rücken sich die Mauern, Zinnen und Türme der Burg erhoben, zügelten sie ihre Rösser.

Der Markgraf und seine Brüder trieben ihre Pferde an und hielten auf die Burggrafen zu. Erst als die Köpfe ihrer Rösser fast die der burggräflichen Tiere berührten, zügelten sie die Pferde.

Immer dichter drängten sich die nachfolgenden Reiter auf der Freiung vor der Burg, bis die ersten von ihnen abstiegen und ihre Rösser zu den Stallungen führten. Der Wortwechsel zwischen dem Markgrafen und den Burggrafen verlief knapp und, wie aus den Gesichtern unschwer abzulesen war, wenig herzlich. Die Worte, die sie wechselten, waren von den Umstehenden kaum zu verstehen. Nur zum Schluss hin hob Ludwig seine Stimme, sodass die Männer einige Reihen dahinter die Worte verstanden. »... darum erwarte ich, dass Ihr und Eure Leute den Ausgang der Unruhen auf Eurer Burg abwartet!«

Die Hohenzollern nickten mit frostigen Mienen und zogen sich brüsk in ihre Festung zurück. Der Markgraf und seine Brüder wendeten ihre Pferde und begaben sich zum Haus ihres Gastgebers Freiherrn Fritz von Ortlieb, welches nahe dem Burgberg gelegen war. Nur langsam lichtete sich daraufhin die massige Traube aus Rittern und ihren Pferden, suchten manche der Weitgereisten ihre Unterkünfte auf. Andere, die ihre Rösser einem Stallknecht übergeben hatten, strebten zu den Schankstuben und Hurenhäusern der Stadt.

Im Gedränge der Schaulustigen um die Berittenen herum, achtete niemand auf die dunkel gekleidete, hoch gewachsene Gestalt und ihre vier Begleiter, die zur Mündung der Oberen Söldnersgasse an einer Hauswand lehnten. Das Gesicht des Hochgewachsenen, war im Schatten der breitkrempigen Kopfbedeckung nicht auszumachen. Der Zweite glich von der Statur dem ersten und fiel nicht weiter auf, im Gegensatz zu den anderen drei. Zwei waren wahrhafte Hünen zu nennen, zwischen denen der rote Haarschopf des stadtbekannten Migkenmockel herausstach. Der Hochgewachsene richtete einige

Worte an seine Begleiter, dann eilten die Männer in verschiedene Richtungen davon.

»Für Euch und Euer Kloster ist es bald überstanden«, eröffnete der Pfauentritt dem Abt.

Der Geistliche im Gewand der Dominikaner schlug das Kreuz, dann erwiderte er: »Der Herr sei gelobt. Aber ganz so einfach ist es nicht.«

Der Pfauentritt zog eine Augenbraue in die Höhe: »Was meint Ihr?«

»Der Bischof wird die Stadt mit dem Interdikt belegen, sollten die Verschworenen die Ratsherren aus ihren Ämtern vertreiben. Weder wir noch die anderen Orden dürfen dann Messen halten, oder die kirchlichen Feiertage begehen.«

Der Pfauentritt lächelte hintergründig: »Irgendwann hebt der Bischof das Interdikt wieder auf. Was grämt Ihr Euch schon im Vorfeld? Vertraut Eurem Gott und wartet ab, wie sich die Sache entwickelt.«

Die Augen des Abts verengten sich, als er dem Bürgerlichen ins Gesicht starrte. Schließlich sagte er: »Weshalb habt Ihr nach mir verlangt? Noch dazu in dieser Stunde. Ist Euer Platz nicht an der Spitze der Verschworenen, um den Umsturz anzuführen?«

»Gewiss. Zuvor aber möchte ich, dass Ihr mir einen letzten Dienst erweist. Einen Dienst, der Euer Gewissen erleichtern dürfte.« Ein spöttisches Lächeln spielte um die Mundwinkel des Pfauentritts.

»Was für ein Dienst soll das sein?« Es war offensichtlich, dass der Mönch dem Bürgerlichen nur wenig Vertrauen schenkte.

»Ihr begebt Euch zum Rathaus und teilt den Herren mit, dass der Aufstand unmittelbar bevorsteht und sie nicht zögern sollen, die Stadt unverzüglich zu verlassen.«

»Ihr lasst ihnen diese Warnung doch nicht ohne Hintergedanken zukommen?«

Des Pfauentritts Wangenmuskeln traten hervor. »Tut, was ich Euch auftrage«, sagte er. »Alles ist für die Ratsherren besser, als in die Gewalt der Verschworenen zu geraten. Denkt Ihr nicht auch?«

Der Abt schnaubte entrüstet, dann erwiderte er: »Vermutlich entspricht dies sogar der Wahrheit und darum will ich Euch den Gefallen nicht verwehren. Doch eines versprecht mir, mein Herr!« Fest sah er dem Bürgerlichen dabei in die Augen.

»Und das wäre?«

»Als Gegenleistung verlange ich, dass Ihr uns fortan in Frieden lasst. Unterzieht unseren Orden nicht länger mit der Prüfung Eurer Anwesenheit in diesen Mauern!.«

»Überbringt die Botschaft und Euer Wunsch wird erfüllt.«

Die unzählige Schar der Schaulustigen vor der Burg hatte sich mittlerweile aufgelöst, doch waren sie nicht nach Hause gegangen. Vielmehr verteilten sie sich in den Straßen und Plätzen der Stadt, bildeten Gruppen, die mal angeregt, mal heftig miteinander debattierten. Seit dem Eintreffen des Markgrafen und seiner Brüder hing eine knisternde Spannung in der Luft. Eine Spannung, die nach weiteren Stunden in eine drohende umschlug. Die Schankhäuser fassten die zahllosen Zecher längst nicht mehr. Der Geräuschpegel schwoll an. Zornig hervorgestoßene Schimpfreden gegen die Pfeffersäcke eilten von Schänke zu Schänke. Scharwächter, die sich hier und dort sehen ließen, wurden von aufgebrachten Bürgern feindselig angegangen. Bald waren sie wie auf ein geheimes Kommando hin gänzlich aus dem Stadtbild verschwunden.

Der erdrückenden Übermacht hatten sie wenig entgegenzusetzen. In ihren Augen ließen die Ritter der Herzöge und die des Markgrafen sie schändlich im Stich. Der drohende Tumult schien sie nicht im Mindesten zu kümmern.

Im weichenden Licht der untergehenden Sonne vollzog sich zu Füßen der Burg ein bedrohliches Schauspiel, welches die Ritter und Waffenknechte der Burggrafen mit angespannten Mienen verfolgten. Wie auf ein geheimes Kommando, strömten ganze Scharen von Menschen zusammen. Mit allem möglichen Gerät bewaffnet, quollen sie aus den drei Gassen und der Burgstraße hervor, die auf die Freiung des Ölbergs mündeten. Handwerker, Bürgerliche sowie eine Unzahl Gemeiner, entschlossenen Schrittes und zu allem bereit, hielten ihre Hacken, Spitzen, Schaufeln, Hämmer, angespitzte Stangen, Keulen und Knüppel empor. Selbst Schwerter waren zu sehen, die zu tragen nur der gehobenen Schicht der Bürgerlichen sowie den Ratsherren und Kaufleuten gestattet war. Heute scherten sich die Verschworenen keinen Heller um die vom Rat geschaffenen Gesetze der Stadtordnung.

Das grimmige Schweigen der zusammenkommenden Männer untermauerte die bedrohliche Stimmung, die der Szenerie anhaftete. Selbst die Burggrafen, hoch oben in ihrer Amtsstube des Fünfeckturms, vermochten nicht, ihre Blicke vom Fenster abzuwenden, von wo aus sich ihnen freie Sicht auf die Aufstellung der Verschworenen bot.

Plötzlich bahnte sich eine erhobene Stange, an deren Spitze ein Banner prangte, den Weg durch die Menschenmassen. Als die Fahne der Verschworenen die letzten Reihen der dicht gedrängten Leiber erreichte, vermochten die Beobachter auf der Burg den leuchtend roten Haarschopf des Bannerträgers zu erkennen sowie die schwarz gekleidete Gestalt seines Begleiters. Die Versammelten wichen ehrfürchtig vor dem Bannerträger und dem Hochgewachsenen zurück, bildeten nach hinten drängend eine schmale Gasse vor den beiden. Dem Bannerträger auf dem Fuß, folgte etwa ein halbes Dutzend weiterer Männer. Alle trugen sie die unverkennbaren langen Spitzbärte der verschworenen Meister der unterschiedlichen Handwerkszünfte. Ein entschlossenes Raunen wogte rhythmisch durch die Massen, als die Männer um den Bannerträger die Front erreichten.

Der Hochgewachsene wandte sich der Menge entgegen, hob beide Arme in die Höhe und seine Worte hallten mit lauter Stimme zu den Hohenzollern empor.

Mit so einem Aufmarsch hatte Landolf nicht in seinen kühnsten Träumen gerechnet. Obwohl er in den letzten Wochen keine der Versammlungen im Dominikanerkloster versäumt hatte, verschlug ihm der Anblick dieser Menge der zum Burgplatz emporstrebenden Menschen die Sprache. Die Vielzahl an möglichen und unmöglichen Waffen in ihren Fäusten verdeutlichte, dass es jetzt kein Zurück mehr gab. Angst verengte seine Luftröhre.

Aus jeder Gasse, die sie passierten, stießen weitere Verschworene hinzu, schlossen sich dem Menschenstrom an. Niemand verlor ein Wort. Landolf hielt sich dicht hinter seinem Vater, der Rudolf Haubenschmidt folgte. Ismar stapfte ebenso befangen dreinblickend wie Landolf an seiner rechten Seite.

Als sie die Freiung unterhalb der Veste erreichten, zeigte sich der Platz zur Hälfte mit aufgebrachten Männern und Frauen angefüllt. Johann und Rudolf schoben sich am Rand des Gedränges vorbei und trafen oberhalb des Platzes auf den Pfauentritt und Migkenmockel.

Des Pfauentritts Augen funkelten, was Landolf angesichts seiner zwiespältigen Gefühle weiter verunsicherte. Die Züge Migkenmockel, waren der Inbegriff nach Erfüllung lechzenden Tatendrangs. Man sah ihm förmlich an, dass für ihn jede weitere Minute, die sie hier herumstanden, pure Zeitverschwendung war. In der Rechten hielt er eine lange, handgelenkdicke Stange, an deren Ende die von einigen Näherinnen heimlich angefertigte Fahne der Verschworenen flatterte. Jetzt bemerkte Landolf die übrigen Zunftmeister mit ihren langen Bärten, die sich hinter dem Pfauentritt und Migkenmockel eingefunden hatten. Sie alle warteten nur auf den Geißbart Haubenschmidt, ihren Anführer.

Ernst und mit wenigen Worten begrüßten sie einander. Der Pfauentritt gab Migkenmockel ein Zeichen, woraufhin sich der mit erhobener Fahnenstange einen Weg durch die Reihen der Verschworenen bahnte. Dicht auf folgten der Pfauentritt, Johann, Rudolf und die Zunftmeister. Landolf und Ismar bildeten diesmal den Schluss.

»Heil dir, Geißbart«, ertönte es gedämpft. »Heil dir, Pfauentritt«, kam es von anderer Stelle. Diese Parolen setzten sich wie ein Lauffeuer fort, bis sie wie ein unheilschwangeres Grummeln durch die Menge wogten. Endlich durchbrachen sie den Rand der Menschenmasse und Landolf atmete wie befreit auf.

Der Pfauentritt trat vor die Menge, erhob die Arme wie zu einer Beschwörung und schon schallte seine klare, kraftvolle Stimme über die Köpfe der Anwesenden hinweg: »Bürger Nürnbergs, hört mich an!«

Innerhalb nur weniger Herzschläge kehrte Totenstille ein, wandte sich die gespannte Aufmerksamkeit der Verschworenen ihrem Anführer zu.

»Die Zeiten der Knechtschaft und Willkür der Ratsherren zu Nürnberg finden in dieser Nacht ein Ende. Fortan sollt Ihr, die wahren Pfeiler dieser Stadt, durch euren Mut und die Entschlossenheit eurer tapferen Seelen jene Rechte und Pflichten erwerben, die euch vor Gott in dieser Stadt seit Langem zustehen.

Hier steht ihr nun vor mir, im Angesicht Gottes, und ich frage euch: Seid ihr bereit für eure angestammten Rechte zu streiten? Lasst hören, was ihr dazu sagt!«

Ohrenbetäubend echote die Antwort zwischen den Häusern: »Im Angesicht Gottes. Wir folgen dir!«

Eine Gänsehaut überzog Landolfs Glieder. Johann beugte sich nah zu ihm, brachte seinen Mund an Landolfs Ohr und sagte: »Wenn dies nur kein schlechtes Omen ist. Scheitern wir, überantwortet uns der Schultheiß unter Zustimmung des gesamten Klerus wegen dieser Blasphemie dem Scheiterhaufen..«, was Johann weiter sagte, verschluckte das aufbrandende Geschrei der Menge.

Gleich einer Flutwelle bedingungsloser Begeisterung, geschaffen aus dem in vielen Herzen und Köpfen erstarkten Willen, riss es die Menge fort, den Berg hinunter, ergossen sich die Verschworenen in die Stadt.

Von den aufgebrachten Massen unbemerkt; schlüpfte der Pfauentritt, der sich zum Rand der in die Stadt strömenden Verschworenen vorgearbeitet hatte, in die Obere Krämergasse, nahe der Burg. Dank seiner schwarzen Kleider tauchte er unsichtbar in der Dunkelheit unter. Hier wartete er, bis die letzten Verschworenen vorüber waren. Dann entledigte er sich seines Mantels - die Bekleidung eines Markgräflichen Ritters kam zum Vorschein - nahm sich die Backenpolster aus dem Munde und entfernte zuletzt den falschen Bart.

Nun schlich er zurück zur Freiung. Darauf bedacht sich im Schatten der Häuser zu halten, näherte er sich dem Burgtor. Hinter seinem Rücken trabten Ritter des Markgrafen auf ihren Pferden auf den Platz und bildeten zwischen der Burg und der Stadt eine Kette.

Nachdem sich Pankraz, Veit und Thomas nach dem Eintreffen des Markgrafen von ihrem Herrn getrennt hatten, hatten sie sich auf unterschiedlichen Wegen zu ihrem Unterschlupf begeben. In jenen verborgenen Kammern unter der Synagoge hatten die Ritter Fritz Steinberger von Gunzenhausen, Jörg Fuchs von Bimbach und Götz Holz von Jacksberg auf ihre Rückkehr gewartet.

Jetzt verließen die sechs Männer die feuchte Unterwelt des Judenviertels. Jeder trug, neben Schwert und Dolch, eine Armbrust sowie einen Köcher mit Bolzen. Pankraz und Veit hielten außerdem je eine vorbereitete Fackel in Händen und auf dem Rücken prall gefüllte Leinenbeutel.

Wehmütig vergegenwärtigte sich Pankraz, dass er diesen Ort zum letzten Mal zu verlassen würde und vermutlich auch nicht mehr zurückkommt. Ohne dass ihm dies bewusst gewesen wäre, stellte er nun fest, wie sehr ihm dieser Ort ans Herz gewachsen war. Im Grunde nichts anderes als ein feuchtes, dunkles Loch, dennoch vor den Augen der Widersacher verborgen, hatte ihm dieser Ort ein Gefühl der Überlegenheit vermittelt.

Schwer atmend folgte er den vorausgegangenen Gefährten die ausgetretenen Stufen hinauf in das angenehme Halbdunkel der Synagoge. Die Dämmerung senkte sich über die Stadt und schweigend eilten sie durch die verwaisten Gassen des Judenviertels. Dann teilten sie sich auf.

Thomas und Fuchs von Bimbach waren der vorderen, der Fleischbrücke zugewandten, Straßensperre zugeteilt, Fritz Steinberger von Gunzenhausen und Götz Holz von Jacksberg übernahmen mit dem Rücken zum Plobenhof die gegenüberliegende Absperrung.

Unbemerkt erreichten sie die beiden Durchlässe, in denen die jeweiligen Absperrungen versteckt waren. Während die anderen ihre Absperrungen mit erstaunlich wenigen Geräuschen in der Gasse aufbauten, , tauchten Veit und Pankraz mit den Fackeln in Händen und leichten Leinenbündeln auf ihren Rücken in die Schatten der Häuser ein. Auf leisen Sohlen eilten sie zum Plobenhof.

Bei einem versteckten Fass angekommen, zog es Pankraz mit wenigen Handgriffen aus einem Haufen Unrat, öffnete den Verschluss und bestrich mit schnellen, aber gründlichen, Bewegungen den Mauerputz und das Gebälk des Anwesens mit Pech ein. Veit verfuhr an anderer Stelle auf dieselbe Weise und in kurzer Zeit waren beide Fässer geleert. Nun legte jeder den für sich in den handlichen Bündeln mitgeführten, Reisig nebst Feuerstein bereit, kauerte sich in den Schatten des Gebäudes und wartete.

Pankraz sah zu Veit hinüber, der, ähnlich wie er, an der schattigen Mauer gelehnt scheinbar vor sich hindöste und der dennoch nicht vermochte, seine Anspannung zu verbergen.

Schon drangen aus der Ferne die ersten Laute des beginnenden Aufruhrs zu ihren Verstecken, dann endlich ertönte das ersehnte Signal: der doppelte Ruf eines Käuzchens. Pankraz schlug die Feuersteine gegeneinander. Aufstiebende Funken von der gegenüberliegenden Ecke des Plobenhofs verrieten ihm, dass Veit ebenso verfuhr. Ein erstes Flämmchen züngelte aus dem Reisig, griff um sich und schon hielt Pankraz seine Fackel über die Flamme. Das Feuer sprang augenblicklich über, kurz darauf stieß er die brennende Fackel an die pechverschmierte Mauer des Plobenhofs. Züngelnd schnellten die Flammen über den Mauerputz, erreichten den Rand des mit Stroh gedeckten Daches, auf das Pankraz die Fackel in einem weiten Bogen schleuderte. Dann schnappte er sich Köcher und Armbrust, spannte die Sehne, legte einen Bolzen ein und rannte zurück zu den anderen, die soeben die erste Sperre errichteten. Veit traf auf halber Strecke mit ihm zusammen. Hinter ihnen erhellten die inzwischen hoch auflodernden Flammen die Gasse und ihre Gestalten warfen gespenstische Schatten auf die Buckel der Pflastersteine.

Der Zug des Stadtrates bestand aus einem von zwei Gäulen gezogenen, vierrädrigen Karren, einem Dutzend bewaffneter Scharwächter und etwa zehn Ratsherren. Die Scharwächter hatten die Flammen bemerkt, auch sie waren mit Armbrüsten bewaffnet. Als sie den ersten Durchlass passiert hatte und auf Pankraz und Veit anlegten, sprangen Fritz Steinberger von Gunzenhausen und Götz Holz von Jacksberg mit der hölzernen Absperrung aus dem unscheinbaren Durchlass hinter ihrem Rücken heraus. Im nächsten Augenblick war der Weg blockiert. Von ihrer Last befreit, schwenkten die beiden Träger der Absperrung ihrerseits gespannte Armbrüste über die dicken Planken hinweg und surrend fanden die Bolzen ihr Ziel in den Leibern zweier Scharwächter. Pankraz und Veit schossen gleichzeitig, auch ihre Bolzen trafen ihr Ziel. Bevor die übrigen Scharwächter sich von der Überraschung erholt und zur Gegenwehr formiert hatten, verrieten erschrockene Rufe vor dem Karren, gefolgt von zwei schmerzhaften Aufschreien, dass Thomas und Jörg Fuchs von Bimbach ebenfalls den Beschuss eröffnet hatten. Bis ins Mark dringende Schreie der Verwundeten erfüllten die Luft. In kopfloser Furcht drückten sich die Ratsherren mit den Rücken an ihre Karren. Der Führung durch die Zügel beraubt, begannen die Zugpferde nervös zu tänzeln. Das funkenstiebende Feuer in ihrem Rücken griff um sich. Rufe aus dem Innern des Plobenhofs, umher sirrende, todbringende Bolzen und die Schreie der Verwundeten versetzten die Zugpferde in Panik. Sie bäumten sich ins Geschirr, stemmten sich gegen das Gewicht des Fuhrwerks.

Schließlich setzten sie mit ausschlagenden Hufen vorwärts, trampelten über die Scharwächter hinweg, rammten die Absperrung, schoben diese rumpelnd vor sich her, sodass Thomas und Jörg Fuchs zurücksprangen und sich in dem Durchlass in Sicherheit brachten. Unter dem Zerren der Zugtiere, zerbarst mit einem lauten Knall die Deichsel. Vom Gewicht des Karrens befreit, vollführten die Pferde einige wilde Sprünge und blieben schließlich mit zitternden Flanken stehen, während der Wagen zur Seite kippte und seine Ladung über das Pflaster verstreute. Die Ritter, Pankraz, Thomas und Veit kreisten die Ratsherren mit vorgehaltenen

Armbrüsten ein. Damit war die Sache entschieden. Pankraz stieß erleichtert die Luft aus. Die bewaffneten Schergen der Ratsherren lagen tot oder verwundet auf dem Pflaster. Sie selbst waren mit heiler Haut davongekommen.

Der Aufruhr tobte weiter oben in der Stadt. Hinter ihnen bekämpften die Knechte des Konrad Groß ausschließlich die Flammen und schenkten, wie von Götz Holz vorhergesagt, dem Geschehen auf der Straße keine Beachtung. Auch die Bewohner angrenzender Häuser, selbst die den Verschworenen feindlich gesinnten Fleischer, zeigten nur geringfügiges Interesse an dem kurzen Gefecht vor dem brennenden Plobenhof. Einige Beherzte bildeten eine Eimerkette zur Pegnitz und schütteten Wasser auf die Dächer ihrer Häuser, damit die Flammen nicht auf sie übersprangen.

Pankraz erblickte unter den gefangenen Ratsherren Jörg Tetzel, der ihn in seiner heruntergekommenen Kluft und dem dreckverschmierten Gesicht gottlob nicht erkannte.

Wäre jetzt auch egal, fuhr es Pankraz durch den Kopf. Sie hatten die Ratsherren mit den Losungsgeldern auf den Kahn zu verfrachten und loszumachen, bevor sich die Fleischer doch dazu entschlössen, den Gefangenen beizustehen.

Die über die Jahre hinweg gemeinsam bestandenen Kämpfe hatten Pankraz und seine Gefährten zu einer eingespielten Truppe zusammengeschweißt. Als hätten sie die Situation vorher durchexerziert, räumten sie die Straßensperre zur Seite und schafften die verstörten Ratsherren, mitsamt der auf dem Pflaster verstreuten Karrenladung, binnen weniger Augenblicke.an Bord des Kahns. Derweil fanden sich mehr und mehr Schaulustige an den Ufern des Flusses ein und beobachteten das Treiben der sechs Bewaffneten. Die aneinandergefesselten Ratsherren ließen keine Zweifel darüber zu, was hier vor sich ging, aber niemand der schweigenden Zuschauer griff in das Geschehen ein.

Dem Schöpfer sei Dank, endlich! Pankranz atmete auf, als Thomas die Leinen des Bootes löste. Die Geräusche des raumgewinnenden Aufruhrs klangen bedrohlich nahe und zogen allmählich die Aufmerksamkeit der Umstehenden auf sich. Plötzlich, on ihnen allen unerwartet, sprang Jörg Tetzel auf, rempelte Pankraz mit der Schulter an, sodass der strauchelte und auf die Planken des Kahns krachte. Im gleichen Augenblick setzte der Ratsherr über Pankraz hinweg und mit einem beherzten Sprung gelang es ihm, trotz gebundener Hände, das befestigte Ufer zu erreichen. In diesem Moment tauchten die ersten Waffen schwingenden Verschworenen vor dem Fleischerhaus auf. Seine standesgemäße Bekleidung verriet Jörg Tetzel, kaum dass er sein Gleichgewicht wiedergefunden hatte. Schon brüllte jemand: »Seht, dort haben wir einen der feinen Herren, schnappen wir ihn!«

Jetzt kam Bewegung in die bisher nur gaffenden Fleischer. Hatte sie zuvor der Anblick der in ihren Waffenröcken gewandeten Ritter und der mit Armbrüsten bewehrten Knechte zurückgehalten, so entschlossen verstellten sie nun den Verschworenen den Zugriff auf Jörg Tetzel.

Pankraz rappelte sich hoch und beobachtete, wie einige Fleischer Tetzel in ihre Mitte nahmen und zum Fleischerhaus geleiteten. Die Übrigen formierten sich vor dem Portal und warfen sich den Verschworenen entgegen.

Währenddessen stakten die Ritter und des Gaylings Knechte den Kahn zur Mitte des Flusses, wo sie die ausreichend kräftige Strömung erfasste.

»Ich bringe eine Botschaft des Stadtrates, die ich keinem anderen als den Burggrafen Johann und Albrecht von Hohenzollern überreichen darf«, sagte Ekkelin mit befehlsgewohntem Ton. Dabei wedelte er mit einem versiegelten Pergament vor den Nasen der Torwächter herum.

Die beiden Wachen sahen sich an. Ihnen war aufgetragen worden, niemanden einzulassen. Unten in der Stadt tobte der Aufruhr. Vor Stundenfrist hatten sich die Verschworenen auf der Freiung vor der Burg versammelt und waren geschlossen und Parolen grölend zum Rathaus gestürmt. Kurz darauf ritten gepanzerte Ritter des

Markgrafen auf den Platz und bildeten zwischen den ersten Häusern und der Burg eine Linie. Und jetzt begehrte einer dieser Markgräflichen mit einer Depesche des Stadtrates Einlass. Schließlich entgegnete der Erste: »Meinetwegen, dann folge mir. Ohne Geleit darf ich niemanden einlassen.«

»Mir soll's recht sein«, Ekkelin zuckte mit den Schultern, wartete, bis der Wächter das Tor geöffnet hatte und trat ins Innere der Burg. Der zweite Wächter zog den eisenbeschlagenen Torflügel wieder zu, der dröhnend ins Schloss fiel.

Während der Ritter hinter dem Torwächter durch den Zwinger schritt, spähte er zu den Schießscharten, die reihum in den Wänden und in der Decke angebracht waren. Er vermochte nicht zu erkennen, ob dort weitere Wachen postiert waren. Sie erreichten den Hof. Gegenüber erhob sich der Fünfeckturm, in dem die Burggrafen residierten und wohin der Wächter seine Schritte lenkte. Ekkelin bemerkte einige Waffenknechte an der Mauer, doch beugten die sich allesamt über die Brüstung in Richtung Stadt. Der Aufruhr in den Straßen fesselte ihre Aufmerksamkeit.

Pechschwarz blickten die wenigen, schmalen Fensteröffnungen des Turmes in die Nacht. Nur ganz oben, aus der Amtsstube der Burggrafen, fiel ein schmaler Streifen Licht aus einem der Fenster.

»Wie steht es unten in der Stadt?«, fragte der Torwächter. »Sieht schlecht aus für die Ratsherren, wie?«

»Wer will das wissen?«, erwiderte Ekkelin barsch. »Mich interessiert nicht, was die Bürgerlichen mit dieser Stadt anfangen. Mein Herr, der Markgraf von Brandenburg, wünscht, dass wir den Ausgang der Unruhen abwarten. Und solange die Aufständischen sich nicht gegen uns und unseren Herrn wenden, lassen wir sie gewähren. Im Übrigen stimme ich dir aber zu. Die Geschicke der Stadt werden ab Tagesanbruch in den Händen anderer liegen. Jetzt spute dich! Führe mich zu deinem Herrn.«

So zurechtgewiesen brummte der Wächter missmutig, entgegnete aber nichts und stapfte finster dreinblickend vor dem Ritter her.

Die Tür des Turmes war unverschlossen und die Angeln gut gefettet. Der Wächter öffnete sie geräuschlos, trat ein und forderte

Ekkelin auf, nachzukommen. Der schlüpfte geschmeidig an dem Wächter vorbei, der neben der offenen Tür wartete und registrierte mit einem Blick, dass sich niemand in dem niederen Raum aufhielt. Drei abgehende Türen waren verschlossen, es drangen jedoch keine Stimmen oder sonstige Geräusche dahinter hervor. Der Torwächter schloss soeben die Tür. Ekkelin zog seinen Dolch aus der Scheide und wandte sich dem Wächter zu. Den Dolch hielt er mit der Klinge nach oben an der Rückseite des Unterarms verborgen und sagte freundschaftlich: »War eben nicht böse gemeint. Ich hätte nach dem langen Ritt nur viel mehr Lust darauf, mich volllaufen zu lassen und danach die Freuden eines Weibes zu genießen, als irgendwelche Botschaften zu überbringen.«

Scheinbar versöhnt ob des unverhofften Sinneswandels, grinste der Wächter verlegen, winkte ab, schritt an Ekkelin vorbei zur Treppe und sagtet: »Schon gut, geht mir dieser Tage nicht anders. Ständig Dienst, nächtelang im Waffenrock Wache schieben, mit den Scharwächtern durch die Straßen patrouillieren, immerzu in Gefahr, hinterrücks eins übergebraten zu kriegen. Was kümmern mich die Nöte der Pfeffersäcke? Ich für meinen Teil bin heilfroh, dass die Burggrafen beschlossen haben, sich bei den Kämpfen nicht einzumischen.«

Mit zwei raschen Schritten war Ekkelin in des Wächters Rücken, fasste von hinten mit der linken Hand über Augen und Nase, riss den Kopf zurück und zog die Klinge über die freiliegende Kehle.

»Vielleicht wäre es besser gewesen, deine Herren hätten sich heute Nacht doch eingemischt«, sagte Ekkelin, während der Wächter in sich zusammensackte. Der Ritter griff der stürzenden Gestalt unter die Arme und legte sie behutsam zu Boden.

Ekkelin wischte den blutigen Dolch am Wams des Wächters ab, erhob sich und überprüfte die anderen Räume. Zwei der Türen waren verschlossen, die dritte ließ sich öffnen. Eine leere Kammer, wie geschaffen, um die Leiche zu verstecken. Er schleifte den schweren Körper des Toten ohne nennenswerte Geräusche hinein und schloss die Tür. Gegen die Blutlache auf dem Boden ließ sich nichts machen. Blieb zu hoffen, dass die bei dem spärlichen Licht auf den ersten Blick keinem auffiel.

Leise, und dennoch geschwind, stieg er die Stufen empor. Auf halber Höhe zog er sein Schwert. Immer wieder verhielt er und lauschte, aber von der obersten Etage ausgenommen, schien der Turm menschenleer. Dann erreichte er die untersten Stufen der letzten Stiege und jetzt vernahm er undeutliche Stimmen. Die Stufen endeten unterhalb einer Falltür, der Zugang zur Amtsstube der Burggrafen. Die Klappe war nicht völlig geschlossen. Sie ruhte auf einem Holzkeil, der, würde er von einem raschen Fußtritt herausgestoßen, die Klappe sofort schließen, in jetziger Position erlaubte er jedoch, diese leichter zu öffnen. Der handbreite Spalt gestattete einen kleinen Einblick auf das Geschehen dahinter. Langsam, mit behutsamen Bewegungen schlich der Ritter die letzten hölzernen Stiegen hinauf. Bedächtig verlagerte er sein Gewicht auf den vorderen Fuß. Erst als er sicher war, dass die nächste Stiege nicht verräterisch knarrte, zog er den zweiten Fuß nach. Mit jeder weiteren Stufe, die er erklomm, wurden die Worte deutlicher und als er sie auseinanderhalten und dann zu verstehen vermochte, blieb er stehen und lauschte.

Einer der Sprecher lief hin und her. Er klang nach Burggraf Johann. Ekkelin verstand nur Satzfetzen. Er schob sich angehaltenem Atem die letzten Stufen empor und spähte durch den Spalt. Bis auf Kniehöhe der Anwesenden, vermochte er die Hälfte des Raumes einzusehen. Vor ihm sah er zwei Paar Stiefel. Einer der Besitzer schien auf einem Schemel zu sitzen, während der andere unbeweglich stand. Der umherlaufende Sprecher war jetzt hinter dem Lauscher. Von einem Vierten sah und hörte Ekkelin in diesem Moment nichts.

»... es spricht wahrlich für Euren Mut, Euch ohne Begleitung in unsere Gewalt zu begeben«, sagte Johann von Hohenzollern soeben.

Als Ekkelin die ersten Worte der Antwort vernahm, wäre er vor Überraschung beinahe gestrauchelt. »Ihr schmeichelt mir, mein lieber Burggraf. Doch vielmehr spricht meine Anwesenheit für meine hervorragende Menschenkenntnis. Sagt, was hättet Ihr davon, mich hier in Eurer Burg gegen meinen Willen festzuhalten?«, hörte Ekkelin die Stimme des Markgrafen Ludwig von Brandenburg. Die Bewegungen der Stiefel verrieten ihm, dass es sich dabei um den Stehenden vor ihm handelte. Zitternd verkrampften sich seine Finger um die Griffe von Schwert und Dolch, tiefe Zornesfalten standen auf seiner Stirn.

»Mit Euch in meinem Gewahrsam könnten wir Eure Brüder dazu bewegen, uns gewähren zu lassen, und dem Pöbel das zu verabreichen, was er verdient.«

»Ganz recht«, pflichtete jetzt die Stimme Albrechts seinem Bruder bei. Dadurch verriet er Ekkelin, dass die Stiefel des Sitzenden vor der Falltür die seinen waren.

»Und was hättet Ihr davon?« Dem Markgrafen war anzuhören, sich seiner Sache gewiss zu sein. Für ihn schienen die Worte der Burggrafen nichts Bedenkliches zu enthalten.

»Es gibt strittige Fragen über verschiedene Abgaben und Rechte in Ämtern und Zöllen. Würden wir den Stadträten zur Hilfe eilen, würden sie mit Sicherheit auf unsere Forderungen eingehen.«

Das plötzliche Gelächter des Markgrafen schallte so überraschend laut in dem Gemäuer, dass selbst Ekkelin zusammenzuckte.

»Werte Burggrafen, ich bitte Euch! Warum wollt Ihr Eure Wünsche ausgerechnet den alten Ratsherren kundtun? Äußert sie doch lieber den neuen Herren der Stadt! Glaubt Ihr tatsächlich, dieser schlecht organisierte Haufen einfacher Handwerker und Bürgerlichen widersetze sich auch nur einer Eurer Bedingungen, wenn es nach den Unruhen zu ersten Verhandlungen kommt?

Mitnichten, meine Herren. Sie werden Euch geben, was immer Ihr fordert, ohne dass Ihr auch nur einen Eurer Männer zu den Waffen greifen lassen müsst.«

Jetzt lachten die Burggrafen, auch der Sohn Friedrich, der sich zuletzt aus dem Gespräch herausgehalten hatte, fiel mit ein. »Das habt Ihr wahrlich gut erkannt. Nun, da wir wissen, woran wir miteinander sind, leert einen Becher mit uns und sagt, welcher der tatsächliche Grund Eures Besuches zu dieser außergewöhnlichen Stunde ist«, ließ Johann verlauten, nachdem sie sich wieder beruhigt hatten.

»Nehmt es mir nicht übel, dass ich Euren Wein ausschlage, aber mein Magen bereitet mir derzeit Ungemach. Weshalb ich Euch zu sprechen wünschte, sollt Ihr nun erfahren.«

Mit gesenktem Kopf und grimmig aufeinandergepressten Zähnen, kauerte Ekkelin unter der Falltür und lauschte den Worten seines Markgrafen.

»Überlasst die Stadt den Verschworenen und ich setze mich persönlich dafür ein, dass alle von Euch gewünschten Rechte und Einnahmen aus Zöllen und Ungeldern vom neuen Rat bestätigt oder erneuert werden. Stellt Ihr es geschickt an, dann wäret Ihr somit die eigentlichen Herren über die Stadt. Außerdem kam ich zu Euch, um das Haus der Hohenzollern in der Kaiserfrage für mich zu gewinnen. Leg bei den Euch befreundeten Kurfürsten Euer gewichtiges Wort für meine Person in die Waagschale. Aber erlaubt mir zunächst, Euch die Form meiner Erkenntlichkeit für diesen Dienst als Euer künftiger Kaiser und Lehnsherr darzulegen.«

Andächtiges Schweigen folgte, dann erfüllte die tiefe Stimme Albrechts von Hohenzollern den Raum: »Wohlan denn, lasst sie uns hören, Eure Erkenntlichkeiten.«

Ekkelin hingegen, hatte genug gehört. Die unverhoffte Anwesenheit des Markgrafen und seine Worte hatten ihm seiner Kraft beraubt.

Bevor er wieder auf den Burghof trat, steckte er den Dolch zurück in die Scheide, das Schwert hingegen, hielt er nahe am Körper. Vor dem Turm fand er die Situation unverändert. Unbehelligt betrat er den Zwinger. Bei jedem weiteren Schritt, den er zurücklegte, kehrte ein Teil seiner Spannkraft und Entschlossenheit zurück. Am Burgtor klopfte er mit dem Knauf seines Dolches an. Das Tor wurde aufgestoßen, das zornige Gesicht des Wächters spähte herein. »He, wo hast du Gerald gelassen? Oder hat sich der Lump gar heimlich verdrückt?«, schnauzte der.

»Nein, er ist hier, hat sich erbrochen. Sieh selbst!«, winkte Ekkelin auffordernd und wich dabei in den Zwinger zurück. Neugierig folgte ihm der arglose Wächter und bemühte sich darum, seine Augen an die hier herrschende Finsternis zu gewöhnen.

Sowie der Mann von außen nicht mehr zu sehen war, trat er ihm mit einem weiten Schritt entgegen und knurrte: »Zur falschen Stunde am falschen Ort.« Dann schlug er mit einer einzigen, kaum wahrnehmbaren Bewegung seines Schwertarmes, den Kopf des Torwächters von dessen Rumpf. Der fallende Torso schlug auf dem steinernen Boden auf, der Kopf rollte noch bis zur Wand. Ekkelin stieg über den Enthaupteten hinweg, schloss das Tor und eilte über den Platz auf die Linie der Berittenen des Markgrafen zu. Die Reiter bedachten die Gestalt mit blutiger Klinge in der Hand zwar mit misstrauischen Blicken, doch ließen sie den Ritter durch ihre Reihe und sahen zu, wie er im Dunkel der nächsten Gasse verschwand. Er lief dem Gebrüll der Aufständischen entgegen, die das Rathaus erstürmt hatten und die mittlerweile auf heftige Gegenwehr, ausgerechnet von den Fleischern und einem Großteil der Messerer, gestoßen waren.

Landolf kämpfte gegen die drängenden Leiber der nachdrängenden Männer an. Mit großer Anstrengung blieb er hinter Migkenmockel und Meister Johann. Sie erreichten das Rathaus und der Druck der schiebenden Menschen verebbte. Von Geißbart, Ismar oder den übrigen Zunftmeistern, die auf der Freiung unterhalb der Burg beieinandergestanden hatten, fehlte jede Spur. Migkenmockel stürmte die Stufen des Portals empor. Johann folgte dicht auf. Landolf blieb gar nichts anderes übrig, als sich ihnen schleunigst anzuschließen. Nur unterschwellig wunderte ihn, dass die massiven Flügel des Portals weit geöffnet waren. Den Knüppel in seiner Hand fest umschlossen, hetzte er seinem Meister und Migkenmockel in die Eingangshalle des Rathauses hinterher. Brüllend drängten andere ihnen nach.

»Sind ausgeflogen«, hörte Landolf Migkenmockel schimpfen.

»Was meint Ihr?«, fragte Johann, der die Worte ebenfalls gehört hatte.

Migkenmockel zuckte gleichgültig mit den Schultern, während die aufgebrachte Menge an ihnen vorüberstürmte und sich über Flure, den geräumigen Sitzungssaal und die Amtszimmer des Rathauses ergoss. »Die feinen Herren haben sich aus dem Staub gemacht. Was soll's, die Stadt zu verlassen, dürfte ihnen schwerfallen.« Bei diesen Worten warf er die Fahne achtlos zu Boden, wirbelte herum und verschwand im Getümmel.

Niemand achtete auf den Getreuen des Pfauentritts. Jeder schien nur mit sich und seiner blinden Raserei beschäftigt. Wie Ekkelin vorausgesagt hatte, folgte der weitere Verlauf des Aufstandes eigenen Gesetzen. Ohne das Eingreifen der Burggrafen würden die Ausschreitungen in der Stadt bis in die frühen Morgenstunden andauern. Migkenmockel entschied, dem Rathaus den Rücken zu kehren. Diese Nacht hatte er seine Rolle erfüllt. Bis er den verabredeten Treffpunkt vor Nürnbergs Mauern aufsuchte, wollte er sehen, ob es nicht an anderer Stelle irgendetwas Lohnendes für ihn zu ergattern gab.

Stadtbüttel waren keine zu sehen. Die Stadt hatte sich in ein Schlachtfeld verwandelt. Barrikaden aus Fässern und Karren blockierten die Straße. Fleischer und Messerer warfen sich den Aufrührern entgegen. Es tobten erbitterte Kämpfe. Ganz nach Migkenmockels Geschmack.

Mit glänzenden Augen zog er seine beiden Sax, rannte zu einer Gruppe von fünf Fleischern, die soeben einen der Verschworenen in die Enge trieben.

Ehe sie begriffen, wie ihnen geschah, war Migkenmockel unter ihnen. Auch wenn die Fleischer dank ihres Handwerks vortrefflich mit einem Messer umzugehen verstanden, so hatten sie gegen den

Waffenknecht keine Chance. Binnen weniger Herzschläge lagen sie in ihrem Blut auf dem Buckelpflaster. Migkenmockel stürmte weiter. Ein Mann nach dem anderen fiel unter seinen wirbelnden Klingen. Er tauchte unter Stockhieben weg, setzte mit seinen Klingen nach, durchtrennte Sehnen, stieß sie in Leiber, sprang zurück, als eine Messerklinge nach seinem Hals zuckte, konterte mit einem Gegenangriff. Ohne es zu merken, hatte er sich von der Straßenschlacht entfernt. Ein Kreis finster dreinblickender Männer umgab ihn nun.

Fast jeder blutete aus mehr oder weniger schweren Wunden. Ihren Blicken nach zu urteilen, die sie ihm zuwarfen, machten sie ihn dafür verantwortlich.

Mit funkelnden Augen reckte er seine Gestalt. »Wer seid ihr denn? Habt ihr noch nicht genug? Na los, bringen wir es hinter uns!«

»Dir wird dein loses Maul schon noch vergehen, Rotschopf!«, knurrte einer der Männer. »Mal sehen, was du draufhast, wenn dein Herr nicht in der Nähe ist.«

Zu dumm, dachte Migkenmockel. *Hast' dir als Gehilfe des Pfauentritts zu viele Feinde gemacht.* Sein Blick fixierte den Sprecher. Gelang es ihm, den Wortführer mit dem ersten Streich zu erwischen, steckten die Anderen möglicherweise auf.

Jäh schnellte er vor, verzichtete auf jegliche Deckung, und stieß er mit dem rechten Arm kraftvoll zu. Bis zum Griff bohrte sich seine Klinge in den Leib des Überrumpelten.

Mit weit aufgerissenen Augen starrte der Mann auf Migkenmockels blutige Hand, die den Griff der Klinge fest umklammerte. Seine Augenlider flatterten, dann fiel er nach hinten. Migkenmockel nutzte den Sturz des Mannes, um seine Waffe wieder freizubekommen. Entgegen seiner Hoffnung wichen die anderen nicht zurück, vielmehr ertönte mehrstimmiges Wutgeheul, dann drangen sie von allen Seiten auf ihn ein.

Wie ein in die Enge getriebener Marder erwehrte er sich seinen Angreifern. Dennoch musste er über kurz oder lang ihrer Überzahl unterliegen, dies war ihm nach nur wenigen Herzschlägen klar. Kein bewusstes Denken zulassend, warf er den Gegnern sein ganzes Können entgegen. Bei jedem Hieb, Stich oder Schnitt spürte er seine Klinge durch Fleisch und Sehnen dringen. Ein ungeschützter Hals, ein Stoß und warmes Blut pulsierte aus einer klaffenden Wunde. Trotzdem, was er auch unternahm – er kam nicht frei. Allmählich keuchte er unter der Anstrengung. Wann zum Teufel, hatten diese stinkenden Stadtmenschen endlich genug?

Ungeachtet der Verluste und ihrer Wunden bedrängten sie Migkenmockel, engten seinen Spielraum weiter ein. Schließlich vermochte er ihren Messern nicht mehr auszuweichen. Den Stich zwischen die Rippen registrierte er erst, als er den Griff des Messers aus seinem Wams ragen sah. Allein aus Reflex fuhr er mit der Schneide über den Hals des Mannes vor ihm. Im gleichen Moment bohrte sich ihm eine weitere Klinge von hinten, dicht unter dem Schulterblatt, in die Lunge. Der Schmerz lähmte seinen Körper. Mit pfeifendem Atem sackte er auf die Knie, ein Fußtritt an den Kopf schmetterte ihn zu Boden.

„Krepieren sollst du wie ein Hund!«, hörte er jemanden sagen. Sein Herzschlag dröhnte ihm in den Ohren und die Stimme klang weit entfernt. Ein Tritt in die Nieren ließ ihn aufstöhnen. Angespannt erwartete er auf weitere Tritte. Nur allmählich begriff er, dass man ihn zum Sterben hatte liegen lassen.

Es kostete ihn immense Kraftanstrengung, den Kopf anzuheben und sich umzusehen. Wie war er nur in diese trostlose Gasse geraten? Eine Ratte huschte an ihm vorbei. Der Geruch des Blutes zog die Tiere an. In dieser Nacht litten sie gewiss keinen Hunger. Unter Qualen stemmte sich Migkenmockel empor, kalter Schweiß tropfte von seiner Stirn, die eingeatmete Luft linderte nicht im Mindesten seine Atemnot. Würgend spuckte er Blut.

Großer Gott!, dachte er, jetzt *haben sich die Worte der Zwillinge erfüllt.* Stets hatten sie ihrem rothaarigen Waffengefährten solch ein Ende prophezeit. Ein gequältes Kichern brach über seine Lippen.

Der Boden drehte sich vor seinen Augen, schwankend, leicht vornübergebeugt stand er da. Wenn ihn Gevatter Tod schon zu sich holte, so wollte er wenigstens im Kreis seiner Kameraden sterben. Hustend wankte er vorwärts.

In Sorge um sein Weib und die Familie des Freundes hatte Johann von Sulzbach seinen Sohn nach Hause geschickt. Unbehelligt erreichte er den Milchmarkt. Der Weg vor ihm schien frei, doch als er einen der brennenden Bretterhaufen passierte, schälten sich drei bewaffnete Gestalten aus dem Rauch. Landolfs Herzschlag beschleunigte. Sie hielten ihre Messer drohend vor sich, teilten sich auf und bemühten sich, Landolfs Fluchtweg abzuschneiden.

»Sie an«, sagte der Landolf am nächsten Stehende. »Wen haben wir denn hier?« Siegesgewiss das Messer in seiner Hand auf und ab bewegend, näherte sich der Mann. Seine Kumpane, einer links, der andere hinter Landolf, rückten heran. Er schluckte, hielt seinen Knüppel abwehrbereit vor sich und versuchte verzweifelt, keinen der Männer aus den Augen zu verlieren. Quälend langsam verrann die Zeit, Schritt für Schritt wich er zurück.

Plötzlich eine Bewegung neben dem Wortführer und eine Gestalt im Waffenrock der markgräflichen Ritter stand mitten unter ihnen. Schimmernd pfiff eine Klinge durch die Luft, ein gellender Schrei und eine abgetrennte Hand klatschte vor Landolfs Füße.

Im selben Augenblick sprang der Ritter den beiden anderen entgegen, war in der nächsten Sekunde zwischen ihnen und so schnell, dass Landolf seinen Bewegungen nicht folgen konnte, lagen sie stöhnend auf den Pflastersteinen. Drohend langsam, wandte sich der Ritter dem ersten zu. Mit bebenden Lippen wich der am Boden rutschend zurück, dabei presste er den blutenden Armstumpf gegen seinen Leib.

»Hau ab!«, knurrte der Ritter, woraufhin der andere aufsprang und davonrannte.

»Feige Bande«, sagte der Ritter in verächtlichem Ton.

Landolf durchfuhr es wie ein Blitzschlag. *Diese Stimme!*

Jetzt wandte sich ihm der Ritter zu und Landolfs Rücken überzog eine Gänsehaut. Der gleiche Blick wie der des Pfauentritts, dasselbe schwarze Haar, nur der Bart und die vollen Wangen fehlten.

Der Ritter senkte sein Schwert, bedachte ihn mit einem forschen Blick, was Landolf weiter verwirrte und sagte: »Sieh zu, dass du verschwindest. Dieser Nacht sind Nürnbergs Straßen kein rechter Ort für einen Jungen wie dich.«

Bevor er etwas zu seinem Retter sagen konnte, wandte der sich ab und verschwand mit langen Schritten hinter den rauchenden Trümmern der nächsten Bretterbuden.

Der Aufruhr blieb hinter dem Kahn und seiner Besatzung zurück. Bis zum verabredeten Treffpunkt zwischen Haller Tor und der Kleinweidenmühle blieben sie unbehelligt. Die drei Ritter und des Gaylings Knechte hielten den Kahn in der Flussmitte, steuerten am verwaisten Nürnberger Saumarkt sowie an der Pfannenmühle vorbei und näherten sich rasch dem vor ihnen über die Pegnitz aufragenden, geschwungenen Mauerbogen der Stadtbefestigung. Das mächtige Fallgatter, welches bei Gefahr Angreifer daran hinderte über den Fluss in die Stadt einzudringen, fanden sie hochgezogen.

Mit der Streitmacht des Markgrafen und der bayerischen Herzöge innerhalb der Mauern, war mit einem Überfall ohnehin nicht zu rechnen. Teils finster, teils trübsinnig vor sich hin stierend, saßen die Ratsherren aneinandergebunden in der Mitte des Kahns. Seit der erfolgreichen Flucht des Herrn Tetzel hatte niemand von ihnen gewagt, ein Wort von sich zu geben. Die drohenden Blicke der Ritter scheuchten jeden Gedanken an einen weiteren Fluchtversuch aus ihren Köpfen. Manchen unter ihnen waren Fritz Steinberger von Gunzenhausen, Jörg Fuchs von Bimbach sowie Götz Holz von Jacksberg wohl bekannt. Und wem nicht persönlich, der erkannte doch die Wappen der mit Nürnberg in Fehde liegenden Landadeligen. Pankraz, der am Heck darauf achtete, dass der Kahn sich nicht drehte, las die Angst in den Zügen der Ratsherren. Eine gewisse Häme vermochte er sich nicht zu verkneifen. Keine Spur war von dem großherrlichen Getue, welches die feinen Herren sonst zur Schau stellten zu sehen.

Allein das beharrliche Schweigen ihrer sechs Entführer musste bedrohlich auf die Gefangenen wirken. Wenn er ehrlich zu sich war, gestand sich Pankraz ein, während ihr Kahn unter dem steinernen Bogen der Stadtbefestigung hervorglitt, würde er sich an der Ratsherren statt nicht anders verhalten. Trotzdem empfand er kein Mitleid. Seiner Meinung nach erhielt jeder dieser Pfeffersäcke weit weniger als er verdiente.

Sie näherten sich der vorher abgemachten Stelle, deren Uferböschung von einer Gruppe Weiden und Pappeln vor Blicken von der Stadtmauer und dem Haller Tor geschützt war. Nahe der Mauer war das Land auf weiter Fläche urbar oder diente der Bevölkerung als Weideland für ihr Vieh. Nur wenige, dafür ungeeignete Stellen an den Ufern des Flusses, waren von Menschenhand unberührt geblieben.

»Thomas, Veit!«, rief Pankraz und nachdem die Zwillinge sich zu ihm umgedreht hatten: »Haltet den Kahn nach rechts, dort auf die Bäume zu, so nah ans Ufer wie möglich.«

Wortlos folgten die Zwillinge der Anweisung. Die Ritter sahen dem Manöver zu und behielten die vorübergleitende Uferböschung im Blick. Dabei hielten sie ihre Armbrüste in den Händen.

Tiefhängende Äste der Weiden zwangen sie dazu, ihre Köpfe einzuziehen. Zufrieden stellte Pankraz fest, dass sie das ausladende Geäst der Bäume zum großen Teil verbarg. Lediglich von der anderen Flussseite aus, waren sie zu entdecken. Veit vertäute den Kahn an einem Ast, der knapp über die Bugreling ragte, dann kletterte er ans Ufer.

Götz Holz von Jacksberg stapfte zu ihren Gefangenen und überprüfte die Fesseln, indem er grob an den Armen der Ratsherren zerrte. Als einer von ihnen unter der rauen Prozedur aufstöhnte, klatschte ihm der Ritter seine behandschuhte Hand ins Gesicht. Mit einem Schmerzenslaut fiel der Gezüchtigte zur Seite. Die wutverzerrte Fratze des Götz erstickte jeden Protest der übrigen Ratsmitglieder. »Ich will keinen Laut hören, es sei denn es gelüstet die edlen Herren nach einem nassen Grab«, knurrte er.

Keiner der Ratsherren erwiderte etwas, ebenso sahen sie davon ab, den Ritter anzublicken. Pankraz verfolgte dies mit einer gewissen Erleichterung. Soweit er wusste, war Ekkelins Plan in dieser Nacht aufgegangen und sobald er und Migkenmockel zu ihnen stießen, ging es in Richtung Heimat. Ein sinnloses Gemetzel an ihrer Fracht, auch wenn Pankraz den Hass des Götz gegen die Pfeffersäcke nachempfinden konnte, würde den Zorn des Gayling auf sie alle heraufbeschwören.

Die Ratsherren indes, schienen sich keiner falschen Hoffnung zu ergeben. Wie zu Stein erstarrt, kauerten sie nebeneinander. Mürrisch wandte sich Götz Holz ab, kletterte schwerfällig von Bord, hangelte über zwei beindicke Äste zum Ufer und schlug dann am Rande des Buschwerks geräuschvoll sein Wasser ab. Thomas verließ nach einem fragenden Blick zu Pankraz, welchen er stumm bestätigte, ebenfalls den Kahn und begab sich zu seinem Bruder, der im Schatten des Dickichts selbst vom Fluss aus nicht mehr zu sehen war.

Jörg Fuchs von Bimbach, der bisher bei Fritz Steinberger am Bug gestanden hatte, kam in diesem Augenblick zu Pankraz ans Heck des Kahns, wo sie die Kiste mit den Losungsgeldern verstaut hatten. Er beachtete die verschreckten Ratsherren nicht, kniete neben der Kiste und lupfte den Deckel. Ein zufriedenes Grinsen stahl sich um seine Mundwinkel, als er hochblickte und zu Pankraz sagte: »Das war ein Streich, so ganz nach meinem Geschmack. Und wer hätte gedacht, dass uns ganz nebenbei einige der feinen Ratsherren zu Nürnberg mit ihrer Gesellschaft beehren. Die dürften uns einen einträglichen Gewinn einbringen. Meinst du nicht auch?«

Pankraz, der schon vor dem Überfall gewusst hatte, wie Ekkelin gedachte mit den Gefangenen zu verfahren, wich mit seiner Antwort aus: »Sollten wir mit derlei Reden nicht besser auf das Eintreffen meines Herrn warten?«

Jörg zog eine Augenbraue in die Höhe, wie er es stets tat, wenn er einen Verdacht hegte. Dann antwortete er: »Hätte ich mir denken können. Ekkelin, der alte Haudegen, wusste von vornherein, wer uns heute Abend in die Fänge gerät. Na, dann lass es gut sein, Pankraz. Gedulden wir uns eben bis Ekkelin auftaucht.«

Mit diesen Worten ließ er den Deckel der Kiste fallen, setzte sich darauf und behielt zusammen mit Pankraz die Gefangenen im Auge. Götz Holz von Jacksberg blieb ebenfalls an Land, während es sich Fritz Steinberger von Gunzenhausen im Bug des Bootes, so weit es ging, bequem machte.

Ab und an drangen die Geräusche des Aufruhrs über die nahe Mauer der Stadt zu ihnen herüber oder es ertönte der melancholische Ruf einer Eule. Ansonsten lag nächtliche Stille über dem Fluss und seinem Ufer. Das Warten zog sich in die Länge.

Jeder Schritt war ihm eine Qual. Vor seinen Augen verdichteten sich undurchsichtige Schleier und Migkenmockel war kaum in der Lage, seine Füße zu erkennen. Dunkel erinnerte er sich daran, dass er vorhin das Haller Tor gesehen hatte, jetzt wusste er nicht einmal, ob er sich überhaupt darauf zubewegte.

Immerhin bewegte er sich, zumindest glaubte er dies. Seinen Sturz registrierte er erst durch den dumpfen Aufprall auf das Pflaster. Er schlug mit der Stirn auf, feurige Punkte tanzten vor seinen Augen, doch holte ihn der Schmerz wenigstens ein wenig in diese Welt zurück. Sein Blick lichtete sich, das Haller Tor befand sich zwei Dutzend Schritte von ihm entfernt. Aber es hätte keinen Unterschied für ihn bedeutet, wären es zwei Meilen.

Mehr verwundert als bestürzt nahm er zur Kenntnis, dass er kaum Luft bekam, obwohl er atmetet.

Erfüllte sich doch noch der Wunsch des verfluchten Messerers, dachte Migkenmockel verzweifelt. Sehnsüchtig blickte er zum Tor. Drei, nein vier Gestalten bewegten sich dort, aber er sah sie nur verschwommen und sie schienen sich nicht für ihn zu interessieren.

Er versuchte zu rufen, aber mehr als ein klägliches Krächzen kam nicht über seine Lippen. Sinnlos, diesmal hatte er verspielt. Es wunderte ihn ein wenig, dass ihm dies ziemlich egal war. Er schloss die Augen und lauschte seinem schwächer werdenden Herzschlag. Wie lange noch, bis er aufhörte?

Plötzlich eine Berührung an seinem Arm. Jemand drehte ihn auf die Seite. Eine Stimme. Er verstand die Worte nicht, doch war er sich sicher, dass jemand zu ihm sprach. War es der Teufel, der ihn holte? Mühsam öffnete er die Augen, sie sahen die Konturen eines Gesichts. Die Stimme drang deutlicher zu ihm durch. Dann erkannte er, wer sich über ihn beugte.

»Herr«, flüsterte er. »Lasst mich, hat keinen Sinn.«

»Reiß dich zusammen, Mann«, herrschte Ekkelin. Seine Wangenmuskeln zuckten, ein feuchter Glanz schien über seinen Augen zu liegen. »Wenn du schon vorhast, wegen eines Kratzers zu verrecken, dann nicht in den Mauern dieser Stadt. Los, auf die Beine mit dir!«

Ekkelin umfasste seinen Brustkorb. Der durch seinen Körper zuckende Schmerz ließ Migkenmockel aufstöhnen, doch sein Ritter zwang ihn unerbittlich auf die Füße. Er fühlte den Arm, der ihn wie ein Schraubstock unter den Achseln fasste, dann bewegten sie sich vorwärts. Der Schmerz verlor sich in den Tiefen seines Bewusstseins.

Irgendwann vernahm er die wütende Stimme Ekkelins, der verlangte, endlich das Tor zu öffnen, wenn ihnen ihr Leben lieb wäre, und dass sie sich mit den Anweisungen eines gewissen Pfauentritts zum Teufel scheren könnten. Unbewusst registrierte er, wie es weiterging. Kreisrunde Dunkelheit bemächtigte sich seines Gesichtsfelds. Der stützende Griff Ekkelins schien sich zu verflüchtigen. Er hatte das Gefühl zu schweben, von dieser Welt und ihren Schmerzen fortgetragen zu werden. Für einen Moment befiel ihn unergründliche Erleichterung, dann verschluckte ihn Finsternis.

Pankraz schreckte hoch. Verwirrt registrierte er, dass ihn Jörg Fuchs an der Schulter rüttelte. »Horch, dort kommt wer!«, raunte der Ritter.

Er rieb sich den Schlaf aus den Augen. Nicht zu fassen, dass er eingenickt war. Angestrengt starrte er über die Reling in die Richtung, in die Jörg Fuchs deutete. Er sah nicht das Geringste. Plötzlich ertönte nahe beim Ufer der dreifache Ruf eines Käuzchens. Augenblicklich wurde dieser landeinwärts erwidert, dann war ein Mann, der eine schwere Last auf den Schultern trug, im verblassenden Mondlicht zu erkennen. Trotz des zusätzlichen Gewichts hielt er mit ausladenden Schritten auf ihr Versteck zu. Pankraz erkannte seinen Ritter. Doch was schleppte er da mit sich? Und wo war Migkenmockel? Jetzt verließen die Zwillinge den Schutz der Bäume und eilten dem Gayling entgegen. Götz Holz folgte, die schussbereite Armbrust in den Händen.

Fritz Steinberger starrte ebenfalls zu der sich nähernden Gestalt, dann rief er: »Potzblitz, er trägt jemanden ..«, wandte sich um zu Jörg Fuchs und Pankraz: »... gebt auf unsere Gäste Acht, nicht dass die auf dumme Gedanken kommen.« Damit setzte er über die Reling ans Ufer. Gedämpfte Stimmen, dann nahm Veit die Gestalt von Ekkelins Schultern. In diesem Moment fiel das Mondlicht auf den rot schimmernden Haarschopf des Reglosen.

Migkenmockel!, durchfuhr es Pankraz. Es fiel ihm schwer, sitzen zu bleiben, allein der Gedanke an die Ratsherren hielt ihn zurück.

Ekkelin sprach mit Götz, während Veit mit seiner Last zum Kahn kam. Thomas begleitete ihn. Jetzt legte Götz eine seiner Pranken tröstend auf Ekkelins Schulter. Die traurigen Gesichter der Zwillinge ließen das Schlimmste befürchten. Mit klopfendem Herzen half Pankraz dabei, den leblosen Körper über die Reling zu wuchten. Er fühlte nach dem Puls. Nichts. Dann sah er das Blut, entdeckte die Stichwunden und seine Augen füllten sich mit Tränen. Als er den Kopf hob und zu Veit blickte, erkannte er, dass dieser nur mit Mühe seine Trauer unterdrückte. Mit aufeinandergepressten Zähnen schüttelte er den Kopf. Thomas stand dahinter, seine Züge ebenso von Schmerz entstellt, doch gesellte sich mehr und mehr Wut hinzu, als sein Blick auf die Ratsherren fiel. Jörg Fuchs trat heran, warf einen wehmütigen Blick auf Migkenmockel. Der Bolzen in seiner gespannten Armbrust indes, zielte auf die Gruppe der Ehrbaren.

Jetzt erreichten Ekkelin und Götz Holz das Ufer. Gaylings markgräflicher Waffenrock war blutdurchtränkt. Pankraz suchte den Blick seines Herrn. Auch in dessen Augen glänzte es feucht. Trotz aller Unkenrufe hatte er niemals geglaubt, dass Migkenmockel auf diese Weise enden würde. Ausgerechnet in dieser Nacht, in der bisher alles glatt verlaufen war. Er hätte schreien mögen, doch als er in Ekkelins Gesicht blickte, schien ihm, als wäre der Tod des Kameraden beileibe nicht die einzige schlechte Neuigkeit.

In seinen Zügen lag eine Verbitterung, wie er sie bisher noch nie bei ihm gesehen hatte. Mit steinerner Miene sagte der Ritter: »Pankraz, Veit, Thomas! Bewacht unsere Gäste. Ihr anderen ..«, damit wandte er sich an die drei Ritter, »... lasst uns ein Stück beiseite gehen. Ich habe mit Euch zu reden ...«, sein unheilvoller Blick verhielt dabei auf den Ehrbaren, als er schloss, »... über das weitere Schicksal dieser Pfeffersäcke.« Damit wandte er sich ab und schritt in den Schatten der Bäume. Die drei Ritter sahen sich kurz an und folgten wortlos.

»Gott, steh uns bei – Ekkelin Gayling«, wisperte einer der Gefesselten, als die Ritter zwischen Bäumen und Buschwerk verschwunden waren. Niemand antwortete und so senkte sich abermals eine vor Spannung geladene Stille über das Deck.

Nur schemenhaft, waren die Ritter in dem schattigen Dunkel auszumachen. Hin und wieder trug der Wind einige Wortfetzen zum Kahn hinüber. Pankraz wurde die Zeit lang und Thomas meinte, dass sie besser aufbrechen sollten, als die Ritter endlich zurückkehrten. Die Miene Jacksbergs zeichnete deutlicher Unmut, die Gesichter

Jörgs und Fritz Steinbergers verrieten hingegen keine Gefühlsregung. Wortlos kletterten sie hinter Ekkelin an Bord. Ein erster Streifen blassen Graus leuchtete über die Mauern der Stadt, kündete vom Tagesanbruch. Veit löste das Tau. Thomas und Pankraz ergriffen die Stäbe und stakten den Kahn vom Ufer fort.

Während sich die Knechte ins Zeug legten, beugte sich Ekkelin zu dem ihm an nächsten sitzenden Ratsherrn, durchtrennte mit dem Dolch dessen Handgelenkfesseln, stieß ihn mit der Stiefelspitze an und sagte: »Herr Ebner. Darf ich darum bitten, dass Ihr Euren Mantel ablegt und ihn mir überlasst.«

Gottfried Ebner zögerte nicht, der Bitte nachzukommen. Ekkelin nahm den Mantel entgegen, warf daraufhin einen langen Blick über die Gefangenen und sagte: »Ich sehe viele bekannte Gesichter. Seid gegrüßt, ihr Herren Volckamer, Nützel, Holzschuher und Hirschvogel, ja auch Ihr, mein Freund Mendel. Damit sich niemandes Zustand verschlechtert, bitte ich Euch, den Mund zu halten. Ich bedarf Eures verlogenen Geschwätzes ebenso wenig, wie mich nach Eurer Gesellschaft gelüstet.«

Trotz des freundlichen Tonfalls entging den Ratsherren keineswegs die Drohung, die darin mitschwang. Niemand wagte, dem Gayling in die Augen zu schauen. Zufrieden wandte sich Ekkelin ab, band Gottfried Ebner wieder die Hände zusammen, nahm den Mantel und stieg nach vorne, wo er neben der Gestalt des Migkenmockels niederkniete.

»Gottes Segen für dich, mein Freund. Wir werden dich vermissen. Vor allem aber, wird uns dein Humor fehlen«, sagte er, breitete den schweren Mantel über den toten Gefährten, strich ihm behutsam eine widerspenstige Haarlocke aus dem Gesicht, bevor er auch das mit dem Mantel bedeckte.

Derweil übernahm Götz Holz von Jacksberg stillschweigend die Bewachung ihrer Gefangenen. Wieder senkte sich drückendes Schweigen über die Männer, als sie nach kurzer Zeit die Kleinweidenmühle hinter sich ließen und im heller werdenden Tageslicht zwischen den beiden Großweidenmühlen, links und rechts des Flusses, hindurchglitten.

Mit banger Erwartung blickte Pankraz dem ausstehenden Bericht seines Herrn über die Ereignisse in der Stadt entgegen. Was immer dort vorgefallen war, ihn plagte die untrügliche Ahnung, dass die Folgen wenig Erbauliches für sie versprachen.

Die Brüder Weypprecht, Conrad, unter Freunden Cuntz gerufen, Dietrich und Hermann von Bernheim begleiteten Wolf von Wurmstein zu dem Treffpunkt an den Ufern der Regnitz, eine halbe Meile nördlich vor den Toren Erlangens. Sie führten sieben zusätzliche, aber gesattelte Pferde mit sich. So bildete der Tross aus fünf gewappneten Rittern und ihrer kleinen Herde Reittiere eine nicht zu übersehende Streitmacht. Auf ihrem Weg von Uffenheim, nahe Würzburgs, bis zu den Ausläufern der fränkischen Alb, waren die fahrenden Händler und Gaukler, die ihnen begegneten, meist großräumig ausgewichen. Ritter zählten in diesen Zeiten zu den wenig gern gesehenen Leuten. Selbst der Schankwirt, bei dem die müden und verstaubten Ritter im Morgengrauen nach einer Stärkung verlangten, starrte ungläubig auf die Münzen, die ihm von Hermann in die Hand gedrückt worden waren. Sicher hatte er mit allem gerechnet, nur nicht damit.

Zwei Stunden später gelangten sie reitend durch die Furt nahe der Stadt Forchheim , ans jenseitige Regnitzufer. Sich flussaufwärts haltend, ließen sie Forchheim linker Hand hinter sich zurück. Kurz bevor die Sonne im Zenit stand, verließen die Bernheims und Wolf von Wurmstein die Straße, die hier eine Gewende (260-280 Meter) vom Fluss entfernt verlief. Bald darauf erreichten sie den bezeichneten Treffpunkt. Von Ekkelin und seinen Begleitern war nichts zu sehen, und so versorgten sie die Tiere und richteten ein Lager im Schatten einiger Kastanienbäume her. Sie hatten keine Kunde darüber erhalten, ob der Streich zu Nürnberg erfolgreich verlaufen, noch wie es um den Ausgang des Aufstands bestellt war. Dementsprechend fieberten sie dem Erscheinen des Kahns entgegen.

Gemächlich trieb das Gefährt flussabwärts. Der Wasserstand war hoch genug, sodass die Knechte nicht befürchten mussten, aufzulaufen. Über den Wipfeln der Bäume in Ufernähe hinweg, war der Rathausturm der Stadt Fürth aufgetaucht und bald darauf mündete die Pegnitz in die nach Norden zum Main hinstrebende Regnitz.

»Landet dort am Ufer an«, gebot Ekkelin, dabei zu einer Stelle mit flacher Uferböschung deutend. Dann zog er sein Schwert und die anderen Ritter folgten seinem Beispiel, während sich der Bug des Kahns zur gezeigten Stelle hin ausrichtete. Die Ratsherren warfen sich bedeutungsvolle Blicke zu. Sie schienen zu ahnen, dass ihnen dieses Manöver galt. Dennoch wagte niemand, das Wort an ihre Entführer zu richten.

Knirschend setzte der Kiel auf den sandigen Grund. Pankraz legte sich mit seinem ganzen Gewicht in die Stange und drückte das Heck zum Ufer. Anschließend hielt er gemeinsam mit Thomas und Veit den Kahn in seiner Position.

Götz spannte seine Armbrust. Fritz Steinberger und Ekkelin durchtrennten derweil die Fußfesseln ihrer Geiseln. Sichtlich nervös ließen die Ratsherren die nicht sanft zu nennende Prozedur über sich ergehen. Nur Freiherr von Ebner blickte ängstlich von einem Ritter zum anderen. Niemand wandte sich seinen Fesseln zu.

»Da Ihr so freundlich wart, uns mit Eurem Mantel auszuhelfen, bleibt Euch unsere Gastfreundschaft noch eine Weile erhalten«, erläuterte Ekkelin, nachdem er dessen sorgenvollen Gesichtsausdruck bemerkt hatte. Dann wandte er sich an die übrigen Patrizier: »Ihr, meine Herren, sollt zur Ehre meines gefallenen Knechts Gnade erfahren.« Seine Miene schien dabei aus Granit gemeißelt, der Mund war ein harter Schlitz und sein Blick kalt. Er musterte die Gefangenen mit vor der Brust verschränkten Armen.

»Helft unseren Gästen an Land«, wandte sich Ekkelin an Götz, Jörg und Fritz. Einer nach dem anderen kletterten die Ratsherren über die Reling an Land. Die Ritter folgten ihnen wortlos. Am Ufer bildeten sie einen Halbkreis um ihre Gefangenen. Ängstlich schauten die Ratsherren von einem der Ritter zum anderen. Ihre Unsicherheit wuchs, als Ekkelin sein Schwert über den Kopf hob und mit dieser drohenden Geste fortfuhr: »Entledigt Euch Eurer Kleider.«

Mit flackernden Blicken sahen sich die Ehrbaren an und zuckten erschrocken zusammen, als auch die drei anderen Ritter ihre Waffen gegen sie richteten.

»Ich zähle bis drei«, klirrte Ekkelins Stimme. »Wer sich dann noch nicht anschickt, die Kleider abzulegen, stirbt durch meine Hand oder die meiner Gefährten.«

Nun zögerte keiner mehr. So schnell es ihnen die taub gewordenen Glieder erlaubten, entledigten sich verschämt ihrer Kleidung. Regungslos warteten die Ritter, bis die Gefangenen splitternackt vor ihnen standen. »Nach Fürth ist es nicht weit«, sagte Ekkelin. Pankraz und die Zwillinge stießen den Kahn vom Ufer ab. »Sicher werdet ihr dort auf barmherzige Seelen treffen, die sich Eurer annehmen.« Mit diesen Worten wandte er sich ab und begab sich zum Bug. Langsam nahm das Gefährt von der Strömung getragen neuerliche Fahrt auf. »Wir hätten sie wenigstens zeichnen sollen«, hörten die Ratsherren Götz Holz von Jacksberg murren.

Während der Weiterfahrt verfielen Ritter und Knechte wieder in jenes, schon den größten Teil der Strecke andauernde Schweigen. Eine Gruppe Bauern sah dem Kahn mit der bedrohlichen Besatzung in der Arbeit innehaltend nach, jederzeit zur Flucht bereit. Doch nachdem das Gefährt, ohne beizudrehen, an ihnen vorüberzog, verloren sie das Interesse. In der Ferne, vor den Erhebungen der Frankenalb, tauchten die Türme Erlangens auf.

Seit sie die Ratsherren an Land gesetzt hatten, starrte Ekkelin mit finsterer Miene vor sich auf den Fluss. Götz Holz von Jacksberg schärfte sein Schwert mit wenig Begeisterung, Jörg Fuchs von Bimbach döste auf dem Rücken liegend unter der wärmenden Sonne und Fritz Steinberger von Gunzenhausen flickte mit groben Stichen seine zerrissenen Beinkleider. Pankraz, Veit und Thomas hielten den

Kahn in der mäßigen Strömung. Lange genug waren sie an der Seite ihres Herrn geritten, um zu wissen, dass sie den Gayling besser nicht ansprachen, wenn er dieser Laune war.

Plötzlich erhob sich Ekkelin, schüttelte Jörg Fuchs sachte an der Schulter. »Wir sind bald an der verabredeten Stelle«, sagte er. Den anderen Rittern nickte er zu und an seine drei Knechte gewandt, sagte er: »Seht ihr die Insel – etwa eine halbe Meile voraus? Auf gleicher Höhe am rechten Ufer erwarten uns Wolf von Wurmstein und die Brüder von Bernheim mit Pferden und Proviant.«

Die Nachricht von Migkenmockels Tod trübte die Wiedersehensfreude. Jeder von ihnen hatte den Waffenknecht geschätzt. Trotz des Schattens, der durch Migkenmockel Tod auf dem Unterfangen lag, blieb Wolf und den Bernheims nicht verborgen, dass noch etwas nicht stimmte. Pankraz antwortete auf Wurmsteins fragenden Blick mit einem Schulterzucken. Dann wuchtete er gemeinsam mit Veit und Thomas die Kiste mit den Losungsgeldern an Land und half, den Kahn in den Fluss zu schieben.

Später, als sich die Ritter um ihre Beute versammelt hatten, brach Ekkelin sein Schweigen: »Bevor wir das Diebesgut aufteilen, will ich euch etwas kundtun.«

Gespannte Blicke richteten sich auf ihn. Götz Holz schnaufte hörbar aus, als er sagte: »Wird auch allmählich Zeit. Spuck schon aus, worüber du die ganze Zeit brütest.«

Ekkelin lächelte wehmütig. »Wir haben gewonnen, meine Freunde – und ebenso verloren.«

Bedeutungsschwanger ließ er seinen Blick über die Gesichter der Gefährten wandern, dann berichtete er, was sich im Fünfeckturm zu Nürnberg zugetragen hatte. »Der Markgraf bewahrte die Hohenzollern vor meiner Rache ...«, sagte er, wobei er die Faust seines Schwertarmes ballte. »Er bot ihnen gar ein Bündnis an, entgegen seiner Vereinbarung mit den Verschworenen.« Mit jedem Wort wurde die Stimme Ekkelins eisiger. Gepresst stieß er hervor: »Ich habe mich getäuscht. Meine Idee war vermessen, die Wunschgedanken eines blinden Tors. Markgraf Ludwig ist nicht besser als seinesgleichen, auch ihm geht es allein um Macht. Dem Teufel reichten diese Herren ihre Hand, wenn er ihren Plänen dienlich wäre.«

»Warum hast du nicht das ganze Pack erschlagen, einschließlich des Markgrafen?«, knurrte Götz, den anderen das Wort aus dem Munde nehmend.

Eine, in der erwartungsvollen Stille unerträglich lange scheinende Zeit entgegnete Ekkelin nichts. Dann endlich hob er den Blick, zogen die unergründlichen schwarzen Augen Götz in ihren Bann und er erwiderte: »Womöglich wäre dies tatsächlich besser gewesen ...«, er verstummte, sein Blick suchte Migkenmockel, der in den Mantel gewickelt bei den Pferden lag. »Vor einigen Monaten, als wir König Karl in unsere Gewalt bringen wollten, bekam ich von Migkenmockel ähnliche Worte zu hören. Und so, wie ich ihm damals antwortete, sage ich nun zu euch, dass wir nicht gewinnen, indem wir Könige, Markgrafen oder Herzöge morden. Gedenkt Eurem Schwur zur Ritterweihe. Erzogen und im Kampf geübt, um bedingungslos für Kaiser und Reich zu streiten. Wie kann ich es mir da anmaßen, einen Anwärter auf die Kaiserkrone zu richten? Dies wäre ebenso vermessen wie wir es für vermessen erachten, dass einfache Krämerseelen sich in den Stand des Adels erheben, sich vom Erlös ihres Schacherns Rechte und Pfründe erschleichen.«

Die Ritter nickten betroffen. Lange schon kannten sie die Ansichten Ekkelins.

»Gut«, sagte Götz. »Was aber schert uns dieses Bündnis zwischen Ludwig und den Burggrafen?«

Ekkelin grinste, dass es aussah, als fletsche er die Zähne: »Nichts ändert sich für uns und unsere Nachkommen. Mir fallen diese Worte schwer, doch ich sehe, dass unsere Sache mit Konrad von Schlüsselberg auf Neideck starb.«

Ernst blickte er den Waffenbrüdern in die steinernen Gesichter, dann fuhr er fort: »Der fortwährende Streit um die Kaiserfrage und der Aufstand zu Nürnberg ließen mich bis zu dieser Nacht hoffen, dass nicht alles verloren sei, aber ich habe geirrt.

Wollen wir nicht unserer verbliebenen Rechte enthoben und für vogelfrei erklärt werden, bleibt uns nichts anderes, als weiterhin unseren Lehnseid zu erfüllen. Warten wir also ab, zu wessen Gunsten sich die Kaiserfrage im Reich entscheidet. Ob sich Ludwig nach einer möglichen Krönung an sein Versprechen erinnert, werden wir dann erfahren. Kehrt heim auf eure Ländereien – und gedenkt, wenn es Not tut, an unser Bündnis, welches wir bei unserem Blut geschworen haben.«

Auffordernd sah er in die Runde. Die Ritter schienen über das Gehörte nachzudenken. Es war dann ausgerechnet Götz Holz von Jacksberg, der das Schweigen brach: »Wohlan denn, Ekkelin Gayling. Nimm's mir übel oder nicht, ich gab nie viel auf den Plan, gleichwohl ich unserem Bund stets treu zur Seite stand. Ruft nach mir, wenn ihr meines Schwertes bedürft, jetzt lasst uns aber die verdammte Beute aufteilen und dann voneinander Abschied nehmen.«

Ekkelin nickte: »Dein Wunsch soll erfüllt werden, Götz. Und ihr anderen, seid ihr der gleichen Meinung?«

Niemand hatte etwas einzuwenden und so gingen die Ritter endlich daran, die Losungsgelder aufzuteilen. Pankraz, Thomas und Veit erhielten den gleichen Anteil wie die Ritter. Neben Götz Holz von Jacksberg verabschiedete sich auch Fritz Steinberger von Gunzenhausen und nachdem sie sich feierlich die Hände gereicht hatten, ritten die beiden auf ihren schwer beladenen Gäulen gen Süden.

Jörg Fuchs, dessen Lehen und Stammsitz sich unweit der Stadt Pegnitz befand, nahm die Einladung Ekkelins gerne an, kommende Nacht auf Dramaus zu verbringen. Die Gebrüder von Bernheim sowie Wolf von Wurmstein, hatten von vornherein nichts anderes im Sinn gehabt, als den Gayling zu seiner Veste zu begleiten. Auf die Frage, wie er gedachte mit Gottfried Ebner zu verfahren, antwortete Ekkelin, fürs Erste genug von den Pfeffersäcken zu haben und man solle ihn laufen lassen. Bevor die Ritter und Knechte aufbrachen, zwangen sie Ebner dazu, sich von seiner Kleidung zu trennen. Anschließend schlugen sie ihn mit den flachen Schwert-klingen klatschend auf die Arschbacken, bis die weiße Haut unter den Hieben rot leuchtete. Ekkelin und seine Knechte sahen dem Geschehen mit teilnahmslosen Gesichtern zu, saßen stoisch in den Sätteln und warteten, bis die Gefährten genug hatten.

Auf Ersuchen Rudolf Haubenschmidts, unterstellte Markgraf Lud-wig von Brandenburg zwei Dutzend seiner Ritter dem Befehl der neuen Ratsherren, um die mühsam errungene, aber trügerische, Ruhe in den Straßen zu sichern. Dabei verfuhren sie nicht zimper-lich, doch mit dem Erfolg, dass nach dem Mittagsgeläut Kinder und Frauen vermochten, ihre Häuser wieder gefahrlos zu verlassen. Ludwig hatte sich als Gegenleistung ausbedungen, dass den in der Stadt verbliebenen Mitgliedern des alten Rates nicht weiter nach-gestellt werden dürfe und Plünderern ab sofort der Prozess gemacht werden würde. Rudolf gab sein Einverständnis. Damit zufrieden, kündigte sich der Markgraf für die frühen Abendstunden mit seinen Brüdern und seinem Gefolge im Rathaus an.

Jedem war klar, dass der Markgraf bei dieser Gelegenheit von den frischgebackenen Ratsherren den Treueeid erwarten würde. Fieberhaft bereiteten sie den großen Ratssaal für den fürstlichen Besuch vor und bemühten sich nach Kräften, ihren Anhängern einzubläuen, was mit diesem Empfang auf dem Spiel stand. Nur, wenn der Markgraf und seine Brüder sie in Amt und Würden anerkannten, sie in den bestehenden Rechten und Pflichten der Stadtherren bestätigten und unter ihren Schutz stellten, hatte ihr Unterfangen für die Zukunft eine Aussicht auf Erfolg. Selbst daran, einen Boten zu den Burggrafen zu schicken, um den Hohenzollern Ehrerbietung und den Wunsch auf ein einträgliches Miteinander zu bestellen, dachte der Harnischmacher..

Inzwischen waren die Herren Turbrech, Rother, Maurer und Stromer eingetroffen und hatten ihre angestammten Plätze im neuen Rat eingenommen. Wie selbstverständlich, hatte sich die Wahl Rudolf Haubenschmidts und seines Bruders Farfried zu den ersten Bürgermeistern vollzogen. Bei ihrer Nominierung erhob sich kein einziger Einspruch. Als engste Berater in Wirtschafts- und Rechtsangelegenheiten standen ihnen Ulrich Stromer und Kuno Rother zur Seite. Die übrigen Sitze des kleinen Rates, der nach getreuem Vorbild des alten Rates gebildet wurde, waren erstaunlich rasch unter den Handwerksmeistern und ersten Bürgern aufgeteilt.

Trotz der sich überschlagenden Ereignisse, hielt sich eine Sache in aller Munde: Der Verbleib des Pfauentritts. Wo steckte der Mann, der diesen durchschlagenden Erfolg im Grunde erst ermöglicht hatte? Auch von seinem getreuen Migkenmockel fehlte jede Spur. Kurz vor dem Eintreffen Ludwigs und seiner Brüder gesellte sich ein weiteres Gerücht zu den Mutmaßungen über das Verschwinden des Pfauentritts. Die Fleischer, unter deren Schutz sich Ratsherr Jörg Tetzel begeben hatte, bezichtigten die Verschworenen, die flüchtenden Ratsherren von gedungenen Rittern mit Waffengewalt festgenommen und mit einem Kahn aus der Stadt verschleppt haben zu lassen. Angeblich hatten die Ratsherren die vermissten Losungsgelder mit sich geführt.

Ekkelin Gayling und seine Begleiter legten die erste Stunde nach ihrem Aufbruch schweigend zurück. Die meiste Zeit über ließen sie die Tiere im schonenden Schritt gehen. Nur hin und wieder verfielen sie für ein kurzes Stück in leichten Trab. Sie ließen Erlangen hinter sich, ohne einem Menschen zu begegnen. Bewusst mieden sie die Fernstraße, benutzten nur wenig bekannte Pfade, oder ritten querfeldein. Sie umritten die Ortschaft Effeltrich in einen großzügigen Bogen.

Am Ende der ersten langen Steigung durch dichten Wald, die sie ins Gebirge geführt hatte, lenkte Wolf von Wurmstein sein Pferd neben Ekkelin an die Spitze ihres Zuges. Nebeneinander verließen sie den Schatten der Bäume und überquerten gemächlich die grasbewachsene Hochfläche. Die Sonne neigte sich dem Horizont entgegen. Pferde und Reiter warfen lange Schatten.

»Gedenkst du durchzureiten oder suchen wir einen Rastplatz für die Nacht?«, brach Wolf das Schweigen.

»Die Tiere halten bei dieser Gangart noch stundenlang durch«, erwiderte Ekkelin. »Wir rasten erst auf Dramaus.«

Wolf runzelte die Stirn. »Nicht, dass ich klagen möchte, aber verrätst du mir den Grund für deine Eile?«

Ekkelin warf einen Blick über die Schulter zu Migkenmockel, der, auf dem Rücken seines Pferdes auf dem Sattel festgebunden, bei jedem Schritt des Tieres schwankte. »Er soll nicht mehr lange auf sein Begräbnis warten müssen«, sagte er. »Es sei denn, dein schmerzender Steiß zwingt dich aus dem Sattel.«

Wolf lachte. »Das will ich überhört haben«, sagte er. »Aber ich versteh dich und ich sage: Recht hast du. Wenigstens das sind wir dem treuen Migkenmockel schuldig. Allerdings würde mich interessieren, wie viele Kinder er gestern Nacht zu Halbwaisen gemacht hat.«

Über Ekkelins Mundwinkel huschte ein Lächeln, dann erwiderte er: »Das, so fürchte ich, wird sein Geheimnis bleiben. Da aber keines der Früchte seiner Fleischeslust ihn je zu Gesicht bekommen haben dürfte, werden sie ihn wenigstens nicht vermissen.«

»Wohl wahr«, grunzte Wolf. Wieder legten sie ein Stück des Weges schweigend zurück. Dann begann Wolf erneut: »Außerdem gibt es da einen weiteren Grund, der Eile nahelegt.«

Ekkelin drehte den Kopf und sah Wolf fragend an. »Ist das ein Geheimnis, oder warum sprichst du nicht weiter?«

Wolf lächelte verschmitzt und mit glänzenden Augen erwiderte er liebevoll den Blick Ekkelins. »Nein, mein Sohn. Kein Geheimnis. Ich schätze, du und deine Knechte, ihr seid die Einzigen, denen die frohe Kunde bisher entgangen ist.« Dann wandte er seinen Blick zu Migkenmockel und sagte: »Wo Schatten ist, dort ist auch Licht. Nichts könnte diese Worte je trefflicher verdeutlichen. Dein Weib ist schwanger, mein Sohn. Eure letzte Zusammenkunft war gesegnet.« Strahlend verstummte er und lachte Ekkelin lautlos ins Gesicht.

Dem hatte es die Sprache verschlagen und er starrte mit offenem Mund zurück. Das Wechselbad der Gefühle stand ihm in den Augen geschrieben, dann obsiegte die Freude und er riss sein Pferd jäh am Zügel. Protestierend schnaubend blieb es stehen, doch Ekkelin achtete nicht darauf. Lachend beugte er sich zu Wolf herüber, umarmte ungestüm den so Überraschten, drückte ihm einen Kuss auf die stoppelige Wange und gab ihn mit den Worten frei: »Wahrlich, allem Ungemach zum Trotz, eine größere Freude hättest du mir nicht bereiten können.«

»Sieh an, er hat's ihm endlich gesagt«, ließ sich Hermann vernehmen. Er, seine Brüder und die Knechte, hatten inzwischen zu ihnen aufgeschlossen. Jörg Fuchs von Bimbach schob sein Ross als letzter zwischen die Gefährten. Einer nach dem anderen klopften Ekkelin herzlich auf die Schulter.

»Hättest du nicht den Mund halten können, alter Mann!«, sagte Weypprecht mit tadelndem Tonfall zu Wurmstein. »Jetzt, wo er endlich weiß, dass er wieder Vater wird, ist es mit einem beschaulichen Ritt bestimmt vorbei«, schob er lachend nach.

»Mal den Teufel nicht an die Wand«, mahnte Cuntz ausgelassen und erntete dafür lautstarkes Gelächter von seinen Brüdern.

Die plötzliche Fröhlichkeit griff auf Ekkelin über und schallend fiel er in das Gelächter mit ein. Schließlich hob er eine Hand und sagte: »Genug, Freunde. Da ihr davon gewusst habt, hoffe ich doch, dass ihr heruntergekommenen Strauchdiebe wenigstens an einen Schlauch Wein gedacht habt.«

»Ja, was denkst du denn?«, erwiderte Hermann fröhlich. »Allein die Anspielung ist schon eine Beleidigung. Aber diesmal sei dir verziehen. Hier, Schwager, trink! Auf dass es ein Sohn wird!«. Mit den letzten Worten zog er einen prall gefüllten Weinschlauch aus einer Packtasche, den er Ekkelin reichte.

Der Ritter öffnete den Verschluss, hob den Schlauch in die Höhe und sagte: »Und auf euch, meine Getreuen. Möge mein Spross später mit ebensolchen Freunden gesegnet sein!«

Anschließend reichte er den Wein an Wurmstein weiter. Zweimal machte der Schlauch seine Runde, dann hatten ihn die Männer geleert.

»Und jetzt?«, wandte sich Dietrich von Bernheim an Ekkelin. »Reiten wir im wilden Galopp bis nach Dramaus, oder was?«

»Mitnichten«, winkte Ekkelin ab. »In der Tat kann ich kaum erwarten, mein Weib in die Arme zu schließen, trotzdem behalten wir das Tempo bei. Jetzt kommt. Fürs erste ist genug gefeiert.«

Weiterhin in gemächlichem Schritt, doch bedeutend redseliger, setzten die Gefährten ihren Weg fort. Cuntz und Hermann gesellten sich zu Jörg Fuchs und den Knechten. Sie waren begierig darauf, zu hören, wie es bei dem Raub zugegangen war. Pankraz tat ihnen den Gefallen und schilderte den Hergang des bestandenen Abenteuers in allen Einzelheiten. Dabei erhielt er wortreiche Unterstützung von Veit, der es trefflich verstand, die blutigen Details des Kampfes eindrucksvoll darzulegen. Weypprecht und Dietrich schlossen zu Ekkelin und Wolf auf. Eine Weile sagte keiner von ihnen etwas, stattdessen lauschten sie den Knechten. Außer Jörg Fuchs, der an dem Raubzug maßgeblich beteiligt war, hörten sie diese Geschichte zum ersten Mal.

Erst als Pankraz mit seinem Bericht an die Stelle gelangte, an der sie wohlbehalten auf dem Kahn dem Tumult den Rücken kehrten, wandte sich Dietrich an Ekkelin: »Was sind jetzt deine Pläne? Trotz der vereitelten Genugtuung an den Hohenzollern, war das ganze Unterfangen doch ein voller Erfolg. Warum kehrst du nicht nach Nürnberg zurück, um als Pfauentritt den Lohn deiner Mühen zu kassieren?«

»Nein«, entgegnete Ekkelin. »Ich bin fertig mit der Stadt, der bürgerliche Hans Pfauentritt existiert seit letzter Nacht nicht mehr.«

»Nimm's uns nicht krumm, aber in diesem Punkt verstehen wir dich nicht«, meldete sich Weypprecht zu Wort. »Warum wirfst du eine Gans weg, wenn sie noch goldene Eier legt?«

Ekkelin grinste. Er hatte mit dem Einwand gerechnet. Wurmstein hatte vor einiger Zeit ähnlich gesprochen und die Gründe waren durchaus nachvollziehbar. Dem Pfauentritt stünde jetzt, nach dem erfolgreichen Umsturz, ein Platz im kleinen Rat zu Nürnberg zu. Allein die Vorstellung von Einfluss und Macht, die damit einhergingen, musste Lehnsmännern wie Weypprecht und seinen Brüdern wie der Himmel auf Erden erscheinen.

Ekkelin bedachte Weypprecht mit einem nachsichtigen Blick und sagte: »Für die Verschworenen ist Ekkelin Gayling ein Name ohne Gesicht. Ein Placker, den die Hohenzollern hassen, die Pfeffersäcke fürchten und der ansonsten mit den einfachen Leuten nichts zu schaffen hat. Es bedurfte nicht viel, damit sie mir den Pfauentritt abkauften. Den Burggrafen allerdings, ebenso einer großen Zahl der vertriebenen Ehrbaren, bin ich wohl vertraut. Bislang vermochte ich diesen Personen aus dem Weg zu gehen, wenn sie die Verhandlungen mit den Verschworenen führten – schließlich durfte ich ja auch Konrad von Heideck nicht gegenübertreten. Trotz meiner Maskerade hätte er mich erkannt. Als Mitglied des Rates wäre solch ein Versteckspiel unmöglich und früher oder später würde meine Verkleidung auffliegen.« Ekkelin verstummte, zügelte sein Pferd und blickte den Gefährten nacheinander in die Gesichter. »Reicht diese Erklärung aus? Seid ihr damit zufrieden?«

»Wir waren nie unzufrieden, Schwager«, versicherte Hermann. Dann grinste er, klopfte mit der flachen Hand auf die prall gefüllten Beutel, die an seinem Sattel befestigt waren, und fügte an: »Ohne dich hatten wir nie einen derartigen Fang gemacht. Du schuldest uns keine Erklärung. Du entscheidest. Für uns war der Gedanke einfach zu verlockend, dass wir auch zukünftig einen Teil der Losungsgelder erhalten könnten. Für sicheres Geleit der Handelszüge, gewissermaßen.« Entwaffnend breitete Hermann die Arme aus, während seine Brüder ihre Zustimmung murmelten.

Ekkelin schmunzelte und vergnügt mit den Augen zwinkernd, entgegnete er: »Ich würde sagen, dass wir unter den gegebenen Umständen nicht länger für die Sicherheit der Warenzüge der Pfeffersäcke garantieren können. Meint ihr nicht auch?«

Lachend stimmten die anderen zu. Damit war das Thema erledigt und sie setzten ihren Weg in die einbrechende Nacht fort. Die zunehmende Dunkelheit erforderte ihre erhöhte Aufmerksamkeit, sodass die Männer alsbald wieder in Schweigen verfielen, woran sich in den nächsten vier Stunden nichts änderte. Die sternenklare Nacht erlaubte gute Sicht und ausgenommen gelegentlicher Geräusche nachtaktiver Tiere im Unterholz, begegnete ihnen keine Seele.

Nachdem sie den steilen Abstieg von der Höhe in das Trubbachtal bewältigt hatten, entschied Ekkelin, den restlichen Weg auf der Straße zurückzulegen. Dass etwaige Verfolger in dieser Gegend nach ihnen suchten, war auszuschließen und auf der Straße kamen sie schneller voran. Trotzdem galt es, auf der Hut zu sein. Darum bildeten Ekkelin, der das Pferd mit Migkenmockel an der Leine führte, und Jörg Fuchs die Vorhut. Falls sie auf irgendwelche Wegelagerer trafen, ritt auf diese Weise nicht die ganze Gruppe in einen Hinterhalt.

Dass ihnen diese Entscheidung beinahe zum Verhängnis wurde, zeigte sich nur wenige Meilen später. Ekkelin und Jörg Fuchs hatten ihre Gefährten mittlerweile aus den Augen verloren. Die Beschaffenheit des Weges, der in diesem Abschnitt kurvenreich zwischen Felsen und Baumgruppen zur nächsten Hochfläche führte, erlaubte einen nur kurzen Blick zurück.

Gegen Ende der mäßigen Steigung zeigte sich Ekkelins Pferd beunruhigt. Nervös schnaubte es und gehorchte nur widerwillig dem Befehl des Reiters. Jörgs Gaul scheute, das Pferd Migkenmockels bockte gar, wieherte schrill, sprang einen Satz nach vorne, sodass Ekkelin die Leine fallen ließ und zum Schwertgriff langte. Jörg Fuchs zog ebenfalls blank. Etwas zischte am Gesicht Ekkelins vorbei, dann ragte der Schaft eines Armbrustbolzens aus Migkenmockel Rücken. Dessen Pferd verlor vollends die Nerven, keilte aus, drängte Ekkelins Tier zur Seite und bewahrte so den Ritter vor dem zweiten Bolzen, der ihn nur knapp verfehlte. Jörg Fuchs stieß in diesem Moment seinem Ross die Sporen in die Flanken und preschte an Ekkelin vorbei, den der scheuende Gaul Migkenmockels daran hinderte, ebenfalls auf die Böschung zuzureiten. Jörg Fuchs hatte sich tief vornübergebeugt, hielt das Schwert ausgestreckt, setzte die Böschung hinauf, direkt auf das dichte Gestrüpp des Waldrandes zu.

Migkenmockels Gaul versperrte Ekkelin den Weg, aber er bemerkte jetzt den gefiederten Schaft, der aus Jörgs rechtem Schenkel ragte. *Drei*, zählte Ekkelin in Gedanken. Ein weiterer Bolzen pfiff aus dem Dickicht heran, schlug diesmal in den Hals Migkenmockels, der wie eine Puppe auf dem Rücken des bockenden Gaules hin und her geworfen wurde. Schäumend vor Zorn, zwang Ekkelin sein Pferd endlich um das mit Migkenmockel herum. Jörg Fuchs erreichte den Rand des Dickichts und verschwand brüllend darin. Waffen klirrten, ein Schrei folgte. Ekkelin trieb sein Pferd vorwärts, registrierte dabei, dass der Beschuss aufgehört hatte. *Höchstens vier Mann*, dachte er. Im nächsten Moment brach er durch das Gestrüpp. Zweige schlugen ihm ins Gesicht, dann war der Blick frei und er fand sich auf einer steinübersäten Freifläche wieder.

Jörg Fuchs, der, vom Rücken seines Pferdes aus, Hieb um Hieb auf drei Gestalten prasseln ließ, die ihn mit Lanzen bedrängten, hatte einen der Angreifer niedergestreckt. Fast wäre Ekkelins Pferd über den Leichnam gestrauchelt, der wenige Schritte hinter den Büschen in seinem Blute lag. Vier Armbrüste lagen daneben. Schon war Ekkelin an der Seite Bimbachs, duckte sich unter der nach ihm zuckenden Lanzenspitze hinweg, zog seine Klinge mit einem gezielten Schnitt über den Hals des Gegners und drängte mit seinem nervös tänzelnden Pferd die restlichen Angreifer zurück. Jetzt preschten die herbeigeeilten Gefährten durch das Dickicht.

Die erfahrenen Kämpfer überschauten die Situation sofort und hatten die Angreifer im Nu eingekreist. Rücken an Rücken stehend, die Lanzen stoßbereit vor sich gestreckt, machten die sich für die Attacke der Berittenen bereit, die den formierten Kreis immer enger zogen.

Als sich die Tiere bis auf einen Schritt den Lanzenspitzen genähert hatten, verhielten die Reiter wie auf ein geheimes Kommando hin. Die Bernheims richteten ihre Armbrüste auf die Gegner. Angesichts dieser Übermacht hatten die Burschen jeden Kampfesmut verloren. Ihre Lanzen zitterten verräterisch. Mit flackerndem Blick sahen sich die beiden in die Augen, dann ließen sie die Waffen fallen und hoben ergeben die Hände.

Ekkelin durchbrach den Kreis seiner Gefährten, hielt knapp vor den Überwältigten an und musterte sie mit eisiger Miene. »Wer, zum Teufel, seid ihr, dass ihr es wagt, an diesem Ort die Waffen gegen mich und meine Freunde zu erheben?«

Trotz der Gewissheit ihres Todes, erwiderten die Angesprochenen trotzig den brennenden Blick Ekkelins. »Wir gehorchen dem Befehl unseres Herrn, Dietrich von Wiesenthau«, stieß der jüngere hervor. Ein leichtes Beben lag in seiner Stimme. Freudlos lachte Wolf von Wurmstein auf. Ekkelins Züge zeigten keine Reaktion. Kalt sagte er: »Tut ihr das, ja? Reisende auf Geheiß Wiesenthaus hinterrücks zu meucheln?« Die Klinge in seiner Hand wanderte höher, als hole er für den nächsten Hieb aus.

»Herr, bitte!«, meldete sich jetzt der Ältere zu Wort. Unsicher wanderte sein Blick von der Klinge in Ekkelins Hand zu seinem Gesicht. »Eine Bande Vogelfreier treibt ihr Unwesen in der Gegend. Ein halbes Dutzend Höfe haben sie verwüstet und deshalb lässt unser Herr sämtliche Straßen und Wege bewachen, die zu seinen Ländereien führen.«

Ekkelins Züge verfinsterten sich, als er erwiderte: »Weißt du, mit wem du sprichst, Bube?«

»Ich – ich denke nicht, Herr.«

»Dann sehe ich für dich also wie ein Vogelfreier aus?«

»N – nein.«

»Aber meine Begleiter, ja? Die sehen für euch wie Vogelfreie aus?« Bei diesen Worten vollführte er mit der freien Hand eine ausholende Bewegung, um damit auf seine Gefährten zu deuten. Betroffen wanderten die angsterfüllten Blicke der beiden Waffenknechte über die Ritter und Knechte hinter Ekkelins Rücken. Trotz der schlichten Waffenröcke, Steppwamse und Heuken, erweckte keiner von ihnen den Eindruck eines heruntergekommenen Wegelagerers.

Ekkelins Schwertspitze richtete sich auf den Hals des Älteren, näherte sich dem nervös zuckenden Adamsapfel. »Die nächste Lüge, die dein Maul verlässt, Bube, kostet euch beide das Leben. Ich frage also nochmals: Wisst ihr, wer ich bin?«

Jetzt versagten dessen angespannte Nerven endgültig. Weinend brach er auf die Knie, achtete dabei nicht auf die bedrohlich nahe Schwertspitze. »Ja, Herr!«, brachte er schluchzend hervor. Seinem Gefährten stand die nackte Angst ebenso ins Gesicht geschrieben, doch dies schmähliche Geständnis entsetzte ihn. »Verräterischer Hundsfott!«, brüllte er und trat dem am Boden Knienden mit ganzer Kraft in die Rippen. Kaum einen Herzschlag später brach er von vier Bolzen gespickt zusammen.

Auf einen Wink Ekkelins, stiegen die Zwillinge von ihren Pferden, nahmen den weinenden Waffenknecht in ihre Mitte und zerrten ihn auf die Füße. Ekkelin war ebenfalls abgestiegen und trat an den Gefangenen heran. Wie in einem Schraubstock hielten Veit und Thomas seinen Kopf fest, sodass ihm gar nicht anders übrig blieb, als dem Ritter in die Augen zu sehen.

»Lass mich dir helfen«, sagte der mit tonloser Stimme. Selbst sein Blick verriet nicht das geringste Empfinden. Die Lippen des Gefangenen bebten. Mit den Augenlidern blinzelte er seine Tränen fort.

»Sag mir, wenn ich irre. Es genügt, wenn du mit dem Kopf schüttelst oder nickst. Hast du das verstanden?«

Die Zwillinge lockerten ihren Griff und sofort folgte heftiges Kopfnicken.

»Habe ich recht, wenn ich davon ausgehe, dass Wiesenthaus Absichten meiner Person gelten?«

Wieder bejahte der Knecht.

»Demnach gibt es auch keine Bande Vogelfreier?«

Diesmal Kopfschütteln.

»Seit wann lässt euch Wiesenthau die Wege überwachen?«

»Seit sieben oder acht Tagen, Herr.«

Ekkelin nickte und wandte sich ab. Sein Blick suchte den Schwiegervater. Dann sagte er leise: »Er hat was geahnt. Irgendwie hat der Hund etwas über unsere Pläne in Erfahrung gebracht.«

Wolf nickte bedeutungsvoll. Auch die anderen zeigten sich betroffen. »Siehst du nun, wie wichtig es ist, dass ich endlich nach Hause komme?«, wandte er sich an Weypprecht. »Meine Nachbarn lauern mir auf, wie Wegelagerer. Befehlen, mich hinterrücks aus

dem Sattel zu schießen. Mich! Ihren ehemaligen Waffenbruder!«
Mit jedem Wort schwoll seine Stimme an, der Brustkorb hob und
senkte sich unter den Atemzügen, und funkelnd jagten seine schwarzen Augen von einem Gefährten zum nächsten. Zuletzt verhielten
sie auf dem Gefangenen. »Ich kann dich nicht gehen lassen«, sagte
er und nickte den Zwillingen kurz zu. Ohne Mühe brachen sie dem
Knecht mit einer Bewegung das Genick, dann ließen sie die leblose
Gestalt zu Boden fallen.

»Was macht dein Bein«, wandte sich Ekkelin an Jörg Fuchs, der
die ganze Zeit mit zusammengepressten Zähnen auf seinem Pferd
gesessen hatte.

»Ich fürchte, die Spitze steckt im Knochen«, presste der Ritter hervor.

»Dann lasst uns eilen. Die Wunde muss behandelt werden.
Danke deinem Schöpfer, dass derzeit ein hervorragender Heiler in
meinen Mauern weilt.«

»Was machen wir mit denen da?«, fragte Hermann und deutete
auf die toten Gestalten.

»Futter für die Raben«, erwiderte Ekkelin verächtlich. »Lasst sie
liegen, doch nehmt ihre Waffen. Um Wiesenthau kümmern wir uns
ein andermal. Wohin ist eigentlich der Gaul mit Migkenmockel
verschwunden?«

»Steht unten auf der Straße«, sagte Pankraz und lenkte sein Pferd
zum Dickicht. »Jedenfalls habe ich ihn dort noch stehen sehen, als
wir Euch zu Hilfe eilten.«

Ekkelin nickte, wartete, bis alle im Sattel saßen und ritt als letzter
zurück zur Straße. Als er das Dickicht passiert hatte, wäre er fast auf
die Gefährten aufgeritten. Sie hatten ihre Tiere gezügelt und starrten
alle zur selben Stelle.

Migkenmockels Pferd war mit seiner Last bis zum Ende der Steigung gelaufen. Dort stand es jetzt im zarten Morgengrauen, das sich
über den Horizont schob, und zupfte genüsslich die fetten Halme
am Wegesrand.

Jörg Fuchs räusperte sich und sagte in die andächtige Stille hinein: »Wahrlich treu sind deine Knechte, werter Gayling. Sogar im
Tode fangen sie für dich bestimmte Bolzen mit ihrem Leib.«

Veit grunzte und rief: »Genau! Denn dann bringt uns nichts mehr um.«

Pankraz hob die Augenbrauen, sein Gesicht verzog sich zu einem Grinsen. Ekkelin runzelte die Stirn, sah hinüber zu Migkenmockel, der, als würde er in den beginnenden Tag hinein dösen, auf seinem grasenden Pferd hockte. Nicht einmal die gefiederten Schäfte, die ihm aus Hals und Rücken ragten, störten das friedliche Bild. Ekkelins Stirn glättete sich, dann prustete er los. Migkenmockel hätte das gefallen, zweifellos.

Danksagung

Bevor ich dem 14. Jahrhundert für die nächste Zeit meinen Rücken zuwende und mich bemühe, den Herausforderungen der heutigen Welt zu trotzen, möchte ich die Gelegenheit nutzen, Ihre Aufmerksamkeit auf einige Menschen zu lenken, ohne die dieses Buch nicht entstanden wäre.

An erster Stelle ist da meine bessere Hälfte zu nennen, ohne die ich vermutlich nie genügend Ruhe finden würde, um meine Geschichten niederzuschreiben. Klaglos ließ sie sich von mir bei Wind und Wetter über denkbar unzugängliche Felsformationen bugsieren: auf der Suche nach Resten einstiger Schauplätze meines Romans. Ebenso lief sie sich mit mir die Hacken durch unzählige Museumsgänge wund und richtete mein verzagendes Gemüt wieder auf, falls die Ausbeute wieder einmal die Mühe nicht wert gewesen war.

Bedanken möchte ich mich ebenso bei meinen frühesten Testlesern. An erster Stelle bei meiner Frau Nette, unserer Nichte Julia, Rudi und seinen Haudegen, den Schrecken diverser Mittelalter Märkte, meinem lieben Freund Jochen, einstiger Weggefährte bei dem Fahrradrennen von Trondheim nach Oslo, und nicht zu vergessen bei Claudia.

Mein ganz besonderer Dank gilt Amandara M. Schulzke vom acabus Verlag, ohne die ich meine Hoffnung, diesen Roman je unter die Leute zu bringen, inzwischen aufgegeben hätte. Ebenso bedanken möchte ich mich bei dem großartigen Grafiker Enrico Frehse, der das fantastische Cover und den Buchsatz gezaubert hat und meiner Lektorin Andrea Simon, die mir so manche moderne Redewendung, die es irgendwie in den Roman geschafft hatte, um die Ohren haute.

Danke, ohne Euch wäre dies Buch nicht das, was es ist.

Und zu guter Letzt möchte ich mich bei den wichtigsten Menschen bedanken. Das sind Sie, werte Leserin und werter Leser. Ohne Sie hätte das alles nicht den geringsten Sinn und dafür verneige ich mich.

Lothar Nietsch: *Geboren 1966 in Nürnberg. Er war Installateur, Kraftsportler, Fitnesstrainer, Landschaftsgestalter, Geschäftsführer eines Kurierdienstes und arbeitet seit 2020 als Hausmeister in einer Stiftung für geistig Behinderte. In seiner Freizeit schreibt er Kurzgeschichten und Romane in den Genres Science Fiction, Horror, Krimi und Historische Romane.*

Dramatis Personae

Burg Dramaus bei Draynmeusel:

Ekkelin Gayling: *Lehnsmann der Hohenloher. Berüchtigter Placker und Erzfeind der Nürnberger.*

Kunigunde Gayling: *Ekkelins Weib*

Maria: *Magd. Verantwortlich für Küche, Gesinde und Kinder der Gaylings.*

Robert de Beaujeu: *Mentor Ekkelins, Freund des Vaters Arnold. War Mitglied der Templer bis zur Vernichtung des Ordens. Glückte die Flucht aus Frankreich und lebt seit 1316 bei den Gaylings.*

Anne: *Die Tochter Ekkelins Und Kunigundes.*

Pankraz: *erster Waffenknecht und Ebenbild Ekkelins.*

Migckenmockel: *Waffenknecht.*

Veit: *Waffenknecht, Thomas' Zwilling.*

Thomas: *Waffenknecht, Veits Zwilling.*

Isberga: *heilkundiges Kräuterweib. Lebt einsiedlerisch in der Nähe von Draynmeusel.*

Nürnberg

Ratsherren:

Konrad Groß: *seiner Zeit einer der reichsten Männer Europas. Stifter des Heilig Geist Spitals zu Nürnberg. Schultheiß Nürnbergs und einflussreichster Ratsherr.*

Ulrich Stromer: *Groß' Schützling. Ältester Sohn der angesehen Patrizierfamilie. Blieb während des Aufstands Ratsherr und diente als Spitzel der vertriebenen Patrizier.*

Hermann Maurer: *abtrünniges Ratsmitglied. Schloss sich den Verschworenen an und wurde später aus der Stadt verbannt.*

Ulrich Turbrech: Gefährte Maurers.

Kuno Rother: *Gefährte Maurers.*

Alle weiteren erwähnten Ratsherren: *Volckamer, Nützel, Holzschuher, Hirschvogel, Jörg Tetzel, Berthold Tucher, Genfried Ebner,*

Michael Mendel, Peter Haller, von Kreß, Sürer, Imhoff, Löffelholz, Welser, Baumgartner, Harßdörfer, Geuder, Ortlieb, Schürstab, Grabner.

Isaak von Scheßlitz: *Hauptrabbiner zu Nürnberg*
Jeremias: *jüdischer Heiler*
Ritter Konrad von Heideck: *Von König Karl als Parlamentär zwischen den Verschworenen und den Ratsherren eingesetzt.*
Heinicke: *Waffenknecht im Dienste Konrad von Heidecks.*
Die Burggrafen: *Albrecht und Johann von Hohenzollern. Friedrich, der Sohn Johanns.*

Die Verschworenen:

Rudolf Haubenschmidt: *Harnischmacher und Kopf der aufständischen Handwerker, Geißbart genannt.*
Farfried und Konrad Haubenschmidt: *Rudolfs Brüder und engste Vertraute.*
Ismar Haubenschmidt: *ältester Sohn Rudolfs und Landolfs einziger Freund.*
Elsbeth Haubenschmidt: *Rudolfs Weib*
Johann von Sulzbach: *Schwertmacher und bester Freund Rudolf Haubenschmidts. Vater und Lehrmeister Landolfs.*
Adele: *Johanns Weib und Mutter Landolfs.*
Landolf: *Sohn von Johann und Adele von Sulzbach.*
Meister Hannes: *Eingeschworener Zunftmeister der Schwertmacher.*
Der Pfauentritt und seine Gehilfen: *Ekkelin in Verkleidung des bürgerlichen Anführers der Verschworenen. Seine Knechte Pankraz, Migckenmockel und die Zwillinge Veit und Thomas.*

Die Thronanwärter:

König Karl der Luxemburger: *Auch Pfaffenkönig genannt, später Kaiser Karl IV.*
Markgraf Ludwig von Brandenburg: *Sohn des verstorbenen Kaisers Ludwig der Bayer.*

Die Mächtigen des Landes:

Die Hohenzollern: *Burggrafen von Nürnberg. In den 1370ern von Kaiser Karl in den Kurfürstenstand erhoben.*
Die Hohenloher: *Mächtige fränkische Fürsten, deren Einfluss unter der Machtzunahme der Hohenzollern schwindet und die mit den Burggrafen in Fehde liegen.*
Die Grafen Kraft und Gottfried von Hohenlohe: *Lehnsherren Ekkelins*
Friedrich von Hohenlohe: *Bischof von Bamberg. Heimlicher Mentor Ekkelins.*
Graf Günther von Schwarzberg: *mit Reichza von Schlüsselberg verheiratet, der Tochter Konrads von Schlüsselberg.*
Agnes von Plauen: *Schwester Reichzas und Witwe des Heinrich von Plauen.*

Die Getreuen Ekkelins:

Gottwin: *Schankwirt vom »Roten Ross« in Heroldsberg und Hehler.*
Die Bernheims von Uffenheim: *Hermann (Schwager Ekkelins), Sohn Hans, genannt Hänschen – heiratet später Ekkelins Tochter. Die Brüder: Dietrich, Cuntz und Weypprecht.*
Wolf von Wurmstein: *Ekkelins Schwiegervater*
Fritz Steinberger *von Gunzenhausen*
Götz Holz *von Jacksberg*
Kunz Ödenberger
Hans *von Cronheim*
Jörg Fuchs *von Bimbach*
Walch *von Leonstein*

Unparteiisch:

Die Freiherrn von Egloffstein, Poppo und Eberhard Groß von Rabenstein.

Die Widersacher:

Dietrich von Wiesenthau und sein Sohn Friedrich: *ehemalige Bundesgenossen Gaylings. Der Bund der Dreizehn.*
Fritz von Gottenhofen: *ehemaliges Mitglied des Bundes der Dreizehn.*
Adam von Crailsheim: *Mitglied des Bundes der Dreizehn. Von Ekkelin beim Versuch König Karl zu töten erschlagen.*

Die Rebellion der Mystikerin

Stark -Lebendig - Inspirierend.

Spanien, 16. Jahrhundert

Das Leben einer Frau ist vorgezeichnet: Ehe oder Kloster. Doch Teresa von Avila liebt ihre Unabhängigkeit und ist nicht bereit, andere über sich bestimmen zu lassen. Verzweifelt und mit unbändiger Lebenslust sucht sie einen Weg. Mit Mut und Humor begehrt die spätere Schutzpatronin Spaniens auf. Sie startet eine lebensgefährliche Reformbewegung, denn nicht nur die Inquisition ist allgegenwärtig. Dabei kämpft Teresa neben den äußeren Widerständen auch mit ihren inneren Zweifeln. Sie findet einen unerwarteten Schlüssel.

Die Mystikerin erschüttert mit ihren Visionen die damalige Welt. Ihr Wirken inspiriert und berührt damals wie heute.

496 Seiten
24,00 € (D), 24,70 € (A)

Print: 978-3-86282-865-4
Ebook: 978-3-86282-862-3

Die Feinde des Guiscard

Mord aus Leidenschaft oder politisches Attentat?

Salerno 1080:
Anna, die Tochter des Leibarztes der Herzogin, hält es für ein Rendezvous. Die Falle kostet sie ihr Leben.

Normannenherzog Robert Guiscard beauftragt den besitzlosen Ritter Jocelin, den Mord aufzuklären. In seinem Schlepptau Principessa Liliana, in die er hoffnungslos verliebt ist. Die vermeintliche Tat aus Eifersucht entpuppt sich rasch als ein Intrigenspiel alter Feinde und Gegner der Normannenherrschaft und reicht sogar bis zur Kurie.

Eine turbulente Jagd nach der Wahrheit und gegen die Zeit durch das kulturell bunte Salerno.

260 Seiten
14,50 € (D), 15,00 € (A)

Print: 978-3-86282-854-8
Ebook: 978-3-86282-855-5

Der Söldner

1637: Der Dreißigjährige Krieg tobt in Europa. Viele Menschen suchen ihren Weg in einer Zeit voller Umbrüche und Konflikte.

Alle Hoffnungen liegen auf dem frisch als Kaiser des Heiligen Römischen Reiches gekrönten Ferdinand III.. Nach dem Kriegseintritt Frankreichs auf Seiten der Protestanten scheint jedoch ein Sieg aussichtslos. Die größten Feinde des Söldners Peter Hagendorf und seiner Frau sind nicht die gegnerischen Soldaten, sondern Hunger, Kälte und die Pest. Ob sie überleben werden?

Der kaiserliche Schreiber Anton sucht derweil mit seiner Gemahlin das Türkengold in den Katakomben Wiens. In Wittstock wird die Diebin Helena wegen Mordes an einem reichen Kaufmann gesucht. Als es vor den Toren der Stadt zu einer Schlacht kommt, nutzt sie mit ihrem stummen, starken Bruder die Gelegenheit zur Flucht. Sie schließen sich einer Gruppe von Spielleuten an und merken schnell, dass es neben Söldnern und Räubern noch viel schlimmere Gefahren gibt.

Verwüstung, Hungersnöte, Armut und Pest kosteten zwischen 1618 und 1648 rund sechs Millionen Menschen das Leben. Die Romanreihe „Geschichten des Dreißigjährigen Krieges" überzeugt mit historischen Fakten und einer spannungsgeladenen Entwicklung.

ca. 350 Seiten
20 € (D)

ISBN: 978-3-86282-856-2